# 나는 무엇이 될까

## 열려있는 Job 스토리

**나는 무엇이 될까** 열려있는 job 스토리

1쇄 펴낸 날 _ 2011년 1월 31일
4쇄 펴낸 날 _ 2013년 8월 31일
기　　획 _ 김계동
지은이 _ 1부 김수정
　　　　　2부 구자건, 김언정, 김윤호, 서희명, 오해영,
　　　　　　　 윤지현, 이영종, 이윤열, 임동석, 임진균,
　　　　　　　 장소영, 최진
펴낸이 _ 박선영
펴낸곳 _ 명인문화사
디자인 _ 조수연
감　　수 _ 김수정
등　　록 _ 제2005-77호(2005.11.10)
주　　소 _ 서울시 송파구 석촌동 58-24 미주빌딩 202호
이메일 _ myunginbooks@hanmail.net
전　　화 _ 02)416-3059
팩　　스 _ 02)417-3095
ISBN _ 978-89-92803-27-4
가　　격 _ 13,000원

# 나는 무엇이 될까

## 열려있는 Job 스토리

박선영 편

명인문화사

# 목 차

# 2부 / 21세기에 도전하는 사람들의 꿈과 야망

최근 저출산과 고령화 시대에 따른 경제성장의 둔화 문제가 언론에 자주 등장하고 있다. 한국의 출산율은 1960년대 4.0명에서 현재 1.18명으로 감소한 상태로, 한국은 전 세계적으로 심각한 저출산율 국가에 속한다고 한다. 가장 큰 원인으로는 높은 교육열로 인한 자녀양육비가 증가하는 것을 들 수 있다. 내 자식만큼은 남에게 뒤지지 않고 똑똑하고 훌륭하게 키우자는 생각은 자녀를 가진 모든 부모들의 바람일 것이다.

하지만 한국 사회에서의 교육열과 사교육비는 점차 증가하고 있고, "내 아이는 특별해"라는 자녀에 대한 부모의 기대는 이러한 열풍을 가속화하고 있다. 이는 청소년들과 취업을 준비하는 예비 사회인들에게 진로에 대한 제한된 기회를 제공한다고 해도 과언이 아니다.

또한 실업 대란, 청년 실업율이 증가하고 있다는 언론의 보도는 사회로 나아가기 위해 준비하는 청소년들과 취업 준비생들에게 미래에 대한 도전과 희망보다는 암담한 현실을 느끼게 한다. 소위 스펙을 높이기 위해 여러 자격증을 획득하더라도 그것이 정녕 자신이 원하는 일을 하기 위한 것인지 반문하게 된다.

이렇듯 인간은 태어나서부터 무엇이 될 것인가, 어떤 직업을 가질 것인가를 타인으로부터 혹은 자신으로부터 반문하게 된다.

## 직업의 의미

그렇다면 직업의 의미는 무엇인가? 직업은 먼저, 생계를 이어나가게 하는 생업의 의미를 지닌다. 직업을 통해 얻는 소득은 인간의 기본 욕구인 의식주를 해결하는 수단인 것이다. 의식주의 해결 없이 인간은 결코 살아나갈 수 없기 때문이다.

둘째, 직업은 자신의 창의력을 통해 자아실현을 하는 기회를 제공한다. 인간의 개성과 재능은 각기 다르다. 일란성 쌍둥이도 서로 다른 개성과 재능을 갖고 태어난다고 하지 않는가? 이러한 개성과 재능을 가진 인간은 자신이 원하는 직업의 선택을 함으로써 자아실현을 하게 되는 것이다.

셋째, 직업은 사회에 참여하고, 사회에 기여함으로써 국가의 한 일원이 되는 사회성을 실현하게 한다. 인간은 직업을 통해 하나의 새로운 집단에 참여함으로써 공공 생활과 사회성을 익히게 되는 것이다.

이러한 직업의 의미는 기본적으로 동일하지만, 달성하기 위한 각자의 목표는 서로 다를 것이다. 자신의 능력과 목표를 실현하기 위하여 직업을 선택하는 것이 아닌, 사회의 잣대나 기성세대의 요구에 의하여 직업을 선택하는 것이 과연 올바른 결정이라고 할 수 있을까?

이 책은 다양성과 독창성이 무궁무진한 현대 사회에서 앞으로의 진로를 모색하는 청소년들과 사회초년생들에게 수없이 많고 다양한 직업들이 열려 있으며, 이러한 직업을 찾고 있는 청소년과 사회초년생들에게 하나의 지침서가 필요하지 않을까 하는 생각에서 기획됐다. "나는 어떤 사람이 될까", "그 직업을 선택하려면 어떤 대학의 어느 학과를 가야 하는 걸까", "난 무엇을 어떻게 준비해야 하나", "성공을 위해 난 무엇이 되어야 하고, 무엇을 준비해야 하나"에 대해 고민하는 청소년들과 젊은이들에게 다양한 직업에 대한 정보는 너무나도 부족하다. 이러한 현실에서 막연하게 그저 좋은 대학과 안정된 직장만을 강조하고 산업의 일꾼으로 성장하기를 기대하고 있는 것은 아닐까.

## 직업 선택의 정석

모든 청소년과 젊은이들은 같은 목적, 같은 흥미가 아닌 저마다의 개성과 특정분야에 대한 재능을 가지고 있을 것이다. 그러나 안타깝게도 대부분 그것을 인식하지 못한 채 살아간다. 부모는 늘 "내 아이가 부모의 바람대로 성장할까", "내 아이의 적성에 맞는 직업은 무엇일까" 등을 고민한다. 하지만 자녀가 부모의 모든 바람에 부응하기란 참 어렵다. 공부를 잘하고 못하는 게 중요한 것이 아니라 변화하는 사회에서 새롭게 부상하는 직업이 무엇이며, 내 아이의 적성이 무엇인가를 찾아내는 것이 무엇보다 중요하다.

이러한 의문과 목적의식으로 기획된 이 책은 과연 오늘날의 청소년들은 어떤 직업을 희망하는가를 조사하는 것으로 시작됐다. 서울과 부산을 중심으로 전국 각지의 남녀 고등학생 약 1,000명을 대상으로 희망하는 직업에 대한 설문조사를 실시했다. 이 설문조사를 바탕으로 기성세대에서 선호되는 직업군과 21세기에 새로이 부상하는 직업군을 나누고, 이 둘을 망라한 직업 중 가장 선호하는 직업에 대해서도 조사했다.

조사결과 청소년들은 여전히 이전부터 선호되어 온 전문직종들인 공무원, 교사, 대기업 사원, 언론인을 우선순위에 두고 있다는 점이 밝혀졌다. 이는 과거의 직업에 대한 편중된 시각이 지금의 청소년들에게도 자리잡고 있다는 것을 증명한다. 이에 청소년들과 자녀를 가진 부모세대에게 좀 더 다양한 직업이 있음을 알려주고, 미래사회를 이끌어갈 유망 직종을 제시해야겠다는 생각을 갖게 됐다. 아울러 직업은 단순히 안정적이고, 돈을 벌기 위한 하나의 수단이 아니라 자신의 즐거움과 꿈을 실현시키는 하나의 방법이라는 점을 강조하고 싶었다.

이 책의 제1부에는 이전부터 현재까지 선호하는 직업과 많은 사람들에게 존경받는 유명인사들의 삶을 실었고, 제2부는 21세기에 새롭게 부상하여 각광을 받기 시작한 새로운 유망직종에 대해 소개하는 내용으로 구성했다.

이에 따라 제1부는 김영란 전 대법관, 소설가 박완서, 반기문 유엔사무총장, 언론인 손석희 교수, 안철수 연구소의 창시자인 안철수 교수, 길병원의 창시자인 이길여 총장, 경제학자 출신인 정운찬 전 국무총리, IMF 시절 국민들에게 꿈과 행복을 주었던 메이저리그의 박찬호 선수와 골프의 여왕 박세리 선수, 포탈사이트 NAVER 창시자인 이해진 전대표와 DAUM의 창시자인 이재웅 전 대표, 한국의 양대 기업 창시자인 삼성의 고 이병철 회장과 현대의 고 정주영 회장에 대하여 소개했다.

그리고 제2부 21세기 유망직종에서는 환경컨설턴트, 광고인, 애널리스트, 게임 프로그래머, 프로게이머, 게임 캐스터, 푸드 스타일리스트, 파티플래너, 정보시스템감리사, 항공교통관제사, 이미지 컨설턴트, IT 컨설턴트에 대해 소개했다.

하루 만에 기존의 생각을 바꾸기는 어렵다. 하지만 직업에 대한 새로운 관심과 올바른 개념을 이해하여 마음속에 품어 왔던 꿈을 실현시키고, 새로 생기거나 지속발전이 가능한 직업을 선택하고 즐겁게 일하는 데 있어 이 책이 길라잡이가 되기를 희망한다.

섬세한 조사와 많은 분들의 열정이 없었더라면 이 책의 완성은 쉽지 않았을 것이다. 먼저 설문에 응해준 서울 대원외국어고등학교, 이화여자외국어고등학교, 한영외국어고등학교, 세종고등학교, 부산 삼성여자고등학교, 부산 김해 분성고등학교 등의 담당 선생님과 학생들께 감사인사를 드린다.

또한 21세기 유망직종에 종사하며 후세들에게 좋은 귀감이 되고 있는 제2부의 저자들인 환경컨설턴트 구자건 교수님(연세대학교 환경공학부), 게임 프로그래머 최진님(액토즈 소프트), 애널리스트 임진균 본부장님(IBK 투자증권 리서치), 정보시스템감리사 서희명 대표님((주)시소컨설팅), 푸드스타일리스트 김언정 대표님(제이즈리빙), 항공교통관제사 이영종님(한국항공대학교 항공교통물류학부), 게임 캐스터 임동석님(서울경제 TV 앵커), 광고인 김윤호 국장님(제일기획 홍보팀), 이미지컨설턴트 장소영 대표님(장이미지연구소), 파티플래너 윤지현 대표님((주)파티센터), 프로게이머 이윤열 선수(위메이드 폭스), IT 컨설턴트 오해영님((주)유니베라)께 감사의 말씀을 다시금 드린다.

완성도 높은 책을 만들기 위한 고민으로 인해 출판이 지연되었음에도 불구하고, 모든 것이 이 직종에 종사할 차세대를 위하는 것이 아니겠냐며 양해해 주시고, 기다려 주신 저자분들이 계시지 않았다면 지금의 이 책은 탄생할 수 없었을 것이다.

더불어 짧은 시간에 제1부 인물들에 대한 글을 작성하고 제2부의 글을 감수한 전 동아일보 기자 김수정님께도 고마움을 표한다.

그리고 이 책의 아이디어를 제공해 주신 국제지역연구소의 김계동 교수님께 감사드리며, 기획 단계에서 마지막까지 고견을 아끼지 않으셨던 출판편집자문위원인 권만학 교수님(경희대 국제학부), 김병기 교수님(중앙대 법학부), 양정일 상무님(SK건설, 변호사), 최명주 사장님(GK Partners 대표), 최영진 교수님(중앙대 영문과), 황순일 교수님(동국대 인도철학과)께 진심으로 감사의 말씀을 전하고 싶다.

이 책을 준비하는 데 있어 기획 단계에서부터 자료조사까지 모든 것을 열정적으로 임해준 고려대학교 조고운, 연세대 국제대학원의 정동연양에게도 감사인사를 전한다.

사람은 누구나 "나는 무엇이 될까?"를 늘 고민하고, 열려있는 직업들 중 내가 원하는 직업은 무엇일까를 반문하며 살아간다. 이 책은 독자들로 하여금 늦었다고 포기하지 말고, 먼저 도달한 인생 선배들의 목소리에 귀기울이게 하도록 작은 길라잡이 역할을 하기를 기대한다.

따라서 독자들이 이 책을 읽고 이 책의 주인공들을 멘토로 삼아 자신의 희망과 열정을 내뿜을 수 있는 자신만의 꿈을 실현하기를 간절히 바란다. 이 세상에는 이 책에서 다룬 것 보다 더 가치있고 흥미로운 직업들이 있겠지만 그 모두를 여기서 다루지 못하는 점을 아쉽게 생각한다. 다만 가장 좋은 직업은 자기가 항상 보람을 느끼면서 집중을 할 수 있는 직업이라 생각한다.

2010년 12월

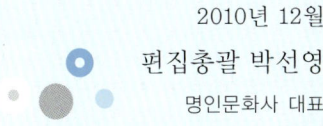

편집총괄 박선영
명인문화사 대표

# 1부 이룬 사람들의 무한도전 그들의 성공 스토리

# 손 석 희

## 냉철한 시선, 정확한 논리
### 언론인다운 언론인

언론인이란 TV, 라디오, 신문 등 매체를 통해 어떤 사실을 밝히거나 어떤 문제에 대해 공정한 시선으로 자신의 의견을 피력해 여론을 형성하는 사람이다. 하지만 매체를 통해 자신의 생각을 전달하는 사람 — 기자, PD, 아나운서 — 을 모두 '언론인'이라 부르진 않는다. '정확한 사실' '공정한 시선'이라는 까다로운 조건을 충족하는 사람이 많지 않기 때문이다.

하지만 대부분 손석희 전 MBC 아나운서(현 성신여대 교수)를 '언론인'이라 부르는 데는 주저하지 않는다. 얼마 전 한 매체의 설문조사에서도 그는 우리나라에서 가장 신뢰도 높고 영향력 있는 언론인 1위로 꼽혔다. MBC 프로그램 '100분 토론'과 MBC 라디오 '손석희의 시선집중'에서 어느 쪽에도 치우치지 않는 균형감각을 자랑하기 때문이다.

찬반입장이 첨예하게 엇갈리는 시사문제, 민감한 정치문제를 주로 다루는 프로그램에서 문제에 대한 그의 폭넓은 이해와 탁월한 멘트는 시청자와 청취자의 눈과 귀를 자극한다. 송곳 같은 질문 때문에 토론자가 가장 두려워하는 언론인이기도 하다.

하지만 손석희가 언론인다운 언론인이 되기까지의 다사다난했던 과정을 아는 사람은 많지 않다. 그는 가난했던 어린 시절과 두 차례의 대학입시 실패, 허무주의에 빠졌던 20대를 지나 MBC에 입사했지만 1992년 MBC 파업 때 주동자로 몰려 파란색 수의를 입기도 했다.

다시 간판 아나운서로 자리 잡았으나 얼마 지나지 않아 돌연 미국 유학을 떠났고, 어렵게 학업을 마친 뒤 복귀해 활동하던 중 사표를 던지고 학교 강단에 섰다. 다소 거칠고 무모해보이지만 그 안에는 끊임없는 노력과 실천, 자기성찰이 있었다. 이것이 남보다 늦게 학생이 되고 늦게 직장을 얻고 늦게 유학을 가고 늦게 교수가 된 '지각인생' 손석희가 주목받는 이유다.

## ● 가난과 허무주의

손석희는 가난한 집 아들이었다. 직업군인이던 손석희의 아버지는 그가 여섯 살 때 군복을 벗고 가진 돈을 몽땅 털어 양수기 사업을 시작했다. 하지만 실패의 연속이었고 가세는 점점 기울었다. 가족들은 이사를 수십 번 다녔고 한동안 뿔뿔이 떨어져 살아야했다.

가난 때문인지 손석희는 또래에 비해 조숙했고, 한때 허무주의에 빠지기도 했다. 초등학교 3학년 때의 기억은 아직도 그에게 선명하다. 점심시간에 아이들의 도시락을 조금씩 빼앗아 먹던 담임선생님이 언젠가부터 먹을 만한 도시락을 싸온 학생들만 따로 불러 식사를 했고, 어느 새 학급은 매일 담임에게 불려가는 아이, 가끔 불러가는 아이, 한 번도 불려가지 않는 아이로 나뉘었다. 어린 아이의 마음속에는 권력과 명예, 부패한 기득권에 대한 반발의식이 피어났다. 또 비가 쏟아지던 날, 갑자기 굉음과 함께 지붕이 무너져 뻥 뚫린 하늘을 넋 놓고 바라보기도 했다. 설움과 한이 복받쳤다.

어린 시절 그의 꿈은 천문학자였다. 커다란 망원경으로 하늘과 별을 관찰하다보면 가난한 현실에서 조금이나마 벗어날 것 같았다. 좀더 자란 뒤엔 건축가가 되고 싶었다. 자신의 손으로 근사한 집과 건축물을 만들어 가난한 가족과 이웃에게 주고 싶었다. 언론인의 꿈을 처음 품은 건 유신 직전인 중학생 때. 신문기자였던 친구 삼촌이 정부를 비판하는 기사를 썼다가 어딘가 끌려가 맞고 왔다는 얘기를 듣고 자기도 모르게 화가 치밀었다. 그날 이후 불현듯 신문기자가 되고 싶었던 손석희는 휘문고에 입학하자마자 방송반에 들어갔다.

눈앞에 있는 입시보다 방송반 일에 더 적극적으로 임했다. 하지만 얼마 지나지 않아 유신이 났고, 방송반은 철폐됐다. 방송반 일은 허무주의 끝에 찾은 행복이었는데, 그렇게 무참히 사라지고 만 것이다. 이윽고 시대는 폭력의 소용돌이 속에 놓였다. 한 선배는 유신과 관련된 방을 붙였다가 경찰서에 끌려가 흠씬 두들겨 맞았다. 어려운 가정형편과 어수선한 사회가 뒤범벅되면서 그는 세기말적 현상까지 겪었다.

결국 원하는 대학에 들어가지 못해 재수를 했고, 또 다시 대

입에 실패한 뒤에야 국민대 국어국문학과에 입학할 수 있었다. 늦은 나이에 들어갔지만 수려한 외모와 반듯한 태도로 교수들의 관심과 총애를 받았다. 학창시절 손석희의 별명은 '칼'. 그는 치열하게 공부했고, 친구들의 압도적인 지지를 받아 4년 내내 과대표로 활동했다.

하지만 대학졸업을 앞두고도 진로는 불투명했다. 가난이나 학력으로 인한 차별 없이 대등한 경쟁을 펼칠 수 있는 곳이 언론사라고 생각한 그는 신문기자가 되기 위해 시험을 치렀지만 연거푸 낙방한다. 생계문제를 해결하기 위해 어쩔 수 없이 한 일간지 총무부 사원으로 일을 시작했다.

하지만 적성에 맞지 않았고 서른을 앞두고 그는 다시 언론사 시험에 도전했다. 주위에서 "아나운서를 하면 잘 할 것이다"라는 말을 들었던 터라 아나운서직으로 시험을 치렀다. 그리고 1984년, 수석 합격으로 MBC에 입사했다. MBC 입사는 허무주의, 세기말적인 모습에서 빠져나오게 된 계기였다.

손석희는 아나운서에 대한 자부심이 크다. 1987년 보도국 기자직으로 발령을 받았지만 3년이 채 지나지 않아 아나운서로 되돌아왔다. 그는 한 인터뷰에서 "체질적으로 아나운서쪽이 더 맞다. 세상 사람들의 가려운 곳을 긁어주는 역할에 보람을 느낀다"고 밝힌 바 있다.


## ● 똥고집쟁이의 소신

손석희는 고집스럽고 집요하다. 대개의 진행자는 원만한 인터뷰를 위해서 민감한 질문은 하지 않고 취재원이 답변을 거부할 경우 한 걸음 물러나기 마련인데, 손석희는 그런 법이 없다. 취재원이 불쾌해하는 걸 알면서도 "왜 그런가요?", "그럼 질문을 바꿔 다시 묻겠습니다" 하며 원하는 답변을 얻어낸다. 초등학교 2학년 통지표에 "이 학생은 똥고집쟁이"라고 적혀있을 만큼 그는 태생적으로 고집스럽다.

MBC에 입사한 뒤 그의 고집은 점차 소신으로 바뀐다. 그는 신뢰감 있는 목소리와 매끄러운 진행을 자랑하며 입사 3~4년 만에 굵직한 프로그램을 맡는 대표 아나운서로 자리잡았다. 개인적으로는 괄목할 만한 성과는 얻었지만 사회는 여전히 혼란스러웠고 시끄러웠다. 자신의 목소리를 마음껏 낼 수조차 없었다. 그는 1987년 6월 항쟁의 여파로 생긴 회사 노동조합에 가입한다. 그때만 해도 노조에 가입했을 뿐 뚜렷한 목적의식을 갖진 않았다.

그런데 1988년, MBC 노조는 정부의 방송관련법 개악에 맞서 쟁의에 돌입, 가슴에 '공정방송 쟁취'라고 적힌 리본을 가슴에 달고 방송에 출연하기로 한다. 당시 주말 9시 뉴스앵커였던 손석희는 리본을 달 용기도, 안 달 용기도 없었다. 어떻게 해야할지 고민한 끝에 양복 안 와이셔츠에 리본을 보일락 말락 하게 달고 뉴스를 진행했다. 리본이 드러날까봐, 혹은 드러나지 않을까봐 조마조마했다. 그런데 뉴스를 진행한 후 그는 곧 자괴감에 빠졌다. 보일 듯 말 듯 단 리본은 기회주의자라는, 미처 발견하지 못한 자신의 진짜 모습을 드러내보였기 때문이다. 그날 밤 그는 거의 한잠도 이루지 못했다. 비겁한 자신을 용서할 수 없었던 것이다.

결국 그는 다음날부터 리본을 달고 진행에 나섰고, 이후 노동 조합 간부로 활동했다. 사람들은 그에게 "앞길이 창창하고 능력도 뛰어난데 왜 나서냐"고 물었지만 그는 열악한 방송환경을 알리고 언론인으로서의 양심을 지키기 위해 멈추지 않았다. 그리고 1992년 '해고자 복직, 공정방송 실현'을 구호로 내세운 노조파업에 선봉장이 되면서 맡고 있던 프로그램에서도 줄줄이 하차해야했다. 하지만 그는 자신의 행동에 후회하지 않았다. 정당한 이유가 있으면 남의 시선을 생각하지 않고 원하는 길로 걸어갔다.

머리띠를 두르고 구호를 외치던 그는 결국 그해 10월 노동쟁의조정법 위반 및 업무방해죄로 몇몇 동료와 함께 영등포구치소에 20일간 수감된다. 푸른 수의를 입고 포승줄에 묶인 채 당당하게 웃고 있는 손석희의 사진은 시내 곳곳에 걸렸다. 그의 아내이자 '뽀미언니'로 활약했던 MBC 전 아나운서 신현숙씨는 당시 둘째를 임신하고 있었는데, 구속자 부인들과 회사 앞에서 남편의 석방을 촉구하는 시위를 벌이는 강인한 모습을 보였다.

손석희는 석방 후 한동안 일을 할 수 없었지만 곧 복귀했고, 얼마 지나지 않아 예전처럼 간판 아나운서로 인정받았다.

## 풀종다리의 도전

그는 1994년 아나운서의 삶과 파업 당시 과정을 담은 에세이 『풀종다리의 노래』를 펴냈다. 한 동화작가가 그에게 선물한 감옥에 갇힌 풀종다리(귀뚜라미과에 속하는 곤충) 이야기에서 따온 제목. '목소리가 너무 아름답다'는 죄명으로 감옥에 갇힌 풀종다리의 진짜 죄목은 '풀숲 왕국 곳곳에 일어나는 온갖 일을 노래로 불러 풀무치 대왕의 심기를 건드렸기 때문'이라는 문제 의식을 가진 동화였다. 그는 풀종다리에서 자신의 모습을 보게 되고, 나아갈 방향을 그리게 된다.

손석희는 1997년 4월 돌연 휴직을 하고 미국 유학길에 오른다. 소모되는 자신을 견딜 수 없어서기도 했고 쉼 없이 달려온 터라 너무 지쳐있었기 때문이었다. 또 영등포구치소에 수감돼 있을 때 자신의 머리 위로 비행하는 비행기를 보며 '나도 한번쯤 외국에 나가보리라' 생각했던 기억도 떠올렸다. 하지만 불혹의 나이에, 그것도 한창 잘 나가는 아나운서가 모든 것을 두고 떠난다고 하자 모두들 그를 말렸다. 유학 자금이 풍족하지도 않았다. 남들처럼 재단으로부터 연수비를 받고 떠난 것도 아니고, 벌어둔 돈도 많지 않았다. 하지만 그는 뜻을 굽히지 않고 비행기에 몸을 실었다.

처음에는 쉴 수 있다는 생각에 마냥 행복했다. 학생이 아닌 객원연구원으로 왔기에 그리 열심히 공부하지도 않았다. 하지만 뒤늦게 한 민간재단으로부터 장학금을 받게 되자, 손석희는 "적당히 쉬면서 하자"는 당초 계획을 바꿔 현지에서 토플 공부를 하고 젊은이에게 뒤처지지 않기 위해 최선을 다했다. 가끔 '아니, 내가 여기까지 와서 왜…?' 하면서 스스로의 모습에 의문을 갖기도 했지만 그도 잠시, 주말에도 도서관에 나가 밤을 새워가며 공부했다. IMF 환란 중 어렵게 떠난 유학인데 시간을 헛되이 보내면 안된다며 마음을 다잡았다.

하지만 남의 나라에서 남의 말로 공부한다는 건 생각보다 쉽지 않았다. 한번은 대중문화 이론서 저자 '맥도널드'에 대해 강의하는 내용을 '맥도널드 햄버거'에 대한 이야기로 이해한 적도 있었다. 미네소타대 대학원 저널리즘 석사과정에서의 첫 학기, 그는 시험시간이 모자라 답안을 완성하지 못한 뒤 억울한 마음에 눈물까지 흘렸다. 그래도 억척스럽게 도서관으로 발걸음을 옮겼다. 남들은 무모하다고 했지만 그에게는 절실했다.

"미네소타 대학의 퀴퀴하고 어두컴컴한 연구실 구석에 처박혀 낮에는 식은 도시락 까먹고, 저녁에는 근처에서 사온 햄버거를 꾸역거리며 먹을 때마다 나는 서울에 있는 내 연배들을 생각하면서 다 늦게 무엇 하는 짓인가 하는 후회도 했다. 20대의 팔팔한 미국 아이들과 경쟁하기에는 나는 너무 연로(?)해 있었고 그 덕에 주말도 없이 매일 새벽 한 두시까지 그 연구실에서 버틴 끝에 졸업이란 것을 했다." (2002년 손석희가 한 월간지에 기고한 글 일부)

공부를 더 하거나 대학 강단에서 학생들을 가르치고 싶다는 생각은 그때부터 하게 됐다.

석사학위를 안고 1999년 귀국한 손석희는 2000년 가을부터 〈시선집중〉을 맡았다. 이듬해에는 〈미디어비평〉을, 2002년에는 〈100분 토론〉 진행을 맡았다. 이는 한 순간에 이뤄진 성과가 아니었다. 중립성을 지켜야하는 시사 프로그램과 토론 프로그램에서 적임자로 꼽히기까지 그는 신문·잡지를 수없이 들썩였고, 실수를 줄이기 위해 긴장된 하루하루를 보냈다.

언론인으로서의 투자에는 망설임이 없었지만 스스로에게는 늘 엄격하고 까다로웠다. 한 예로 그의 손목시계는 그가 결혼할 때쯤 유행했던 브랜드 제품인데, 지금은 쇼핑몰에서 2만원도 채 되지 않는 가격에 팔리고 있다. 몇 벌 되지 않는 옷을 10

년 넘게 입고 있고, 입사 때부터 줄곧 MBC 구내 이발소에서 머리를 손질하고 있다. 그는 자신만을 위한 여가시간도 갖지 않는다. 술도 마시지 않고 담배도 피우지 않는다. 음악회에 가지도 않고 골프도 치지 못한다. 한 인터뷰에서 "골프를 치지 못해 사람을 사귀는 게 불가능하다면 그건 이미 썩은 사회다. 차라리 혼자 지내는 쪽을 택할 것"이라고 말한 적도 있다. 손석희의 바람은 방송을 그만두는 날까지 '좋은 방송'을 하는 것. 어느 한쪽에 치우치지 않는 공정함을 유지하면서도 다양한 볼거리와 상식을 겸비한 방송이 그가 생각하는 좋은 방송이다. '바람'이라는 점에서 지금까지의 성과만으로도 만족스럽지 않다는, 그의 고집스러운 태도를 엿볼 수 있다.

그는 한 일간지에 '젊은 날의 선택'이라는 칼럼을 통해 "정치적 무뇌아로 입사한 뒤, 무임승차로 노조에 참여해 얼굴 팔리고, 마흔 넘어 유학 보따리를 싸기까지, 세 번의 선택 가운데 어느 것 하나 쉬운 일은 없었다"고 밝혔다. 하지만 그 누구도 손석희를 '무뇌아'라고 말할 수 없었고, '무임승차'라고 평가하지 않았으며, '마흔 넘은 유학생'이라고 얕볼 수 없었다. 그는 이미 누구보다 확실한 저널리즘을 가진 언론인이었다.

## 치밀함, 성실함으로 채운 인생

손석희가 진행 중 토론자에게 던지는 질문이나 멘트는 방송 후 많은 사람들의 입에 오르내린다. 특히 민감한 정부정책이나 갑론을박이 달아오르는 사회문제에 연루된 사람들은 어김없이 그에게 호된 문초(?)를 겪는다.

수많은 일화 중 가장 유명한 것은 2001년 개고기를 먹는다는 이유만으로 한국을 비난하는 프랑스 여배우 브리지트 바르도와의 인터뷰. 손석희는 〈시선집중〉에서 전화인터뷰에 응한 바르도에게 "내가 아는 프랑스인은 한국에 와서 개고기를 먹기 시작했다. 미국인, 독일인도 개고기를 먹은 경험이 있다고 털어놓았다. 그들은 지금도 먹는다. 이것은 사실이다. 그렇다면 프랑스인, 독일인, 미국인 대다수가 개고기를 먹을 수 있다고 생각해도 되는가. 즉 이렇게 과장해서 얘기해도 되는가"라고 맹렬하게 물었다.

화가 난 바르도가 일방적으로 전화를 끊자 손석희는 "그녀는 동물애호가라기보다 인종차별주의자다. 서로의 문화적 차이를 이해하는 목적으로 기획된 인터뷰지만 결국 민족적 차별로 귀

결됐다"는 결론을 지었다. 바르도의 발언에 분노하면서도 누구 하나 나서지 못하는 상황에서 정곡을 찌르는 손석희의 말은 쾌감을 줬다.

그는 방송의 질을 높인 공로를 인정받아 2003년 한국아나운서 대상을, 2006년 한국방송프로듀서상 라디오진행자상을 수상했다. 그리고 그해 22년간 몸담았던 MBC를 떠나 성신여대 문화정보학부 교수로 부임한다. 찔러도 피 한 방울 날 것 같지 않던 그도 퇴임 기자회견에서는 아쉬움의 눈물을 흘렸다고 한다.

교수로 부임한 뒤에도 〈시선집중〉과 〈100분 토론〉 진행을 맡아온 그는 "새벽에 양말 신을 때가 가장 괴롭다"면서도 매일 아침 5시에 일어나 방송 준비를 하고, 방송이 끝나면 오전까지 회의를 한 뒤 다시 학교로 가 강의준비를 했다. 집에 돌아온 뒤에도 다음날 진행할 사안에 대해 분석하고 검토하다 잠이 든다. 지금껏 지각을 한 건 서 너 차례뿐. 철저한 자기관리 없이는 불가능한 일이다.

손석희의 치밀하고도 성실한 태도는 이미 방송가에는 널리 알려진 얘기다. 아나운서 국장으로 있을 때도 자정이 넘어 〈100분 토론〉이 끝나면 그는 집으로 가지 않고 야전침대에서 새우잠을 잔 뒤 다음날 새벽 〈시선집중〉을 준비했다고 한다.

그는 2009년 가을, 8년간 진행해온 〈100분 토론〉에서 물러났다. "운이 좋고 행복한 사회자였다"고 운을 띄운 그는 "8년이라는 시간 동안 잘 버텨왔다고 생각한다. '버텨왔다'고 표현을 쓰는 것은 토론 프로그램이라서 진행하기 어렵고 많은 사람들의 관심을 받는 자리라서 늘 조심스럽기 때문"이라며 시원섭섭한 마음을 드러냈다. 토론프로그램 진행자는 시대의 쟁점을 객관적으로 판단하고 냉정한 시선으로 바라봐야하지만, 찬반이 나뉜 문제를 다루다보니 시청자로부터 성원을 얻기도 하고 뭇매를 맞기도 한다. 8년이라는 긴 시간 동안 그가 얼마나 심한 압박감 속에서 견뎌온 것일까. 손석희가 끝으로 "사회자라는 짐은 내려놓지만 내 마음과 머릿속에서 토론이라는 단어는 떠나지 않을 것이다. 토론이야말로 민주주의를 실천하고 학습하는 기본적인 장이라 믿기 때문이다. 그 장에 조종자로서 함께 했던 것은 커다란 기쁨이고 영광이었다"며 마이크를 내려놓자, 사람들은 그제야 그의 열정과 노곤함을 이해하듯 격려의 박수를 보냈다. 그들에게 보내는 손석희의 마지막 약속은 〈100분 토론〉을 잊지 않고 시청하겠다"였다.

'가장 영향력 있는 언론인 5년 연속 1위' '가장 신뢰하는 언론인 1위'…. 후배 언론인이나, 언론인을 꿈꾸는 많은 사람들은 손석희를 롤모델로 삼는다. 김주하는 그를 '압정 같은 사람'이라고 표현했고, 진중권 문화평론가는 '철저한 사람'이라고 말했다. 물론 문제에 대한 빠른 이해력, 당당한 언변, 중립을 지키려는 노력 등 많은 부분은 그를 빛나게 한다. 잊지 말아야할 것은 그가 허무주의와 패배감에 사로잡힌 소년에서 한국인이 가장 좋아하는 언론인이 되기까지 자신에게 주어진 상황을 뛰어넘기 위해 끊임없이 노력했다는 점. 이것이 비록 남보다 출발은 늦었지만 결승선에 먼저 도달한 이유가 아닐까.

## 약력 _ 손석희

1956년  6월 20일 출생
1975년  휘문고등학교 졸업
1982년  국민대학교 국문학과 졸업
1984년  MBC 입사
1989년  MBC 노조 교육문화부장, 대외협력위원회 간사
1999년  미네소타대학교대학원 저널리즘 석사
1999년  MBC 아나운서국 차장
2000년  성균관대학교 신문방송학과 겸임교수
2002년  MBC 아나운서국 아나운서2부 부장
2003년  MBC 아나운서국 아나운서1부 부장대우
2004년  연세대학교 신문방송학과 겸임교수
2005년  MBC 아나운서국 국장
2006년  MBC 퇴사
2006년  성신여자대학교 인문과학대학
        문화커뮤니케이션학부 교수

## 저서 및 논문

풀종다리의 노래 (1993)
세상은 꿈꾸는 자의 것이다 (공저, 1996)

# 안철수

## 신념이 낳은 혁신,
## 컴퓨터 바이러스 백신 프로그램 개발자

우리는 하루에도 몇 번씩 컴퓨터 전원을 켜고 인터넷에 접속한다. 이유도 가지각색이다. 이메일 체크는 기본. 인터넷뱅킹을 하기 위해, 영화티켓을 예매하기 위해, 리포트를 작성하기 위해 시시때때로 사용한다. 컴퓨터로는 안 되는 게 없다. 그야말로 '컴퓨터 세상'이다.

그런데 어느 날 갑자기 컴퓨터가 작동하지 않는다면 어떻게 될까. 켜지지도 꺼지지도 않을 뿐만 아니라 저장된 파일이 순식간에 없어지고, 개인정보가 원하지 않는 곳으로 유출된다면? 생각만 해도 가슴이 철렁 내려앉는다. 감기 걸리지 않기 위해 예방주사를 맞듯, 사람들은 이 같은 아찔한 사태를 방지하기 위해 미리 컴퓨터 바이러스 백신 프로그램을 설치한다.

지금은 '바이러스', '백신' 같은 단어가 익숙하지만, 불과 10

여 년 전만 해도 이것은 매우 낯선 단어였다. "반드시 설치해야
해?"하는 사람이 대부분이었고, 필요하다면 해외 유명업체의
보안 프로그램을 설치해 사용했다.

이런 어려운 환경 속에서 '토종' 바이러스 백신 프로그램을
처음 개발하고 무료로 배포, 컴퓨터를 보다 안전하게 사용할 수
있도록 한 사람이 있다. 바로 전 '안철수연구소' 대표이사이자
현재 서울대학교 융합기술대학원장으로 재직 중인 안철수. 지
난 1991년, 바이러스 백신 프로그램인 V3의 개발을 계기로 촉
망받는 의사에서 '컴퓨터의사'로 돌아선 그는 무려 7년간 개인
사용자에게 무료로 백신 프로그램을 보급했다. 사용자들을 위
협하는 신종바이러스나 웜도 그 앞에선 꼼짝도 하지 못했다.

## ✎ 호기심 많고 탐구심 강한 아이

사람들은 의사에서 프로그래머, 다시 교수로 삶을 전환한 안철
수를 '모범생', '천재'라고 말하지만 그는 "나는 평범한 사람"이
라고 말한다. 안철수는 뛰어난 아이보다는 특이한 아이였다. 초
등학교 입학하기 전인 어느 날 "새는 알을 품어 새끼를 깐다"는
어머니의 말씀을 듣고 "그럼 메추리 알을 품으면 메추리가 나오
겠네요?"하고 되물었고, 어머니가 "그렇다"고 하자 확신에 찬
미소를 지었다. 그날 밤 그는 부엌에서 몰래 메추리알 세 알을
가져와 품고 잤다. 그런데 다음날 아침 일어나보니 메추리알은
깨져있었고, 그는 자신의 힘으로는 알을 부화할 수 없다는 데
크게 낙심한다.

부모님은 이런 그를 꾸짖기보다 위로했고, 사람보다 새의 체온이 훨씬 높기 때문에 사람의 힘으로는 부화시키기 어렵다는 원리를 설명해줬다. 그는 동물이든 식물이든 생명체에 대한 관심이 컸는데, 학교 앞에서 병든 병아리, 토끼 등을 사 건강하게 키웠고 부모님께 용돈을 받으면 종류별로 꽃씨를 사다 옥상에 심었다.

성장하면서 안철수는 기계에도 관심을 가졌다. 소심한 성격 탓에 친구들과 잘 어울리지 못했던 그는 혼자만의 시간을 많이 가졌는데, 그때마다 그의 손에는 늘 드라이버 같은 공구가 들려 있었다. 손에 잡히는 것이면 무엇이든지 분해를 해야 직성이 풀렸다. 멀쩡한 괘종시계를 망가트린 적도 있었다. 하지만 그럴수록 더 크고 복잡한 기계에 눈을 돌렸다. 친척들은 그가 집에 놀러온다고 하면 가전제품부터 숨기기에 바빴다.

훗날 컴퓨터에 관심을 가진 것은 유년시절 기계 다루는 걸 좋아한 데서 영향을 받았다고 볼 수 있다. 안철수는 초등학교 때 진공관 라디오를 만들었고 중학교 2학년 때는 회로도를 보고 트랜지스터를 조립할 정도로 과학에 두각을 드러냈다. 꿈은 과학자. 인류를 행복하게 만들어줄 발명품을 만들고 싶었다.

책은 꿈에 보다 가까이 다가갈 수 있는 원동력이 됐다. 안철수는 책을 통해 자신처럼 달걀을 품고 잤다가 알을 깨트린 토머스 에디슨 같은 과학자를 접했고, 역경을 딛고 성공한 위인들을 만났다. 책 속 인물들은 친구였고, 롤모델이었다. 고전, 예술, 철학 등 다방면의 책을 닥치는 대로 읽은 그는 특히 다양한 군상의 삶이 담긴 소설에 빠져들었다.

독서는 지독하리만큼 내성적이고 소극적이었던 청소년기의

> 그는 운동을 제외한 모든 분야에서 두각을 드러냈
> 는데, 단순한 호기심에 그치지 않고 탐구하고 몰
> 두했기 때문에 가능한 일이었다.

일종의 해방구였다. 이 시기 몸에 밴 독서 습관으로 그는 모든 책을 '독파'한다. 컴퓨터를 처음 배울 때도 책부터 사 원리를 독파한 다음 컴퓨터를 샀고, 바둑을 배울 땐 바둑알을 잡기 전 50여 권의 관련 서적을 사 읽었다. 운전면허 시험을 볼 땐 문제집을 풀고 답만 외우는 다른 사람들과 달리 교재를 100% 이해하고 봤다.

고교시절에는 책만큼이나 영화도 좋아했는데, 때때로 과외공부가 있다고 거짓말한 뒤 영화관으로 내달렸다. 입시 스트레스를 영화감상으로 날려 보냈기 때문인지 공부에 집중할 수 있었다고 한다. 그는 중학교 때까지 성적이 반에서 중간 정도 머무는 평범한 아이였지만, 고등학교에 진학하면서부터 반에서 줄곧 1등을 차지할 정도로 성적이 우수했다. 그는 운동을 제외한 모든 분야에서 두각을 드러냈는데, 단순한 호기심에 그치지 않고 탐구하고 몰두했기 때문에 가능한 일이었다.

안철수는 의대에 진학, 에디슨이 아닌 슈바이처가 되기로 한다. 선생님께 "서울대 의대에 지원하고 싶다"고 말했지만 그건 진심이 아니었다. 하지만 자식에게 존댓말을 하며 말을 아끼고 가리는 어머니, 병원이 없던 가난한 동네에서 병원을 짓고 환자를 돌보는 아버지를 위해 그는 꿈을 접기로 마음먹는다. 그리고 의대에 합격했다.

## 🔍 낮에는 의사로, 밤에는 컴퓨터의사로

대학생활은 생각보다 즐겁지 않았다. 대학동기들이 '눈에 띄지 않는 사람'으로 기억할 만큼 안철수는 다른 사람에게 먼저 손을 내민 적이 없다. 늘 혼자였고, 외로웠다. 의사가 천직이라고 믿으려 애썼지만 마음처럼 쉽지 않았다.

어머니에게 처음으로 "도저히 힘들어서 견딜 수 없다"며 눈물로 호소, 잠시 고향 부산에서 휴식을 취한 뒤 의대로 돌아오기도 했다. 그가 조금 활기를 찾은 건 의대 학생들을 중심으로 운영되던 의료봉사활동 동아리에 가입하면서부터. 무의촌을 돌며 의료봉사활동을 펼치고 학교 도서관을 들락거리는 것이 유일한 기쁨이고 만족이었다.

졸업 후 의사를 할 것인가, 공부를 더 할 것인가 고민한 끝에 그는 연구직을 택했다. 환자 개개인을 치료하는 것도 좋지만 생리학을 공부해 병의 원인을 밝히면 더 많은 사람들에게 도움이 되리라고 생각한 것이다. 그는 이후에도 의료봉사활동을 꾸준히 했는데, 이때의 경험은 그가 평생 마음에 담아뒀던 '나보다 남을 먼저 생각하며 살겠다'는 의지를 만들었다.

그러던 중 1988년 세계 최초의 컴퓨터 바이러스인 '브레인 바이러스'가 등장한다. 이 바이러스는 그가 남몰래 숨겨뒀던 '하고 싶은 일'을 처음 밖으로 꺼내게 만든다. 국내에도 급속도로 퍼져 박사과정을 밟던 안철수의 컴퓨터를 감염시킨 것. 마침 기계어 공부를 막 끝낸 시점이었다. 불현듯 잡지에서 읽은 '컴퓨터 바이러스'라는 용어가 떠올랐다. 그날부터 그는 자신의 감염된 디스켓들을 분석하기 시작했다.

자신의 의학 지식과 상식을 총동원해 마침내 바이러스 감염 원리를 알아낸 안철수는 바이러스 확산을 막을 수 있는 방법을 연구했다. 그리고 몇날며칠을 바이러스와 씨름한 끝에 백신 프로그램 V1을 만들었고, 이 프로그램을 들고 잡지사에 가져가 사람들에게 무료로 보급하기로 한다. 반응은 좋았다. 사람들은 이후 신종 컴퓨터 바이러스가 등장하면 종종 그를 찾았다. 이 때문에 낮에는 의사, 밤에는 컴퓨터의사가 되는 이중생활이 7년간 계속됐고, V2, V2+에 이어 91년 국내 대표 백신프로그램인 V3가 세상에 나온다.

하지만 그때만 해도 컴퓨터를 좋아하는 한 사람일 뿐, 자신이 컴퓨터에 전문적으로 매달리게 될 거라고는 생각지 못했다. 그도 그럴 것이 그는 심장 계통 부정맥을 연구하는 유능한 의사였다. 1991년 의학박사학위를 취득, 만 27살에 단국대 의과대 교수가 됐고, 95년에는 의예과 학장으로 임명됐다. 대학에서 강의하면서 33살 안에 노벨의학상을 받겠다는 야심찬 꿈도 품었다. 하지만 '해야 할 일'과 '하고 싶은 일' 사이에서의 가슴앓이는 계속됐다.

'하고 싶은 일'을 택하기로 한 건 94년 군의관을 마치고 단국대로 복귀하면서부터. 정작 자신은 환자를 치료하는 것 이외의 일에 빠져있으면서 의사가 되겠다는 학생들을 지도하는 게 옳지 않다고 생각한 것이다.

의사 역시 보람된 직업임에 틀림없었지만 컴퓨터를 하면서 느낀 성취감, 자부심이 들지 않는 것도 문제였다. 다소 힘들더라도 의미 있고 재미있는 일, 사회에 더 기여할 수 있는 일을 하고 싶었다. 그러나 한 순간 결정할 순 없는 일이었다. 나이도 들었고, 가정도 있었고 무엇보다 지금껏 노력해 얻은 지위를 포기해야했다. '성공'과 '만족'이 같지 않다는 확신이 들었고, 만족스러운 삶을 살면 또 다른 성공이 오리라는 믿음이 생겼다. 대부분의 사람들은 순탄한 삶을 포기하려는 그를 만류했다. 쉽게 결정짓지 못하자, 아내는 "돈은 내가 벌면 되니 하고 싶은 일을 하라"며 두 번째 인생을 찾으려는 그를 격려했다. 아내의 도움으로 안철수는 의사가운을 벗어던졌다.

그즈음 컴퓨터 사용자들에게 백신 프로그램은 없어서는 안될 존재로 인식됐다. 날마다 새로운 바이러스가 들끓었고 피해자가 확산된 것이다. 불구경하듯 볼 수만은 없는 노릇이었다. 하루라도 빨리 백신을 개발해 피해를 막아야했다. 안철수는 몇몇 사람을 모아 비영리 컴퓨터 바이러스 연구소를 만들었다. 하지만 자금이 부족해 연구소 운영은 힘겨웠다. 그는 정부기관, 기업, 단체 등을 찾아다니며 투자를 바랐지만 비영리 연구소를 돕겠다는 사람은 흔쾌히 나타나지 않았다. 직원에게 줄 월급을 위해 부모님께 1천만 원을 빌리기도 했다.

막막하던 차에 '한글과컴퓨터'로부터 주식회사 형태로 바꿔 안철수연구소가 기술개발을, 한글과컴퓨터가 마케팅을 맡자는 제안이 들어왔다. 주식회사라는 점이 마음에 걸렸지만 더 이상 백신 프로그램 개발을 미룰 순 없었다. 그는 95년 '안철수컴퓨터바이러스연구소'를 세우고 개인에게는 무료로, 기업에는 유료로 백신 프로그램을 보급했다. 시간이 흐르자 '해외 유명회사에서 개발하는 백신프로그램보다 안철수연구소 백신프로그램이 낫다'는 인식이 강해졌다.

## ✎ 이익보다 양심 앞세운 CEO

안철수는 연구소를 설립한 지 얼마 지나지 않아 미국 펜실베니아 대학으로 유학을 떠난다. 쉽지 않은 선택이었지만 하루라도 빨리 부족한 부분을 채우고 싶었다. 고단한 삶이 한동안 계속됐다. 말이 잘 통하지 않아 강의를 녹음해 몇 번씩 되풀이해 들었고, 공부뿐 아니라 연구소도 관리해야했기 때문에 잠은 이틀에 한번 잤다. 그래도 그곳에서 그는 경영공학 석사학위를 취득했다.

실리콘밸리에 머물며 유학하던 1997년, 한글과컴퓨터가 경영난으로 지분을 매각하면서 안철수연구소는 홀로서기를 하게 된다. 그리고 그 즈음 안철수는 경쟁업체인 네트워크 어소시에츠(당시 맥파이사)로부터 연구소를 인수하고 싶다는 제의를 받는다. 인수 비용은 1만 달러. 약 1백억 원에 달하는 어마어마한 비용이었다. 그 돈이면 평생 즐기면서 살 수도 있었다. 그러나 그는 단호하게 거절했다. 당장의 삶은 풍족해지겠지만 직원을 해고할 게 불을 보듯 뻔하고 국민들이 더 이상 무료로 백신프로그램을 다운로드할 수 없을 것이기 때문이다. 그는 언제나 돈보다 사명감, 공익을 중요시했다.

'점차 안정된 경영을 할 수 있을 것'이라는 판단은 주효했다. 그로부터 2년 뒤 안철수연구소는 국내 보안업계 최초로 매출 100억원을 넘어섰다. 하지만 그는 초심을 잃지 않았고 연구자로서의 양심을 지켰다. CIH 바이러스 사태(99년)는 그의 뛰어난 예측을, 밀레니엄버그(Y2K)는 그의 양심을 엿볼 수 있는 사례다.

CIH 바이러스는 국내 PC 30만대를 감염시키면서 보안이 개인적인 문제가 아니라 국가적인 문제가 될 수 있음을 보여준 사건. 안철수는 바이러스가 나오기 전 사태를 직감하고 최신 백신으로 업데이트하라는 보도자료를 냈지만 사람들은 대수롭지 않게 생각했고, 피해가 발생한 후에야 부랴부랴 그에게 구원의 손길을 내밀었다. '안철수'라는 이름 석자는 사람들에게 각인됐다.

1999년 말, 일부 보안업계는 밀레니엄(Y2K) 버그를 앞세워 "2000년 1월 1일이 되면 바이러스가 창궐하고 전산오류가 겹쳐 컴퓨터 대란이 일어날 것"이라며 마케팅에 나섰다. 너 나 할 것 없이 많은 사람들은 백신을 설치했고, 곧 나라 전체가 혼란에 빠졌다. 하지만 안철수는 "큰 문제가 없을 것이다"라고 발표했다. 눈에 보이는 매출보다 양심을 택한 것. 만일 약간의 피해라도 발생하면 모든 비난을 떠안아야하는 상황이었지만 그는 자신의 연구 경력을 바탕으로 아무 문제가 없을 것을 확신했다. 그의 말대로 컴퓨터 대란은 일어나지 않았다.

일련의 상황이 계속되면서 안철수와 사용자들 사이에는 신뢰가 생겼다. 다른 보안업계가 성장하는 가운데서도 안철수연구소가 보안업계에서 선두자리를 지킨 건 이익보다 사용자를 먼저 생각하는 안철수의 마음이 드러나서다. 사람들은 안철수연구소가 다른 보안업체보다 백신 프로그램을 다소 늦게 만들어도 채근하거나 비난하지 않았다. 프로그램을 내놓을 때까지 기다리다 다운로드를 했다. 안철수가 무료로 백신 프로그램을 배포할 때부터 쌓인 믿음이었다. 이후 안철수연구소는 비약적인 발전을 거듭하다 2001년 코스닥에 등록, 세계적인 기업으로의 성장에 박차를 가했다.

직원들 사이에서 안철수는 '권위 없는 CEO'로 통했다. 혈연·지연·학연으로 사람을 뽑은 적이 없고, 화를 낸 적도, 질

책한 적도 없다. 자신의 어머니가 자신에게 그랬듯, 존경의 뜻을 담아 존댓말을 썼고, 'CEO란 직원에게 영혼을 불어넣는 사람'이라는 경영철학을 으뜸으로 내세웠다.

그는 자신의 개인주식 8만주(당시 약 60억원)을 직원 120여 명에게 무상으로 나눠준 뒤 2005년 돌연 경영 일선에서 물러난다. 그리고 가족과 함께 미국 유학길에 다시 올랐다. 또 다른 도전을 하기 위해서다.

> 직원들 사이에서 안철수는 '권위 없는 CEO'로 통했다. 존경의 뜻을 담아 존댓말을 썼고, 'CEO란 직원에게 영혼을 불어넣는 사람'이라는 경영철학을 으뜸으로 내세웠다.

## 비효율적이지만 성공적인 삶

그는 2년 간 펜실베이니아대 와튼스쿨에서 경영자 MBA 과정을 밟았다. 한 기업의 대표였지만 특별대우는 원치 않았다. 일반 학생처럼 토플 시험을 응시했고 GMAT(경영대학원 입학시험)도 봤다. "의미 있는 일을 하기 위한 준비로 유학을 선택했다"는 그는 마흔 세 살이라는 늦은 나이에 새로운 도전을 한 점에 대해 "청강생이었다면 공부하기는 편했을 것이다. 하지만 "NO PAIN NO GAIN"이라는 말처럼 힘든 노력이 없으면 남는 게 없는 것이기에 학위 과정을 밟았다"고 밝혔다. 결국 그는 '고통'을 통해 또 다른 '만족'을 얻었고, 만족은 또 다른 '성공'을 불러왔다.

3년 여간의 유학생활을 마친 안철수는 귀국 후 한국과학기술원(KAIST) 석좌교수로 부임돼 또 다른 삶을 살고 있다. 지금도 그는 책벌레처럼 손에서 책을 놓지 않고 있고, 뭔가 생각날 때마다 펜과 메모지를 꺼내드는 '메모광'으로 살고 있다. 새로운 일은 새로운 에너지를 준다고 믿는다.

안철수는 술, 담배를 안 하는 것은 물론 골프도 치지 못하고 노래방에 가본 적도 없다. 자칫 그의 삶이 무미건조하거나 단조로워 보일지도 모르나 그는 "하고 싶은 일을 하는 지금이 가장 행복하고 소중하다"고 말한다.

의사에서 백신 프로그램 개발자로, CEO에서 교수로 여러 차례 안정된 삶을 포기하고 새로운 길을 모색해온 안철수는 "효율적인 면에서 보면 나의 인생은 실패한 셈이지만, 자신에게 맞는 일을 찾기까지의 시간은 결코 낭비가 아니다. 그것은 하늘이 준 기회고 선물이다"라고 말한다. 선택의 갈림길에서 내세운 것은 '아무리 어려운 순간이라도 원칙을 지킬 것', '결과보다는 과정, 본질에 충실할 것', '장기적인 안목으로 내다볼 것' 등 세 가지. 이것이 주위의 만류와 유혹에도 흔들리지 않고 자신만의 삶을 개척한 원동력이 아니었을까. 또 한 가지, 그가 일순간의 행복을 택했다면 오늘의 성공을 이루지 못햇을 것이다. 탄탄대로처럼 펼쳐졌던 의사로서의 삶을 포기한 일, 1백억 원을 제안한 해외경쟁업체의 유혹을 뿌리친 일, 늦은 나이에 유학을 떠나 개발자에서 교수로 과감한 변신을 이룬 일…. 그는 안주하려는 삶을 원치 않았다. 어쩌면 안주된 삶을 떨쳐버리는 것으로 자신이 살아있다는 것을 느꼈는지도 모른다.

그의 삶은 현재진행형이다. '안정된' 교수직을 벗어던지고 또 어떤 새로운 길을 가게 될 지 아무도 모른다. 다만 한 가지 확실한 건, 신념을 바탕으로 한 그의 판단은 결코 틀리지 않다는 점이다.

선택의 갈림길에서 내세운 것은 '아무리 어려운 순간이라도 원칙을 지킬 것', '결과보다는 과정, 본질에 충실할 것', '장기적인 안목으로 내다볼 것' 등 세 가지.

## 약력 _ 안철수

| | |
|---|---|
| 1962년 | 1월 22일 출생 |
| 1980년 | 부산고등학교 졸업 |
| 1986년 | 서울대학교 의과대학 졸업 |
| 1986년 | 서울대학교 의과대학 조교 |
| 1989년 | 단국대학교 의과대학 전임강사 및 의예과 학과장 |
| 1990년 | 일본 규슈대학 의과대학 방문연구원 |
| 1991년 | 해군군의관(대위) |
| 1991년 | 서울대학교 의과대학 의학 박사 |
| 1995년 | 안철수 연구소 설립 |
| 1997년 | 미국 펜실베니아대 공대 및 와튼스쿨 기술경영학 석사 |
| 1998년 | 초대 소프트웨어벤처협회 회장 |
| 2000년 | 미국 스탠포드대 벤처비즈니스과정 연수 |
| 2003년 | 제5대 한국정보보호산업협회(KISIA) 회장 |
| 2005년 | 포스코사외이사 |
| 2005년 | 안철수연구소 CLO 및 이사회 의장 |
| 2008년 | KAIST 경영대학원 석좌교수 |
| 2008년 | 미국 펜실베니아 대학 와튼스쿨 최고경영자 과정 수료 |
| 2008년 | 대통령자문 미래기획위원회 위원 |

## 저서 및 논문

동방결절 내에서의 흥분 전도에 미치는 Adrenaline, Acetylcholine,
   Ca++ 및 K+의 영향 (1988)
토끼 단일 심방근세포에서 Bay K 8644와 Acetylcholine에 의한
   Ca2+ 전류의 조절기전 (1991)
바이러스뉴스 1호 (1990)
바이러스뉴스 2호 (1991)
별난 컴퓨터의사 안철수 (1995)
안철수의 바이러스 예방과 치료 (1997)
안철수와 한글윈도우 98 지름길 (1998)
안철수의 인터넷 지름길 (2000)
CEO 안철수, 영혼이 있는 승부 (2001)
나의 선택 : 무엇이든지 하고 싶지만 쉽게 결단을 내리지 못하는
   젊음에게 (공저, 2003)
CEO 안철수, 지금 우리에게 필요한 것은 (2004)
네 꿈에 미쳐라 (2007)
행복바이러스 안철수(꿈을 주는 현대인물선3) (2009)

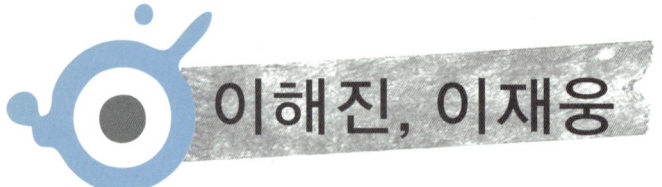

# 이해진, 이재웅

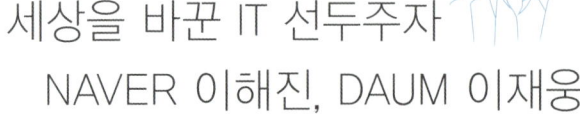

## 세상을 바꾼 IT 선두주자
## NAVER 이해진, DAUM 이재웅

'서울에서 부산으로 가는 최단 거리는?', '한국에서 가장 비싼 땅은?'

대부분의 사람들은 모르는 것을 알려고 할 때 인터넷에 접속한다. 특히 사전에도 나오지 않는 것이나 주위사람에게 물어볼 수 없는 경우 인터넷으로 정보를 얻는 게 훨씬 빠르고 정확하다. 한국인이 가장 즐겨 쓰는 인터넷 검색포털사이트는 어디일까?

한 조사기관에 따르면 네이버가 약 70%의 압도적인 점유율을 보이고 뒤이어 다음이 15%를 유지하고 있는 것으로 알려졌다. 미국에서 개발, 초창기 검색포털사이트로 많이 이용됐던 야후와 유럽 대부분의 국가에서 검색 포털 1위를 지키는 구글도 네이버와 다음의 아성을 깨트리지 못하고 있다. '토종' 검색포털사이트가 개발된 지 불과 10여 년만의 일이다.

그렇다면 다시 컴퓨터를 켜고 한국의 인터넷 문화를 확산시킨 장본인은 누구인지 검색해보자. 아마 '이해진', '이재웅'이라는 키워드를 어렵지 않게 찾을 수 있을 것이다. 네이버 창립자 이해진과 다음커뮤니케이션즈 창립자 이재웅은 단순한 무료 웹 메일 서비스와 간단한 검색서비스가 전부였던 포털 사이트를 업그레이드해 개인 홈페이지인 블로그, 인터넷 상에서 묻고 답하는 지식검색, 동호회 개념의 카페, 게임과 쇼핑몰 등 신사업을 개척해 발전을 꾀했다.

흥미로운 건 두 사람이 강력한 라이벌이자 둘도 없는 20년 지기 친구라는 점. 같은 아파트 위아래 층에 살면서 시작된 인연은 아무리 바빠도 한 달에 한 두 번은 꼭 볼 정도로 끈끈한 우정으로 싹텄다. 1997년 네이버를 창립한 이해진보다 2년 먼저 다음커뮤니케이션을 창업한 이재웅은 이해진이 창업을 준비할 무렵 경영수칙 및 운영방안에 대해 아낌없는 조언을 했다고 한다.

## ❥ 자기계발을 위한 25%의 투자

이해진은 명석한 두뇌와 치밀한 자기관리로 유명하다. 조용한 말투, 유약해 보이는 겉모습 때문인지 아무도 그가 벤처사업에 나서 성공할 것이라고 예상하지 못했다.

1986년 상문고를 우수한 성적으로 졸업한 그는 서울대 컴퓨터공학과 86학번으로 입학했고, 뚜렷한 목적 없이 한국과학기술원(KAIST) 전산학 석사과정에 진학한다. 그러나 꿈과 목표 없이 청춘을 보내는 건 진부하고 지루했다. 그는 이 시기를 인생에서 가장 후회하는 시기라고 말한다. 남들이 가는 길을 가고 싶지도 않았지만 새로운 길을 갈 용기도 부족했기 때문에 그 어떤 쪽에도 진력할 수 없었던 것이다.

계속 공부를 해서 교수로 남을지, 대기업에 입사해 평범한 직장인이 될지, 아니면 자신의 전공을 살려 벤처기업을 차릴지 고민한 끝에 그는 1992년 대학원을 졸업하자마자 삼성 SDS에 입사했다. 한때 최고의 소프트웨어 개발자가 되겠다는 꿈도 꿨지만 안전하고도 평범한 엔지니어의 삶을 택한 것이다.

이해진이 검색포털사이트와 운명적인 인연을 맺은 건 삼성 SDS 연구원 시절 그룹웨어(기업 등의 구성원들이 컴퓨터로 연결된 작업장에서 서로 협력하여 업무를 수행하는 그룹 작업을 지원하기 위한 소프트웨어)를 개발하면서부터. 그는 그곳에서 1년간 '근거리통신망(LAN)에서의 채팅 기술'을 연구했다. 그 일은 신선한 자극이었고, 이제껏 느껴보지 못한 희열을 줬다. 그리고 보다 생산적인 일을 하고 싶다는 꿈을 갖게 했다. 평범한 삶에서의 탈출은 그렇게 시작됐다.

하루 8시간 이상 일하고 야근까지 하는 직장에서 자기계발을 하는 건 힘든 일이었지만 그는 시간을 쪼개 자기계발에 투자하기로 마음먹었다. 자신을 위해 투자한 시간은 하루 2시간. 한 외국 기업이 직원들에게 요구한 25%룰(직장에서 보내는 시간의 25%는 자기계발을 위해 쓸 것)을 따르기로 한 것이다. 직장생활을 하면서 25%룰을 지키는 건 버거운 일이었지만 꼭 불가능한 일도 아니었다. 25%룰이 몸에 배면서 성취감은 배가 됐다.

인터넷이 부상하던 1990년대 중후반, 사람들은 야후, 알타비스타, 심마니 등의 검색포털사이트를 주로 사용했다. 이해진 역

흔히 남들보다 앞서가고 싶고 남들보다 빨리 성장하고 싶을 때, 자기의 환경부터 바꾸려고 한다. 그러나 진정한 결정적 장면은 결국 지금 자기가 할 수 있는 '최선'을 찾아내는 것이라는 생각이다.

시 인터넷에 관심이 많았다. 특히 검색포털사이트가 발전할 것이라고 예측했다. 그는 회사 사내벤처제도를 적극적으로 활용해 1997년 3명의 사원과 함께 사내벤처 네이버(NAVER)를 차렸고, 이듬해 사이트를 오픈 했다. NAVER는 '항해사'라는 뜻의 'navigator'에서 따온 것. 그는 보다 적극적이고 공격적으로 사업에 매달리기 위해 1999년 네이버의 전신 '네이버컴'으로 독립했다.

"결정적 장면은 반드시 극적일 필요는 없다고 본다. 흔히 남들보다 앞서가고 싶고 남들보다 빨리 성장하고 싶을 때, 자기의 환경부터 바꾸려고 한다. 마치 공부 열심히 하겠다면서 독서실부터 바꾸는 학생들처럼. 그러다보니 단숨에 현실을 뒤바꿀 만한 결정적인 사건을 찾아다니고, 지금 하던 일을 모두 접고 유학을 떠나기도 하고, 난생 처음 해보는 분야에서 용감하게 창업을 한다거나, 일하던 부서를 바꿔 달라거나 하는 사람들을 많이 본다. 그러나 진정한 결정적 장면은 결국 지금 자기가 할 수 있는 '최선'을 찾아내는 것이라는 생각이다." (이해진이 한 일간지에 기고한 글 일부)

회사규모로는 야후, 라이코스, 다음 등을 상대할 수 없다고 생각한 그는 기술개발에 주력하기로 하고 '최고의 검색 기술'을 네이버컴의 경쟁력으로 내세웠다. 노력과 운이 따라서였을까.

네이버컴은 서비스 시작 1개월 만에 이용자가 대폭 늘면서 업계에서 두각을 드러냈다. 그의 예측이 들어맞는 순간이었다.

## 철저한 자기관리 능력

이해진은 회사규모를 늘리기 위해 합병 전략을 세운다. 네이버컴은 2000년 국내 대표 온라인 게임이었던 한게임과 합병한 뒤이름을 NHN(Next Human Network)으로 바꾼다. 이후 무료 이메일과 커뮤니티 서비스를 실시했고, 검색어에 따라 사용자의 검색의도를 파악해 적합한 검색결과를 제공하는 검색서비스를 선보였다. 이 서비스는 곧 전문정보, 뉴스, 이미지 등이 한꺼번에 검색되는 통합검색으로 발전했는데, 다른 검색포털사이트와 차별화 방안을 고민하던 이해진이 내놓은 아이디어라고 한다.

한 번의 클릭으로 다양한 정보를 한눈에 확인할 수 있는 검색방법은 세계 어느 곳에도 없는 독창적이고 혁신적인 발상이었다. 이어 네이버는 2002년 지식검색 서비스인 지식in을 선보이며 단숨에 국내 검색포털 점유율 1위에 올랐다. 지식검색 또한 상당히 획기적인 아이디어였다.

사전이나 전문자료의 내용은 정확하나 난해하다는 단점이 있는데, 지식in을 통해서는 누구나 한번쯤 궁금해 하는 상식, 그러나 사전에는 나와 있지 않은 사소한 것을 알 수 있다. 전문가, 마니아, 경험자 등 대답하는 사람이 마치 곁에서 설명하는 듯한 느낌이 들고, 혹시 잘못된 답변을 하면 또 다른 사용자가 그것을 정정하고 새로운 답변을 제시한다. 국내 검색포털 점유율 1

위는 사업을 시작한 지 불과 5년도 채 지나지 않은 시점에서 이뤄낸 눈부신 성과였다.

2003년에는 '블로그의 대중화'라는 목표 아래 개인홈페이지인 블로그 서비스를 선보였다. 처음에는 블로그와 비슷한 기능을 하는 싸이월드 미니홈피가 있어 고전을 면치 못했지만 자신의 주요 관심사를 알리고 콘텐츠를 수집하는 한편 게시된 정보를 공유하려는 사람이 늘면서 블로그 사용자는 빠르게 늘어났다.

이렇게 발전하기까지는 이해진의 끈질기고도 철저한 자기관리가 한몫 차지했다. 2004년 대표이사직에서 물러나 최고전략담당이사로 일하고 있는 그는 꼼꼼하고 세심한 편이다. 직원들에게 화를 내지 못하고 직원들의 반응에도 민감하다. 합병이 추진될 때도 최대한 직원들의 반감이 생기지 않도록 서로 WIN-WIN 할 수 있는 업체를 선정했다.

최대한 많은 사람들, 혹은 사원들과 어울리는 여느 CEO와 달리 그의 도시락 파트너는 없다. 첫 번째 이유는 밥 먹을 시간에도 컴퓨터를 하면서 햄버거, 컵라면 등 간단한 식사를 하기 때문. 또 한 가지 이유는 내분을 일으키지 않기 위해서다. 다른 사람들과 식사를 하고 나면 나중에 괜히 자신과 특별한 관계가 있는 것처럼 부풀려져 괜한 소문이 나돌 수 있는 것을 대비하기 위한 것이다. 내성적인 성격에도 많은 사람들이 그를 따르고 지지하는 건 이처럼 매사 신중하고 조심스럽게 남을 대하기 때문이다.

회사에서 가장 많은 아이디어를 내고 있는 그는 늘 책을 한 아름 안고 바쁘게 걸어 다닌다. 이해진은 "열정이 가득한 사람은 환경을 변화시킨다. 환경이 자신에게 맞춰져서 내가 환경의 중심이 돼야 한다"고 말한다. 인터넷 사업은 예측할 수 없을 만

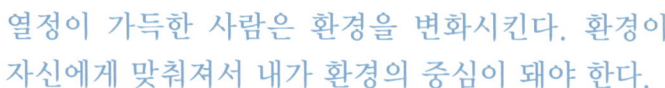

열정이 가득한 사람은 환경을 변화시킨다. 환경이
자신에게 맞춰져서 내가 환경의 중심이 돼야 한다.

큼 변화무쌍하지만 그 가운데서도 네이버가 지속적으로 발전한
다면 이해진이 현재 자신이 가진 능력 75%는 하고 있는 일에,
나머지 25%는 다음에 하고 싶은 일에 투자하는 '25%룰'을 지키
고 있기 때문이 아닐까.

## 인지과학과 인터넷의 만남

이재웅은 어린 시절 일어나지 않은 일에 미리 걱정을 하는 조심
스러운 아이였다. 언제 어디서 불이 날지 모른다며 극장 같은
폐쇄된 곳에 가면 비상구 위치부터 확인할 정도였다. 근심하고
걱정하는 태도는 신중하고 철두철미하게 사업을 이끄는 데 긍
정적인 영향을 끼쳤다. 그는 새로운 사업방안을 구상하기에 앞
서 반드시 좋은 영향과 나쁜 영향을 명확하게 따지고 몇 번의
고민을 거듭했다.

　이재웅이 처음 컴퓨터에 눈을 뜬 건 영동고등학교 2학년 때
생일선물로 컴퓨터를 선물 받으면서부터. 이후 컴퓨터에 빠져
들었고, 그것을 계기로 연세대 전산과학과에 입학했다. 그의 본
래 꿈은 과학칼럼리스트였다. 석사과정을 마친 뒤 전공을 인지
과학으로 바꾼 그는 1993년 프랑스 파리 6대학으로 유학을 떠
난 뒤 프랑스 국립과학연구소 박사과정을 밟았다.

프랑스 유학은 그에게 상당한 영향을 끼쳤다. 다양한 나라의
다양한 사람들로부터 나오는 이국적인 정서는 흥미로웠고, 다
양함에서 나오는 무궁무진한 아이디어에 절로 무릎을 쳤다. 그
시기 프랑스에는 인터넷 바람이 불어 인터넷을 통한 비즈니스
가 시작되고 있었다. 그는 세계 각국 사람들의 더 많은 이야기
를 접할 수 있는 인터넷에 매혹됐다.

인간의 두뇌와 인터넷의 유사점을 찾으려 노력한 건 그 즈음
부터. 인터넷은 인간의 두뇌만큼이나 복잡하고 미묘했지만 잘
만 이용한다면 다양하고 정확한 정보를 순식간에 알 수 있는 거
대한 정보망이었다. 이재웅이 직접 지은 '다음(DAUM)'은 다음
(next)의 의미를 나타내는 동시에 多音, 즉 '다양한 소리의 조
화'라는 뜻을 가지는데, 여기에 커뮤니케이션즈를 붙여 다양함
속에 조화로움을 이끈다는 뜻을 나타낸다.

프랑스에서 접한 노암 촘스키의 다큐멘터리 'Manufacturing
Consent: Noam Chomsky and Media'는 그의 인생을 바꾼다.
'합의를 조작한다'는 제목이 암시하듯, 이 영화는 동티모르에서
거대 미디어가 사회적 합의를 조작한 모습을 고발하고 있다. 이
재웅은 이 영화를 보면서 정치적 논리와 자본의 속성에 휘말릴
여지가 많은 기존 미디어의 문제점을 느꼈다. 이 영화에서는 누

구나 참여할 수 있으면서 독립적이고 비영리적인 새로운 미디어를 제시하는데, 그는 그것이 인터넷이라고 생각했다. 인터넷은 단순한 기술변화가 아닌 생활양식을 바꾸는 혁명의 시작이라고 판단한 것이다.

그는 혁명의 중심에 서고 싶었다. 오랜 고민 끝에 급기야 학위를 포기하고 귀국한다. 쉽지 않은 선택이었지만 망설임은 없었다. '혁명'의 중심이 될 것이라는 확신이 있었기 때문이다. 그의 부모님 또한 박사과정을 도중에 그만둔 아들을 나무라지 않고 적극적으로 지지했다. 이재웅은 1995년 2월 5,000만 원을 가지고 인터넷 컨텐츠 회사 '한메일'을 설립했다. 20평 남짓한 사무실에 직원은 세 명. 당시 인터넷은 일반인은 물론이고 기업이나 관공소 직원에게도 매우 생소한 것이었고, 야후, 라이코스 등 세계적인 검색포털사이트도 등장하기 전이었다.

그는 인터넷을 소통의 공간으로 만들고 싶었다. 그가 인터넷으로 처음 선보였던 것은 영화나 미술작품, 만화를 소개하는 서비스. 하지만 반응이 신통치 않았다. 이용자가 부족한 게 가장 큰 문제였다. 그는 인터넷을 활용하는 사람들을 늘려야한다는 생각이 들었다.

그래서 시작한 게 무료전자메일 계정이었다. 하지만 편지와 전화가 연락망의 주류를 이뤘고, 인터넷을 할 줄 아는 사람이 드물었기에 전자메일이 성공할 수 있을지 확신할 수 없었다. 상대방이 계정이 있어야 메일을 쓰고 보낼 수 있다는 점도 부담스러웠다. 이 때문에 그때만 해도 이재웅이 몇 천억 원대 매출을 자랑하는 거대기업의 사장이 될 거라고는 예상치 못했다.

## 🔍 한국의 제리양

그러나 반응은 뜨거웠다. 우표 값이 들지 않는데다 빠르고 편리하다는 장점 때문에 한메일은 입소문을 타고 몇 달 만에 가입자 10만 명을 넘어섰다. '무료'라는 다소 위험한 요소를 갖고 있었지만, 때마침 불어온 코스닥 열풍 덕에 손해를 보지 않았고, 회원을 상대로 주식공모를 하면서 위험부담을 덜었다.

1999년 이재웅은 회사 이름을 '다음'으로 개편하고 커뮤니티 공간 카페 서비스를 시작했다. 카페는 이재웅이 고안한 아이디어. 프랑스 유학 당시 노천카페에서 1.5프랑을 내고 커피를 마시며 신문 읽는 사람, 체스 두는 사람, 사색하는 사람, 등 다양한 사람들을 만났던 그는 카페처럼 누구나 부담 없이 들어와 자유롭게 활동을 할 수 있는 문화공간을 가상공간에 만들고 싶었다. 카페는 오픈한 지 2주일 만에 카페 수 2천개를 훌쩍 넘을 만큼 폭발적인 인기를 누렸고, 회원수도 기하급수적으로 늘었다. "광개토대왕님, 야후는 다음이 물리치겠습니다"라는 광고처럼 다음은 포털서비스 1인자가 됐다.

2002년 세계경제포럼이 선정한 '미래 글로벌리더 100인'에 선정된 이재웅은 '한국의 제리양'으로 불렸다. 제리양은 '닷컴신화'를 연 야후의 공동창업자이자 30대에 CEO가 된 인물. 이재웅은 야후를 처음 만들었던 제리양처럼 젊은 나이에 인터넷이라는 새로운 일에 뛰어들었고 서비스를 계속 발굴했다. 또 아이디어가 떠오르면 가장 먼저 실천에 옮겼다.

2004년 미국 라이코스를 인수하는 등 비약적인 발전을 이룬 이재웅의 성공요건으로는 뛰어난 예측과 풍부한 경험이 들 수 있다. 이재웅은 "소신 있고 당당하며 혜안을 갖춘 인물"이라고 평가받는다. 평범한 대학원생이었던 그는 아무도 관심을 기울이지 않았던 인터넷이 발전할 것을 예측했고, 경험을 살려 가장 자신 있는 부분에 투자했다.

회사 투자에는 아낌이 없었지만 자기 자신에는 검소한 편이었다. 한 주간지는 이재웅을 "1천억 원대의 재산가지만 20달러짜리 시계를 차고 다니는 사람"이라고 소개한 바 있고, 그의 아내인 황현정 전 KBS 아나운서와도 콩비지집, 칼국수집 등 소박한 곳에서 주로 식사를 한다고 한다. 기부문화에도 관심이 많았는데, 자신의 결혼식에서 받은 축의금은 물론, 임직원과 함께 자신의 스톡옵션과 대량메일을 보내는 기업이나 개인에게 부과했던 '온라인우표제'를 통해 얻은 수익금 등을 사회단체에 기부하는 일에 서슴지 않았다.

이재웅은 오전 4시가 되면 어김없이 일어나 컴퓨터를 켜고 인터넷으로 세계 뉴스를 점검한다. 불필요한 시간이나 에너지를 막기 위해 비서도, 운전사도 없이 택시를 타고 홀로 움직였고, 휴대전화보다는 이메일과 메신저로 스케줄을 체크했다. 직원에게 편안함과 자유로움을 주는 경영방침도 성공요건. 그는 성장가도를 달리던 2004년 직원들이 쾌적한 환경에서 일할 수 있도록 제주도 한라산 기슭으로 회사를 옮겼다. 아침회의에 늦은 한 직원의 지각사유가 출퇴근 교통체증이라는 것을 알게 된 후 어떻게 하면 직원들이 즐겁게 출퇴근할 수 있을까 고민한 끝에 낸 생각이었다. 업계에서는 비상식적인 일이라며 우려를 보였지만 그는 자신의 생각을 밀어붙였다. 결과는 성공적이었다. 직원들은 더 이상 교통체증, 매연과 씨름하지 않아도 되는 그곳

> 세상에는 운이 좋은 사람과 운이 나쁜 사람, 생각하
> 는 사람과 생각하지 않는 사람, 그리고 생각하는 것
> 을 실천에 옮기는 사람과 옮기지 않는 사람이 있다.
> 나는 단지 운이 좋았을 뿐이며, 생각하는 것을 실천
> 에 옮기려 노력할 뿐이다.

에서 일에만 집중할 수 있었다.

　이재웅은 '고용자-피고용자'라는 관계도 없앴다. 직원들에게 주기적으로 메일을 보내, 읽고 싶은 책을 추천받은 뒤 회사에 비치했고, 비스킷, 호빵, 고구마, 컵라면 등 간식을 곳곳에 놓아 자유롭게 먹도록 했다. 사장실은 따로 만들지 않았고 늘 직원들 옆 빈자리에서 일했다. 고위급 인사부터 평사원까지 존중을 뜻하는 '님'을 붙여 이름 부르게 했다. 아고라와 UCC 탄생은 이런 쾌적한 직장환경에서 비롯됐다.

　그는 한 인터뷰에서 "세상에는 운이 좋은 사람과 운이 나쁜 사람, 생각하는 사람과 생각하지 않는 사람, 그리고 생각하는 것을 실천에 옮기는 사람과 옮기지 않는 사람이 있다. 나는 단지 운이 좋았을 뿐이며, 생각하는 것을 실천에 옮기려 노력할 뿐"이라며 자신을 낮췄지만 과거를 반성하고 현실을 검토하고 미래를 예측하는 힘이 있었기에 발전을 거듭할 수 있었다.

　이재웅은 2008년 "당분간 어떤 비즈니스에도 손대지 않고 푹 쉬고 싶다"며 돌연 대표이사에서 물러났다. 이로써 그의 13년 '다음 외길 인생'에도 마침표가 찍혔다. 사람들은 그의 갑작스러운 사퇴에 아쉬움을 드러냈지만 여전히 이재웅을 작게는 '다음'

의 핵심 엔지니어로, 크게는 한국의 인터넷 발전을 이룩한 핵심 인력으로 기억한다. 또한 한국 벤처 1세대로, 토종 인터넷기업을 키운 그가 돌아올 즈음 다음의 새로운 변화가 시작되진 않을까 기대하고 있다.

시시각각으로 변하는 IT 업계에서 오랫동안 최고의 위치를 유지한다는 건 쉽지 않다. 더욱이 세계의 거대한 경쟁 업체를 물리치고 한국 고유의 검색포털사이트를 가지고 있다는 점, 많은 사람들이 토종검색포털사이트를 편리하게 이용한다는 점은 자부심을 가질 일이다. 비슷한 시기에 인터넷기업을 성장시키며 IT를 한국경제의 중심에 놓이게 한 이해진, 이재웅. 그들이 일궈놓은 지금의 성과가 '제2의 이해진', '제2의 이재웅'을 꿈꾸는 IT 인재들로 인해 또 어떤 변화를 가질지 궁금해진다.

## 약력

### 이해진

| | |
|---|---|
| 1967년 | 6월 22일 출생 |
| 1986년 | 상문고등학교 졸업 |
| 1990년 | 서울대학교 컴퓨터공학 학사 |
| 1992년 | 한국과학기술원대학원 전산학 석사 |
| 1992년 | 삼성 SDS 입사 |
| 1997년 | 삼성 SDS 네이버포트(사내벤처) 소사장 |
| 1999년 | 네이버컴 대표이사 |
| 2000년 | 한게임커뮤니케이션 합병 |
| 2001년 | NHN 공동대표이사 |
| 2004년 | NHN 이사회 의장 |
| 2004년 | NHN 최고전략책임자(CSO) |

### 이재웅

| | |
|---|---|
| 1968년 | 10월 22일 출생 |
| 1987년 | 서울 영동고등학교 졸업 |
| 1991년 | 연세대학교 이과대학 전산과학과 졸업 |
| 1993년 | 연세대학교 이과대학 전산과학 대학원 석사 |
| 1993년 | 프랑스 국립과학연구소(UPMC 인지과학 박사과정)연구원 |
| 1995년 | (주)다음커뮤니케이션 창업 |
| 1997년 | 인터넷 포털서비스 다음커뮤니케이션 대표이사 |
| 1998년 | 멀티미디어 기술대상(정통부) |
| 2001년 | 제1회 최고 아시아 인터넷 기업가상 |
| 2004년 | 벤처기업협회 부회장 |
| 2005년 | 중앙일보 사외이사 |
| 2006년 | (주)다음커뮤니케이션 파이낸스 · 글로벌부문 각자대표이사 |
| 2007년 | (주)다음커뮤니케이션 이사, 라이코스대표이사 |

# 반기문

## 세상을 움직이는 리더십
### 한국인 최초 UN 사무총장

2006년 봄, 외교통상부 장관이었던 반기문이 국제외교의 최고사령탑인 UN 사무총장 출마의사를 밝혔을 때 대부분은 "설마 그가 되겠어?" 하고 심드렁한 반응을 보였다. 그도 그럴 것이 우리나라가 UN에 가입한 지 불과 15년밖에 안된데다 '분단국가'라는 짐을 안고 있었기 때문이다. 설상가상으로 북한은 핵보유문제로 세계 각국과 갈등을 빚고 있었다.

그러나 그는 '설마'를 가능성으로, 가능성을 다시 현실로 조금씩 옮기고 있었다. 어쩌면 그 준비는 외교관이 된 20대부터 시작된 것인지도 모른다. 각국 외교 인사와 교류했고, 그들을 진심으로 대하기 위해 다양한 외국어를 익혔으며, 전통과 문화를 습득했다. 이러한 노력의 결과일까. 반기문은 2006년 여름부터 네 번에 걸쳐 진행된 UN 안보리 예비투표에서 쟁쟁한 후

보들을 제치고 내리 1등을 거머쥐었다. 각국을 대표하는 외교수 장들은 그를 '적임자', '진정한 세계정신을 가진 사람'이라며 차기 UN 사무총장 후보로 추천하는데 주저하지 않았다. 결과는 만장일치. 당선이었다.

"저는 한국의 사무총장은 아니지만 한국인 사무총장입니다. 저의 UN 사무총장 선출은 한국인은 UN 사무총장이 되기 어렵다는 고정관념을 깨트린 결과입니다. 우리가 21세기의 여러 난관들을 넘어서기 위해서는 자신의 위치와 대상을 새로운 패러다임으로 고찰하는 태도가 필요할 것입니다."

그는 UN 사무총장직 인수 전, 외교부장관직을 퇴임하면서 이같이 말했다. "근면성실함과 조직을 위한 헌신, 변화를 추구하는 역동성, 시련을 견디는 불굴의 의지, 극단을 경계하는 중용의 정신을 발휘하겠다"는 소감도 남겼다. 한국인 정신으로 세계를 바꾼 리더, 반기문의 진짜 이야기는 어쩌면 이제부터 다시 펼쳐질지 모른다는 생각에 장내는 술렁거렸다.

## ✎ 영어신동, 외교관 꿈꾸다

반기문은 머리가 뛰어난 아이였다. 하지만 누군가를 이기고 말겠다는 승리욕보다는 모르는 것을 배우고 알아가는 즐거움이 컸다. 밤 새는 줄 모르고 책을 읽었고 모르는 것은 집요하게 물고 늘어졌다. 반 친구들이 그를 '반 선생'이라고 부를 정도로 모르는 게 없었는데, 그렇다고 해서 결코 우쭐해하는 법이 없었다. 모르는 것은 최대한 빨리 채우고, 아는 것은 최대한 많은 사람들에게 베풀자는 생각 때문이었다.

그는 자신이 알고 있는 내용을 아이들에게 잘 설명해 인기가 많았다. 선생님보다 그를 따르는 친구들도 많았다. 그러다보니 자연스레 리더십을 발휘해야하는 순간이 오곤 했는데, 작은 일을 결정할 때도 주위 친구들의 의견을 빠짐없이 묻고 들었다. '침착한 완벽주의자'라는 말이 꼭 어울릴 만큼 또래에 비해 생각이 깊었다. 창고업을 하던 아버지가 사업에 실패해 가세가 급격하게 기울었지만 그는 좌절하거나 방황하지 않았다. 그럴 때일수록 자기 자신을 위해 고삐를 잡아당겼다.

영어의 중요성을 알려준 어머니 덕분에 반기문은 일찌감치 영어를 접했고 두각을 드러냈다. 반장과 1등을 도맡았던 중학교 시절, 그는 그날 배운 영어 문장을 20번씩 쓰며 통째로 외워버렸고 3학년 겨울방학 때부터는 영어잡지를 구해 읽기 시작했다. 특히 처음 접한 『타임(Time)』은 훗날 그에게 상당한 영향을 미치는데, 잡지를 통해 영어실력이 늘 뿐 아니라 국제사회를 보는 시선 또한 넓어졌다.

영어실력이 본격적으로 빛을 발한 건 충주고에 입학한 후부터. 주위에서 "영어에 미쳤다"고 혀를 내두를 만큼 닥치는 대로 읽고 외우고 중얼거리는 그에게 영어선생님은 교과서 내용을 녹음해 새롭게 교재를 만들어보자고 권유한다. 반기문은 "기왕 할 바에 제대로 해보자"는 생각에 집 근처 비료공장으로 달려갔고, 그곳에서 미국인 기술자 가족과 인연을 맺은 뒤 교과서 녹음을 부탁했다. 교재를 다 만든 뒤에도 계속 그 집을 찾아가 영어회화공부를 했다. 일요일에는 성당에 나가 미국인 선교사들에게 말을 걸었다. 영어실력이 일취월장으로 늘뿐 아니라, 머리와 피부색이 다른 외국인과 말을 섞고 서로의 문화를 공유한다는 점에 가슴이 벅차올랐다. 그 즈음부터 그는 막연하게나마 "내가 외교관이 된다면…?" 하는 꿈을 품었다.

그러던 어느 날 그에게 기회가 찾아온다. 영어선생님의 도움으로 영어웅변대회에 참가해 입상한 뒤 그 부상으로 전국 4명이 혜택을 받는 미국 연수 프로그램 '비스타(VISTA: Visit of International Student to America)'에 선발돼 한 달 간 미국에 머무는 기회를 얻은 것. 예상치 못한 일이었지만 그는 이미 오래 전부터 연수 프로그램에 참여할 만큼의 소양을 쌓고 있었다. 미국여행은 '작지만 강한 시골 소년' 반기문의 눈과 귀를 뜨게 만들었다.

그리고 미국에서 그는 그의 꿈에 운명적으로 맞닿는다. 세계 각국에서 온 1백여 명의 청소년이 모인 그곳에서 케네디 대통령을 만난 것. 더욱이 케네디 대통령이 장래희망을 물었을 때 그는 주저하지 않고 외교관이라고 대답했다. 외교관. 스스로 말해 놓고도 놀란 듯, 가슴이 두근거렸다. 그리고 본격적으로 외교관이 될 계획을 머릿속에 그렸다.

집으로 돌아온 그는 부모님에게 자신의 장래희망을 얘기하고, 설득했다. 부모님은 아들이 평범한 회사에서 건실하게 일하길 원했기에 다소 걱정스러워했지만 단 한 번도 "출세해야 한다" 같은 부담감을 주지 않았다. 아들이 하는 일이라면 무조건 믿고 맡겼다. 그런 부모의 교육관은 무엇이든지 자발적으로 할 수 있는 힘이 됐다고 한다.

서울대 외교학과에 입학하면서 외교관이 되겠다는 목표는 한 걸음 가까워졌다. 반기문은 학과 학생들 중에서도 뛰어난 학생이었다. 그는 고등학교 때부터 필기를 잘하기로 유명했는데, 특히 시험 때만 되면 친구들이 그의 노트를 빌리기 위해 몰려들었다고 한다.

외교관의 가장 중요한 능력 중 하나는 받아쓰기다. 단어 하나, 말 한마디에 국익이 달려있고 각국의 신뢰가 결정되기 때문에 빠르면서도 정확한 받아쓰기 실력은 무엇보다 중요한 능력으로 꼽힌다. 반기문의 필기실력을 본 외교학과 교수들은 일찌감치 "좋은 외교관이 될 능력이 갖췄다"며 그를 격려했다.

서울대 외교학과를 졸업한 그는 1970년 외무고시 3기에 차석으로 합격한다. 1등만 하다가 처음으로 2등을 한 일이었지만 신입 외교관 연수는 수석으로 마쳤다. 그리고 이듬해 충주에서 함께 고교 생활을 보낸 유순택씨와 결혼한다. 유순택씨는 과거 반기문이 비스타에 선발됐을 때 복주머니를 만들어 전달한 충주여고 학생회장 출신. 대외적으로 바쁜 반기문이 업무에만 전념할 수 있도록 한 장본인이다.

### 🔍 나를 위한 시간은 만들지 마라

반기문은 인도에서 첫 근무를 시작했다. 당시 외교관들이 가장 선호한 해외근무지는 미국이었지만 가난한 가정에서 어렵게 공부하고 있는 동생들을 위해 생활비가 적게 드는 인도를 근무지로 택했다. 하지만 그에게 인도는 기회의 땅이었다. 당시 인도 총영사였던 노신영 전 국무총리가 초보 외교관인 반기문이 크고 작은 일을 두루 할 수 있도록 적극적으로 도운 것. 반기문의 근면성실함을 발견한 노신영은 방글라데시와 아프가니스탄 등 각국과 외교관계를 수립할 때 등 외교 현장에 갈 때마다 반기문을 데리고 다녔다고 한다.

반기문은 타고난 능력의 소유자면서도 예의가 바르고 성실해 선후배들의 신망이 두터웠다. 먼저 자신을 앞세운 적이 한번도 없었지만 빠른 일처리와 성실함으로 늘 동기보다 앞서나갔고, 1, 2회 선배들까지 추월했다. 일례로 1985년 국무총리에 취임한 노신영은 부이사관(3급)이었던 반기문을 의전비서관(2급)에 임명했다. 그의 눈부신 활약을 축하하는 사람도 있었으나, '고속도로 승진'이라며 불만을 터뜨린 사람들도 있었다.

반기문은 미안한 마음을 담아 동기, 선후배 1백여 명에게 "일찍 승진해 송구스럽다"며 일일이 자필편지를 보냈다. 그 안에는 진심이 묻어나 있었고, 정성이 녹아 있었다. 그 편지를 읽은 사람들은 비로소 서운한 마음을 풀고 그의 승진을 진심으로 축하해줬다고 한다.

이후에도 그의 고공행진은 멈추지 않았다. 외교부 제1차관보, 대통령 의전수석비서관, 외교통상부 차관, 외교통상부 장관 등 굵직굵직한 요직을 두루 걸쳤다. 이와 함께 그를 따르는 사람들도 많아졌다.

그는 부족한 것을 채우려는 의지가 강했다. 반기문은 영어에는 능통했지만 프랑스어는 구사하지 못했다. 하지만 프랑스어는 외교관에게 매우 중요한 언어. 시제와 동사 변화가 다양해 어떤 언어보다 정확하게 상황을 설명할 수 있기 때문에 외교문서를 작성할 때 프랑스어를 자주 사용한다.

어떻게 하면 외교관으로서 더 많은 세계의 문제를 대할 수 있을까 고민하던 반기문은 바쁜 와중에도 꾸준히 프랑스를 공부해 UN 프랑스어 프로그램 최상급 자격증을 땄다. 이는 UN 사무총장 후보가 됐을 때 자국어에 대한 자부심이 높은 프랑스의 지지를 얻는 데 큰 도움이 됐다.

UN 본부에서 과장으로 근무할 때인 1983년에는 하루 2~3시간밖에 자지 않고 공부한 끝에 하버드대학 케네디 스쿨에 유학해 행정학 석사 학위를 받았다. 1986년 오스트리아 대사로 재직할 시절에는 독일어권 대사들과 교류하고 싶어 독일어와 문화를 배우고 익혔다. 그러는 동안 각국의 외교 인사는 국가 장벽을 허물고 그와 두터운 신뢰를 쌓았다.

## 신뢰, 성실, 청렴의 원칙

반기문에 대해 말할 땐 세 가지 재미있는 별명이 따라다닌다.

그중 하나는 '반반'이다. 반반은 두 가지 뜻을 가졌는데, 첫 번째는 '潘半'으로 '반기문의 반만 해도 성공한다'는 뜻을 내포했고, 두 번째는 '反潘'으로 '반기문을 똑같이 따라하면 제 명대로 살지 못하니 따라할 생각조차 하지 말라'는 뜻을 갖고 있다. 그도 그럴 것이 그는 외교통상부 차관 시절 하루도 쉬지 않고 출근했다. 해외출장을 다닐 땐 시간과 숙박비를 아끼기 위해 반드시 '무박' 일정을 넣었다. 아버지의 부음 소식을 듣고서도 북한과의 협상장에 들어섰고, 협상이 모두 끝난 후에야 참았던 눈물을 흘린 아들이었다.

다른 별명 하나는 '미끄러운 뱀장어(slippery eel)'다. 외교통상부 장관으로 재직할 시절, 민감한 정부 현안에 대한 기자들의

질문을 요리조리 잘 빠져나간다고 붙여진 별명. 회피하거나 숨
는다는 뜻이 아니다. 신중한 태도와 탁월한 언변, 특유의 친화
력으로 상대방을 설득, 반대세력과도 잘 타협한다는 긍정적인
의미를 갖고 있다.

UN은 국제평화와 안전을 유지하기 위한 국제기구다. 나라
간의 갈등을 진정시키고, 전쟁이나 테러 등 평화유지에 방해되
는 요소를 없애며, 국제협력활동을 독려해야한다. 하지만 인류
가 직면한 문제에 대한 각국의 상황이나 입장이 다르기 때문에
힘을 모은다는 건 굉장히 어려운 일이다. 때론 의견을 조율하
다 갈등의 골이 깊어지기도 한다. 이럴 때야말로 반기문 특유의
'설득의 힘'이 어느 때보다 필요하다.

마지막 별명은 '황희정승'. 청렴은 그가 강조하는 덕목 중 하나
다. 그는 고위공직자가 된 후에도 산동네를 전전했다. 30여년 간
전셋집을 옮겨 다닌 끝에 2000년 자기 집을 마련할 수 있었다.
해외에 많이 돌아다니면서도 외제 물건 한번 사온 적이 없었다.

자녀들의 결혼식도 조용히 치렀다. 첫딸은 외교통상부 장관
시절 아무도 모르게 혼례를 올렸고, 유니세프(국제아동기금)에
서 일하는 막내딸은 케냐에서 결혼식을 올렸는데, 당시 직원들에
게 "케냐 출장을 다녀오겠다"고 말한 뒤 홀로 비행기에 올랐다고

한다. 아들의 혼례 역시 뉴욕의 한 작은 성당에서 양가 가족, 친지만 모인 상태에서 비밀리에 올렸다. 또 정부관계자나 출입기자 등 자신을 만나러 온 사람들에게 식사대접을 할 때는 외부로 나가지 않고 식사비가 저렴한 외교통상부 장관 공관에서 했다.

물론 그의 공직생활이 순탄했던 것만은 아니다. 외교통상부 차관으로 재직할 때인 2001년 김대중 대통령과 푸틴 러시아 대통령이 정상회담을 가졌는데, 공동성명을 발표할 당시 실무진의 실수로 미국 부시 행정부가 폐기를 추진하던 ABM(탄도탄요격미사일) 제한 조약을 보존하고 강화하자는 문장이 포함돼 곤경에 처한 적이 있다. 미국은 우리가 러시아와 손을 잡고 미국에 등을 돌렸다며 비난했다. 누구의 잘못도 아니었지만, 누군가는 그 일에 책임을 져야했고, 결국 그는 차관직에서 퇴진한다. 하지만 그는 실무진을 탓하기보다 본인의 부족함만을 탓하고 반성했다고 한다.

그로부터 4개월 뒤 반기문은 UN 총회 의장이 된 한승수 전 외교통상부 장관의 부름으로 의장 비서실장(UN본부 부대사)으로 일하게 된다. 이전보다 훨씬 낮은 직급이었지만 개의치 않았다. 나라일이라면 어떤 직책이든 마땅히 해야한다고 생각했기 때문이다. 이 일은 전화위복이 됐다. 각국의 대사를 만나 의견을 수렴하고 설득하는 동안 인맥이 저절로 넓어졌고, 이는 훗날 UN 사무총장 출마의 밑거름이 됐다.

2004년 외교통상부 장관으로 취임한 후에도 어려움은 있었다. 이라크 무장단체에게 납치된 김선일씨의 납치·피살사건으로 온 국민이 분개한 것. "살려달라"는 김선일 씨의 부탁을 듣고도 손 쓸 틈도 없이 무참히 살해됐다. 외교통상부의 수장으로서, 국민의 한 사람으로서 그 역시도 슬픔을 받아들이기 힘들었다. 반기문은 그 일에 책임을 지고 장관직에서 물러나려 했지만 유임됐다. 훗날 그는 여러 인터뷰에서 "국민들이 좁게는 외교부, 크게는 정부에 대한 분노와 실망을 표시해 매우 가슴이 아팠고, 공직자로서 큰 책임을 느꼈다"고 자신을 반성했다.

그는 어려움을 겪을 때마다 더욱 강하게 자신을 채찍질했다. 대단히 열정적이고 추진력이 강했다. 외교통상부 장관으로 재직한 2년 10개월 동안 그가 방문한 국가는 111개국, 해외출장은 357일. 외교장관 회담은 무려 374회에 달했다.

## 세계를 이끄는 부드러운 카리스마

30년 이상 외교관 생활에 매진한 반기문은 2006년 UN 사무총장 후보로 나선다. 그에게 UN은 희망의 상징이었다. 어린시절 한국전쟁으로 어려움을 겪었을 때 UN이 식량을 지원하고 안전을 보장해줬던 것을 똑똑히 기억하고 있었다. 그 역시 '희망리더'가 되고 싶었다.

UN 사무총장의 선출 권리를 가진 나라는 상임이사국 5개 나라(미국 러시아 영국 중국 프랑스)와 비상임이사국 10개 나라(가나 그리스 덴마크 슬로바키아 아르헨티나 일본 카타르 콩고 탄자니아 페루)가 비밀 투표를 실시한 뒤 가장 많이 득표한 후보를 총회해 추천, 총회 인준을 거쳐 사무총장으로 임명한다.

그러나 그에게는 이미 적이 없었다. 마지막 투표인 네 번째 투표가 시작된 지 불과 10여분이 지났을 때 당선 소식이 들렸다. 제8대 UN 사무총장이자 아시아에서 두 번째 당선자. 한국인 최초로 세계 평화의 중심이 된 것이다.

"저는 만나기 쉬운 사람이 될 것입니다. 또한 모든 사람들에게 적극적으로 다가갈 것입니다. 특히 모든 인류에 좀 더 가까운 UN을 만들기 위해, 저는 대화를 통해 시민사회와 넓게 교감할 것입니다. 저는 UN의 선한 목표를 위해 후원단체와 경제계, 기타 전 세계 시민사회 구성원들의 적극적인 지원과 참여를 구할 것입니다. 제 임기는 다리를 놓고 분열을 메우기 위한 노력으로 점철될 것입니다. 지금까지 저는 분열이 아닌 조화의 리더십으로 그리고 명령이 아닌 본보기의 리더십으로 잘 이끌어왔습니다. 사무총장으로서 저는 이 원칙들을 계속 지켜나갈 각오입니다." (제8대 UN 사무총장 임명 수락 연설 중에서)

반기문은 우선 부패와 무능으로 얼룩졌던 UN의 관료주의를 개혁하기 위해 진력했다. 여성고위직을 전체의 25%로 증가시켰고, 정년(61세) 연장을 금지시켰다. 또 UN 사무총장 역사상 처음으로 자신의 재산을 공개해 이목을 집중시켰다. UN의 투명성을 강조하고 전 직원의 책임성을 제고하기 위해 자신이 먼저 투명성을 내보인 것이다. 그의 행동은 조용했지만 단호했다.

뿐만 아니라 약속대로 많은 사람들을 만나 마음을 열게 했다. 2007년 5월에는 미얀마 군부를 설득, 사이클론으로 대재앙

낮은 자세를 유지하는 태도와 조용한 발언은 당장은 주목받지 못하지만 일명 '반기문 리더십'이라는 말로 새롭게 평가될 것이다.

에 가까울 정도의 피해를 입은 50여만 명의 이재민을 구했다. 이스라엘군의 침공으로 팔레스타인인들이 고통을 겪을 땐 가장 먼저 가자지구 안 UN 시설을 방문해 용기를 불어넣었다. 2007년에는 분쟁을 일으키고 민간인을 집단학살한 아프리카 수단의 대통령 오마르 알 바시르를 강력하게 비난하고, UN 평화유지군의 다르푸르 파병을 이끌어냈다. 이러한 활동으로 세계 각국으로부터 '존경할 만한 지도자'라는 평가를 얻었다.

그는 '부드러운 리더십'이라는, 새로운 리더십을 자신의 외교 전략으로 내세운다. "좀 더 강인한 카리스마로 UN을 진두지휘해야하지 않느냐"는 비판 속에서도 그는 "UN은 세계 각지에서 모인 다른 배경을 가진 사람들의 집합체"라고 짚으며 "지도자들마다 각자의 문화와 전통, 리더십 스타일이 있다는 점을 존중해야 한다. 다른 상황은 다른 리더십과 다른 카리스마가 요구된다"고 강조했다. 낮은 자세를 유지하는 태도와 조용한 발언은 당장은 주목받지 못하지만 일명 '반기문 리더십'이라는 말로 새롭게 평가될 것이다.

취임 후 지구 30바퀴를 돈 그는 아직도 해야 할 일이 많다고 말한다. 각국의 이익이 뒤얽힌 난제를 가장 효율적으로 풀어야 하고 세계 곳곳에서 발발하는 전쟁을 막아야하며, 난민들에게 구원의 손길을 뻗쳐야 한다. 지금 이순간도 지구 어딘가를 돌고

있는 반기문은 특유의 온유와 친근함으로 이 난제들을 해결하
고 있을 것이다.

## 약력

| | |
|---|---|
| 1944년 | 6월13일 출생 |
| 1963년 | 충주고등학교 졸업 |
| 1970년 | 서울대학교 외교학과 졸업 |
| 1970년 | 외무고시 3회 |
| 1972년 | 주뉴델리 부영사 |
| 1974년 | 주인도2등서기관 |
| 1978년 | 주국제연합1등서기관 |
| 1980년 | 국제연합과장 |
| 1985년 | 하버드대학교 케네디 행정대학원 석사 |
| 1985년 | 국무총리비서실 의전비서관 |
| 1987년 | 주미국참사관 겸 총영사 |
| 1990년 | 미주국장 |
| 1992년 | 장관특별보좌관 (남북 핵 통제공동위원회 부위원장) |
| 1992년 | 주미국공사 |
| 1995년 | 외무부 외교정책실장 |
| 1996년 | 외무부 제1차관보 |
| 1996년 | 대통령 의전수석비서관 |
| 1996년 | 대통령 외교안보수석비서관 |
| 1998년 | 주오스트리아대사 겸 주비엔나 국제기구대표부 대사 |
| 1999년 | 포괄적 핵실험금지조약기구(CTBTO) 준비위원회 의장 |
| 2000년 | 외교통상부 차관 |
| 2001년 | 주국제연합대사 (제56차 유엔총회의장 비서실장) |
| 2002년 | 외교통상부 본부대사 |
| 2003년 | 대통령 외교보좌관 |
| 2004년 | 외교통상부 장관 |
| 2007년 | 제8대 UN 사무총장 |

## 저서 및 논문

외국인 투자에 대한 조세지원 효과에 관한 연구 (1999)

국제조세 (2003)

# 이길여

## 타인을 위한 따뜻한 시선
## 여성 최초 의료법인 설립자

살면서 자신이 계획한 일을 모두 실현한다는 건 어려운 일이다. 목표에 대한 확고함과 무한한 믿음, 긍정 마인드가 없다면 실패하기 쉽고, 어느 정도의 희생과 위험을 감수하지 않고 꿈을 이루는 건 불가능하다.

"어릴 때 의사가 되겠다는 꿈은 아직도 현재진행형이다. 이뤄야할 꿈은 무궁무진하다. 도전하는 사람만이 꿈을 이룰 수 있다. 가능성은 꿈꾸는 사람의 몫이기 때문이다."

가난한 시골 여학생, 가방에 사람 뼈를 넣고 다닌 의대생, 미국, 일본 유학을 다녀온 실력파 여의사, 무료 진료를 해주는 병원장, 사회봉사단체를 세워 운영하는 '의료계의 여제'…. 가천길재단 회장 이길여는 여성성공시대의 한 획을 그은 사람이다. 조그만 산부인과에서 시작해 거대한 의료재단을 건설하기까지 때론 떠밀리듯이, 때론 투쟁하듯이 걸어왔다. 많은 사람들은 이런 그를 '성공한 여자'라고 말하지만 그는 자신을 '치열하게 산 여자'로 표현한다. 남김없이 에너지를 쏟아 부으며 살았을 뿐, 단순한 성공을 바라면서 살진 않았다는 말이다.

그런데 이길여의 삶에는 눈여겨볼 부분이 있다. 성공하는 사람에게서 흔히 볼 수 있는 집념, 투지뿐 아니라 희생, 박애가 있다는 것. 그는 억척스럽고 혹독하게 자신을 시험대에 올렸지만 주변 사람들에게는 온순하고 따뜻했다. 이웃과 사회를 위해 일할 때 비로소 자신이 존재한다고 생각하기 때문이다.

이길여는 미소를 잃지 않는다. 늘 행복하다고 말한다. 새로운 일에 도전하길 원하고, 불가능은 없다고 믿는다. "앞길에는 맑은 날도 있고 폭풍우가 닥칠 날도 있을 것이다. 그러나 그 동안의 노력과 열정, 그리고 패기 넘치는 도전정신을 이어 간다면 그 어떤 풍랑도 여러분의 앞길을 가로막지 못할 것이다"라고 밝힌 그의 당당함이 멋스럽다.

## 가슴에 품은 독기

어린 시절, 그는 미운오리새끼였다. 아들을 간절히 바라던 집안에 계집아이의 울음소리가 터졌기 때문이다. 설상가상으로 어머니는 건강이상으로 그를 낳은 뒤 더 이상 아이를 낳지 못했다. 대를 잇지 못해 시어머니에게 멸시받는 어머니가 늘 눈에 어른거렸고, 이로 인한 스트레스 탓인지 그는 여섯 살 될 때까지 말을 제대로 하지 못했다. 이때의 기억은 가슴 속 상처로 남았지만 자기계발에 대한 강한 동기를 부여했다.

이길여는 하루에도 수 십 번씩 '열 아들 부럽지 않은 딸이 되자', '이 세상 남자들 코를 납작하게 해줄 테다'라고 자기최면을 걸었다. 저녁마다 유일하게 전깃불이 들어오는 동네 방앗간으로 가 밤이 깊어가는 줄도 모르고 공부했다. 단 한번도 1등을 놓치지 않는 악바리였다.

하지만 고등학교 입학시험에 합격해놓고도 입학을 반대하는 아버지와 할머니 때문에 한동안 마음고생을 해야 했다. 당시 여자가 고등교육을 받는 건 흔치 않은 일이었던 것. 그러나 어머니의 생각은 달랐다. 그의 어머니는 딸이 원하는 일이라면 무엇이든 적극적으로 지지했다. "남자, 여자를 막론하고 누구나 배워야한다"는 어머니의 강한 태도는 그에게 많은 영향을 끼쳤다.

어머니의 도움으로 어렵게 학교에 입학한 그는 월반을 할 정도로 그곳에서도 두각을 드러냈다. 쥐와 거미줄로 가득한 교단 밑 지하공간을 비집고 들어가 공부하기도 했고, 한국전쟁에도 아랑곳하지 않고 방공호에 들어가 입시를 준비했다. 그의 꿈은 줄곧 의사였다. 어린 시절, 장티푸스로 죽은 죽마고우와 급성폐렴으로 닷새 만에 돌아가신 아버지의 영향이 컸다. 장티푸스와 폐렴은 조금이라도 서둘러 의사에게 치료받고 약만 있으면 얼마든지 치료할 수 있는 병이었다. 그는 주변에 있는 사람을 더 이상 쉽게 잃고 싶지 않았다. 남을 살리는 사람이 되고 싶었다.

맨손으로 시체를 만진 뒤 그 손을 채 씻지도 않고 밥을 먹었고, 틈나는 대로 인체 구조를 익히기 위해 고향에 내려갈 때도 가방 안에 사람 뼈를 넣어갔다.

그의 바람대로 그는 서울대 의과대학에 합격했다.

의대에 들어간 뒤에도 이길여의 악바리 같은 노력은 계속됐다. 그는 맨손으로 시체를 만진 뒤 그 손을 채 씻지도 않고 밥을 먹었고, 틈나는 대로 인체 구조를 익히기 위해 고향에 내려갈 때도 가방 안에 사람 뼈를 넣어갔다. 고약한 뼈냄새도, 섬뜩함도, 동네사람들의 수군거림도 공부에 대한 열정 앞에서는 사그라졌다. "의대생이 뼈를 갖고 다니는 건 당연하다. 그래야 사람 몸이 머릿속에 박히지 않겠느냐"는 어머니의 응원도 한몫 차지했다.

이길여는 산부인과를 전공으로 택했다. 지금과 달리 산부인과에 대한 당시 여자들의 생각은 그저 '아이를 낳는 곳'이었다. 정기적으로 검진을 받고 아이를 낳는 여성은 손에 꼽을 정도였고, 아이를 낳다가 죽는 일도 잦았다. 산후 조리를 제대로 하지 못해 평생 시름하는 여성도 많았다. 그러면서도 내외가 심해 여성들은 산부인과 의사가 남자라고 하면 손사래를 치며 진료를 거부했다. 그는 그런 여성들에게 건강의 소중함을 일깨워주는 나침반이 되고 싶었다. 낙후된 사고와 의료환경으로부터 여성을 보호하고 싶었다.

대학 졸업 후 그는 세계평화봉사단의 의료봉사단으로 활동하면서 의술을 익혔다. 환자의 피고름을 입으로 빨아내는 봉사단

의사들을 보면서 환자를 진심으로 대하는 마음을 배웠다. 이 경험은 훗날 그가 무료진료를 하는 데 상당한 영향을 끼쳤다.

## ● 삶의 제1원칙 '봉사'

이길여는 미국유학의 꿈을 잠시 미룬 채 동료와 함께 인천에 '자성의원'을 열었다. 몇 년 간 그곳에서 일하며 돈을 모은 그는 서른 두 살 되던 해 선진의료기술을 배우기 위해 미국으로 떠나 5년 간 뉴욕 메리이머큘리트 병원, 퀸즈 종합병원에서 배움을 이어나갔다. 비록 말도 잘 통하지 않는 이방인이었지만 무슨 일이든 적극적으로 매달렸다.

그러나 쉽지 만은 않았다. 이국땅에서 홀로 생활하면서 타인의 시선을 견디는 건 쉽지 않았다. 밤마다 외로움, 그리움과 씨름해야했다. 유학시절 그를 지켜준 건 "잠을 자는 사람은 꿈을 꾸지만, 잠을 이기는 사람은 꿈을 이룬다"는 격언이었다. 타지에서 의사로 인정받기까지 잠도 줄이고 휴식도 없앴다. 서서히 그는 그곳에서 훌륭한 의사, 참된 의사로 거듭났다. 영주권을 허용한다는 통보를 받았음에도 그는 귀국한다. 어렵게 배운 의술을 오로지 가난하고 의료환경이 낙후된 조국을 위해 쓰고 싶었기 때문이다.

그는 귀국하자마자 '자성의원'을 헐고 '이길여 산부인과'를 설립한 뒤 초음파 의료기기와 자궁경부경 등 첨단 장비를 들여왔다. 환자복, 침대시트, 기저귀도 손수 만들었다. 정성을 다했을 때 의사라는 진정한 명예를 자신 있게 얻을 수 있을 것이라는 생각이 들었기 때문이다. 환자들이 보다 마음 편히 진료 받을 수 있도록 청진기를 가슴 속에 넣어두었다가 꺼내 썼고, 자궁 안을 손가락으로 내진할 때는 미리 장갑 낀 손을 따뜻한 소독물에 담갔다. 환자를 일으킬 때는 일일이 얼싸안듯 안아 일으켰다.

　"미국에서 공부하고 돌아온 의사"라는 소문과 함께 환자를 진심으로 대한다는 애기가 돌면서 그의 병원은 연일 만원세례를 이뤘다. 이길여는 아침부터 다음날 새벽까지 쉴 새 없이 밀려드는 환자를 진료했다. 근 10년 동안 한 끼 식사로 하루를 버텼고 하루에 4시간 이상 자지 않았다. 또 오래 전부터 계획해온 '자궁암 무료 조기 검진'을 실시했고, 보증금을 내지 않고도 환자가 입원이나 수술을 할 수 있도록 했다. 이로 인해 보증금 때문에 수술은 엄두도 내지 못했던 사람들도 마음 놓고 수술대에 오를 수 있었다.

　이길여는 진료비 대신 감자, 옥수수, 쌀, 짚신 등을 받기도 했고, 이것마저도 어려운 환자들에게는 진료비를 일절 받지 않았다. 훗날 형편이 나아지면 갚으면 되고, 혹 갚지 못하더라도 괜찮다는 것인데, 당시에는 '책값, 술값, 병원비는 떼먹어도 된다'는 인식이 퍼져 있었기 때문에 다른 병원은 엄두도 내지 못할 일이었다. 그의 '무보증금 진료'는 우리나라에 의료보험제도가 장착될 때까지 계속 시행했다. 그가 그토록 바랐던 '사람을 살리는 사람'이 된 것이다.

　그의 삶의 제1원칙은 봉사. 인천에는 섬이 많고, 의사를 필요로 하는 섬주민도 많았다. 그래서 그는 의사가 없는 인근 섬들을 정기적으로 돌며 무료 진료를 시작했다. 또 환자를 돌보는 틈틈이 마을 여성들을 모아놓고 여성에게 잘 생기는 질병과 예방법, 임신 출산에 대비하는 방법 등을 강의했다.

병원이 안정적으로 운영되자 이길여는 두 번째 도전을 감행한다. 주변 사람들의 만류에도 일본유학을 떠나기로 결심한 것. "현실에 안주하고 싶지 않다", "갈 길이 먼데 지금 이대로 멈출 순 없다"는 게 그 이유였다. 그때 나이 마흔 셋이었다.

악바리 같은 성격은 일본에서도 유감없이 발휘됐다. 자신보다 훨씬 어린 학생들 속에서도 기죽지 않았고, 모두가 혀를 내두를 만큼 최선을 다했다. 2년 만에 박사학위를 받고 귀국길에 오르면서 그가 외친 말은 '잇쇼켄메이(한 우물만을 파 최선을 다해 일한다)!'. 그리고 인생의 전기가 될 만한 세 가지 결심 ─ 첫째 종합병원을 세우겠다는 것, 둘째 의료 취약지에 병원을 세우겠다는 것, 셋째 더 많은 의사를 기르기 위해 교육에 힘쓰겠다는 것을 다짐했다.

## ❛ 멈추기를 거부한 바람개비

종합병원을 세우려면 의료법인을 먼저 만들어야했다. '법인'을 한다는 건 온전히 병원장의 소유였던 것을 직원과 환자, 나아가 국민의 소유로 한다는 뜻이다. 때문에 주위에서는 "얼마 지나지 않아 망할 것"이라며 우려했다. 그러나 그는 1977년, 자신의 전 재산을 바쳐 의료법인 설립에 착수했고 이듬해 봄, 인천에 의료법인 인천길병원을 설립한다.

신념은 곧 결실을 불러왔다. 환자들은 우수한 의사와 서비스가 많은 종합병원으로 몰려들었고, 길병원은 개원 3년 만에 병원시설을 확장하기에 이르렀다. 이후 그는 최첨단 대형 종합병원 건립을 추진했다. 1982년 양평 길병원, 1987년 중앙 길병원, 1988년 철원 길병원, 1993년 남동 길병원 등을 차례로 열었고, 그 안에 여성전문센터, 심장센터, 안과 · 이비인후과전문센터, 응급의료센터 등을 세워 환자들이 전문적인 치료를 받을 수 있게끔 했다. 최근에는 천억 원대의 자금을 투자해 뇌과학연구소, 암 · 당뇨연구원를 개원했다. 두 번째 결심이 현실화된 것이다. 거침없이 나아가는 그를 두고 많은 사람들은 "무리하는 게 아니냐", "돈 욕심 때문이 아니냐"며 만류했다. 한동안 '의사'가 아닌 '병원사업가'라는 소리마저 들어야했다.

하지만 이길여의 생각은 달랐다. 1960~70년대는 전반적으로 가난한 국민들을 위해 무보증금 진료, 무의도, 무의촌 진료에 주력하고 1980~90년대는 백령도, 철원 등 의료취약지에 병원을 세워 의료혜택을 받지 못하는 사람들을 도왔다면, 삶이 윤택해진 1990년대 들어서는 의료서비스의 전문화 및 인재양성에 주력해야한다는 계획을 세운 것이다. 그는 어디까지나 '환자 중심의 병원'이라는 생각 속에 새로운 일을 계획하고, 실천했다.

'의료, 교육, 연구'를 하나로 묶어야한다는 그의 오랜 꿈은 점차 현실로 다가왔다. 이길여는 1990년 중반 경영난에 빠진 경기전문대학을 인수해 경기간호학교로 만들었고 1997년에는 가천의과대학을 설립했다. 훌륭한 의사, 간호사를 만들고 싶다는 세 번째 결심이 드디어 이뤄진 것이다. 그는 해마다 가천의과대학 졸업식에서 졸업생 목에 청진기를 걸어준다. 그 옛날, 환자들을 위해 가슴에 청진기를 품었던 자신의 마음이 예비의사들에게 전해지기를 바라는 마음으로.

이후에도 그는 1998년 자금난으로 위기에 처한 경원학원을
인수, 경원대학교 총장에 취임했고, 경인일보를 인수했으며 가
천문화재단, 가천박물관 등을 세웠다. 이길여는 이런 자신을
'멈추기를 거부한 바람개비'라고 표현한다. 바람이 강할수록 그
바람을 이용해 더욱 힘차게 바람개비를 돌린다는 의미다. 그리
고 "꿈꾸는 만큼 길이 열리고 시련을 딛고 일어나야 결실을 맺
을 수 있다"고 강조한다.

물론 그렇게 되기까지 시련과 고뇌가 없었던 건 아니다. 병원
을 짓던 업체가 부도가 난 적도 있고, 병원 개원 후 해마다 1억
원이 넘는 적자를 내기도 했고, 심각한 자금난으로 직원 봉급을
제때 주지 못할까봐 밤잠을 설쳐야했다. 그때마다 지금의 어려
움은 곧 지나갈 것이라고 믿었고, 더 많은 사람에게 손을 내밀
었다. 위기의 순간에서 자신만을 생각하고 행동했다면 지금보
다 더 큰 성공을 이뤄냈을까. 아닐 것이다. 그가 먼저 붙들었던
타인의 손은 어느 순간 모두 그를 붙들고 있었다.

지금도 학교에서 받는 그의 월급은 모두 '총장 장학금'으로
모아져 학생들에게 지급된다. '중노동 무임금 총장'인 셈이다.
하지만 그는 "성공한 사람은 자신보다 어려운 이웃에게 베풀어
야한다. 주머니와 가슴을 동시에 열어야한다"고 말한다.

## 🔍 행운의 여인

그의 이름 길여(吉女)를 글자 그대로 해석하면 '운이 따르는 여자', '복 많은 여자'다. 하지만 운을 거머쥐기 위해서 남보다 더 노력해야했고, 많은 것을 포기해야했다.

그의 자서전 『간절히 꿈꾸고 뜨겁게 도전하라』에는 미국유학을 마치고 귀국 준비를 할 때의 일화가 나온다. 당시 그는 적지 않은 돈을 주고 예쁜 잠옷 한 벌을 샀다. 한국으로 돌아가면 그 잠옷을 입고 편안한 침대에 누워 미국생활을 추억하리라 생각한 것이다.

하지만 그는 막상 귀국한 뒤 단 한 번도 그 잠옷을 입지 못했다고 한다. 잠옷을 꺼내 입고 침대에 누워 편히 잘 여력이 없었던 것이다. 그는 의사가운을 입고 진료실 구석이나 남은 환자침대에서 눈을 붙였고, 응급환자가 들어올 것을 대비해 거의 책상에서 엎드려 잤다. 그의 잠옷은 아직도 장롱 밖으로 나오지 못하고 있다.

"환자들과 죽도록 사랑에 빠져 있던 그 시절, 내 가장 절실했던 소원은 한 시간만이라도 좋으니 제대로 잠옷을 갖춰 입고 잠한번 푹 자는 것이었다."(『간절히 꿈꾸고 뜨겁게 도전하라』 중에서)

외출은 꿈도 꾸지 못했다. 창밖을 보면서 계절이 바뀌는 것을 알아챘을 뿐 만끽할 새가 없었다. 좋은 옷도, 액세서리도 없었다. 그가 욕심냈던 건 첨단의료장비와 좋은 의사, 간호사 등 인재였다. 한번은 한 친구가 3천만 원짜리 다이아몬드를 끼고 와 자랑했는데, 그는 속으로 '그 돈이면 의료기기 한 대는 더 들여올 수 있는 가격이다'며 아쉬워했다고 한다.

환자를 위해서라면 비싼 기계를 사는 것도 주저하지 않았지만 자신에게만큼은 지독하게 가난했다. 그는 살면서 휴지 한 장, 이면지 한 장을 함부로 쓴 적이 없다. 매니큐어로 스타킹 구멍을 때워 신고, 구멍 난 양말은 기워 신는다. 메이크업은 예순이 넘어서부터 시작했다고 한다. 지금도 특별한 일이 없으면 헤어·메이크업을 하지 않는다.

그는 아직 미혼이다. 젊은 시절, 어머니는 틈만 나면 "선 봐서 결혼하라"고 했지만 그는 "선 볼 시간 있으면 환자 한 명 더 볼 것"이라고 고집을 부렸다고 한다. 미국 유학시절에는 한 남자에게 프러포즈를 받았지만 거절했다. 결혼이 주는 행복보다 자신의 손길을 기다리는 환자를 돌보는 일이 더 급했던 것이다. 그는 한 남자의 아내가 아닌 많은 사람들의 아내, 한 아이의 엄마가 아닌 많은 사람들의 엄마가 되고 싶었다. 그 삶이 당장의 편안함을 주지 않더라도 결코 두렵거나 외롭지 않았다. 그에게 환자는 애인이고 삶의 동반자고 가족이기 때문이다.

이길여는 병원, 학교를 모두 법인으로 등록, 재산을 사회에 환원했다. "유산을 물려줄 자식도, 재산을 탐낼 남편도 없기에 가능한 일"이라고 말하지만 자신의 모든 것을 이웃에게 나눠준다는 건 결코 쉽지 않은 일이다. 하지만 그는 "자신이 이룬 것은 이웃과 환자들에게 나온 것이니 그 모든 것을 다시 그들을 위해 쓰는 게 당연하다"고 담담하게 밝혔다.

이길여는 때로는 불도저처럼 저돌적이고 때로는 솜사탕처럼 부드럽다. 한 가지 명확한 게 있다면 꿈을 향해 정열적으로 달려갔다는 것. 나태해지고 안일해지고자 하는 유혹을 떨치기 위해 새로운 일을 찾아 끊임없이 도전했다. 또한 그 꿈과 도전은 결코 자신만을 위한 것이 아니었기에 아름다웠다. 다시 태어나도 여자로 태어나 의사로 살아갈 것이라는 이길여. 또 다른 꿈을 맹렬하게 꾸고 있는 그의 미래가 아름답다.

**약력** _ 이길여

| | |
|---|---|
| 1932년 | 5월 9일 출생 |
| 1951년 | 이리여자고등학교 졸업 |
| 1957년 | 서울대학교 의과대학 졸업 |
| 1958년 | 서울 적십자병원 인턴 수료 |
| 1958년 | 이길여 산부인과 개원 |
| 1965년 | 미국 메리이머큘리트 병원 인턴 수료 |
| 1968년 | 미국 퀸즈종합병원센터 레지던트 수료 |
| 1977년 | 일본대학교 의학부 의학박사 |
| 1978년 | 의료법인 길의료재단 설립 |
| 1982년 | 한국여의사회 회장 |
| 1985년 | 서울대 의대 외래교수 |
| 1989년 | 연세대학교 행정대학원 고위정책과정 수료 |
| 1991년 | 재단법인 가천문화재단 설립 |
| 1992년 | 새생명찾아주기운동본부 설립 |
| 1993년 | 사단법인 가천미추홀청소년봉사단 설립 |
| 1994년 | 학교법인 가천학원 이사장 |
| 1995년 | 가천박물관 관장 |
| 1996년 | 서울대 의대 동창회장 |
| 1998년 | 가천의과대 개교 |
| 1998년 | 경원학원 이사장 |
| 1999년 | 경인일보 회장 |
| 1999년 | 한국여성재단 이사 |
| 1999년 | 경원 인천 한방병원 개원 |
| 2000년 | 경원대학교 총장 |
| 2002년 | 가천길재단 회장 |
| 2003년 | 단국대학교 명예교육학 박사 |
| 2004년 | 한센 국제협력후원회 회장 |

2006년  뇌과학 연구소 설립
2007년  가천 바이오나노 연구원 개원
2007년  한국과학기술기획평가원 이사장
2008년  카이스트 명예박사
2009년  인천세계도시축전 시민축전위원회 위원장

## 저서 및 논문

"내독소의 단일주사로 유발된 실험적 쇼크에 나타나는 내장 및
    신장의 혈액학 및 병리형태학적 연구 – 혈관경련의 지표로서
    의 동맥중막내 핵주위 공포화의 유의성을 중심으로" (1977)
꿈은 멈추지 않는다 (2002)
바람을 부르는 바람개비 (2006)
간절히 꿈꾸고 뜨겁게 도전해라 (2008)

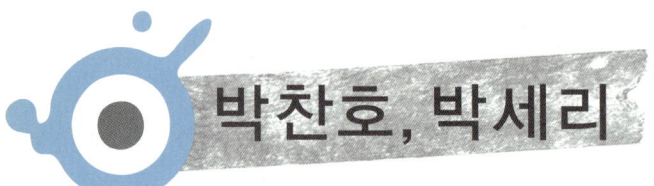

# 박찬호, 박세리

한국이 낳은 세계적 스포츠 스타
메이저리거 박찬호, 프로골퍼 박세리

박지성, 김연아, 박태환, 신지애…. 세계를 빛내고 있는 한국의 스포츠 스타들이다. 사람들은 이들이 가슴 한쪽에 태극기 마크를 달고 뛰는 모습이나 애국가를 부르는 모습을 보면서 함께 울고 웃는다. 가난과 열악한 운동 시설, 부족한 코칭스태프 등 한계를 딛고 세계 최고가 되기까지 달려온 그들의 노력과 땀방울을 알기 때문이다. 제2, 제3의 박지성, 김연아를 꿈꾸기도 한다.

해외에 진출한 스포츠스타 1세대로 꼽히는 박찬호와 박세리는 오늘날 대중에게 사랑받는, 억대 몸값과 화려한 플레이를 자랑하는 스포츠스타와는 또 다른 의미를 지닌다. 두 사람 모두 전성기에 비해 한 단계 낮은 실력을 선보이고 있지만 여전히 사람들은 그들을 연호한다. 그 이유가 무엇일까.

IMF에 구제 금융을 신청하며 국가 최대 위기 상황을 맞이하던 1997년 박찬호는 시속 160km에 육박하는 불같은 강속구로 메이저리그의 강타자들을 삼진으로 돌려세웠다. 미국 진출 후 메이저리그와 마이너리그를 오르내리며 휘청거렸던 모습은 온데간데없이 사라지고 팀 내 에이스 투수로 자리잡은 그의 위용 있는 모습에 위축돼있던 사람들은 어깨를 폈다.

그즈음 LPGA 투어에 진출한 박세리도 특유의 승부근성으로 메이저대회에서 잇달아 우승을 거머쥐었고, 여자골프 대회 중 최고의 권위를 인정받는 US여자오픈에서 양말을 벗은 채 연못에 들어가 위기를 탈출, 정상에 오르는 모습을 보여 국민들에게 큰 희망을 안겨줬다. 두 사람이 보여준 "노력하면 해낼 수 있다"는 메시지처럼 우리나라는 상환예정일을 2년이나 앞당기며 거짓말처럼 외환위기 극복을 선언했다.

> 두 사람이 보여준 "노력하면 해낼 수 있다"는 메시지처럼 우리나라는 상환예정일을 2년이나 앞당기며 거짓말처럼 외환위기 극복을 선언했다.

## 🔍 지독한 연습벌레

박찬호는 어려서부터 체격이 좋고 운동신경이 뛰어났다. 처음 시작한 운동은 육상이었는데, 다른 사람에 비해 유난히 큰 손을 눈여겨본 야구부 선생님이 그에게 야구부에 들어올 것을 권유하면서 그의 야구인생이 시작됐다. 어린 나이에도 그는 훈련량을 스스로 정했고, 성에 차지 않으면 누가 시키지 않아도 보충 훈련을 했다. 부모님은 그가 공부를 곧잘 했기 때문에 운동보다 공부에 집중하길 원했지만 이미 야구에 빠져든 아들의 고집을 꺾을 수 없었다.

공주중학교에 진학한 박찬호는 투수 겸 3루수로 활약했다. 단체훈련만으로도 힘이 들어 대부분의 야구부원은 개인훈련에 매진하지 않는다. 하지만 박찬호는 달랐다. "실력은 좋은데 자신감이 부족하다"는 코치의 말을 듣고 매일 밤 건물 옥상과 공산성에 올라가 1천번씩 스윙 연습을 했다. 때로는 담력을 쌓기 위해 홀로 공동묘지에 올라가 야구방망이를 들고 춤까지 췄다. 아침에 일어나서 가장 먼저 하는 일은 팔굽혀펴기와 윗몸일으키기. 동네언덕길은 오리걸음으로 오르내렸다. 용기와 담력, 근성을 기르기 위한 지옥훈련이었다. 몸은 고되지만 "최고의 야구선수가 되겠다"는 꿈은 조금씩 다가오는 듯했다.

공주고등학교에 진학하면서 서서히 투수로 자리를 굳힌 그는 빠른 공과 낙차 큰 변화구를 자유자재로 던지는 '공주 촌놈'으로 불리기 시작한다. 당시 박찬호는 휘문고 임선동, 신일고 조성민과 함께 고교야구 빅3로 꼽혔다. 유니버시아드와 청소년 대표로 태극마크를 달고 여러 국제대회에 참가해 좋은 투구를 선보이자 메이저리그 스카우터들은 그에게 눈독을 들이기 시작했다. 그리고 한양대학교 2학년이던 1994년, 마침내 꿈의 무대로 평가되는 메이저리그의 LA 다저스에 입단한다. 한국인 최초의 메이저리거였다. LA 다저스 유니폼을 처음 입던 날 그는 다짐했다. "세계 최고의 투수가 되자"고.

하지만 현실은 버거웠다. 박찬호는 뚜렷한 활약을 보이지 못한 채 실망스러운 모습을 보였고, 입단 17일 만에 마이너리그로 강등되는 아픔을 겪었다. 그와 비슷한 시기에 입단한 일본투수 노모 히데오는 승승장구했기에 더 위축될 수밖에 없었다. 그때마다 박찬호는 자신에 대한 실망과 속상함을 가슴에 묻어둔 채 "현재의 모습으로 판단하지 말고 2~3년 후에 비교를 해달라"고 말했다. 훗날 그는 약속대로 노모를 능가하는 투수가 됐고, 2006년 한국인 최초, 메이저리그 역사상 542번째로 100승을 거뒀다.

2년 동안의 마이너리그 생활은 보이지 않는 터널을 손전등도 없이 홀로 걸어가는 느낌이었다. 늘지 않는 야구실력보다 더 힘겨웠던 건 외로움과 동양인에 대한 차별이었다. 팀 동료들은 그에게서 마늘 냄새가 난다며 노골적으로 핀잔을 줬고, 그로 인해 몸싸움이 벌어지면 박찬호는 영어를 잘 하지 못해 모든 잘못을 떠안아야했다. 야구를 잘 하지 못하는 속상함보다 야구를 할 수 없게 만드는 현실이 더 미웠다. 고통의 끝은 보이지 않았다.

그는 어느 날 더 이상 미국생활을 지속할 수 없다는 생각에 짐을 쌌다. 때마침 어머니에게서 안부전화가 걸려왔고, 그는 자신을 응원하는 어머니에게 차마 돌아가겠다는 말을 하지 못했다. 결국 싸던 짐을 풀고 "잘 적응하고 있다. 걱정하지 마라"는 말을 남긴 채 목 놓아 울었다.

그날 이후 박찬호는 달라졌다. 마늘을 먹지 않기 위해 한국음식을 입에 대지 않았고, 구역질이 날 정도로 햄버거와 치즈만 먹었다. 매일 영어공부를 했고 한국말은 가급적 쓰지 않았다. 억지로라도 웃었다. 그것이 험난한 메이저리그에서, 외로운 타지생활에서 살아남는 방법이었다. 한 달 남짓 그런 생활을 반복했을 때 동료들은 먼저 그에게 말을 걸었다. 미국생활에 적응하면서 야구실력도 예전에 비해 점점 좋아졌다. 그는 메이저리거를 향한 야망으로 스트레칭과 웨이트트레이닝을 빠트리지 않고 했고, 가슴에 "I can do it"이라는 말을 새겼다.

박찬호는 각고의 노력 끝에 메이저리그로 올라왔고, 1996년 5승5패라는 괜찮은 성적을 거두며 선발투수로 자리 잡는다. 이듬해 금융위기로 한국경제는 침체를 겪었지만 사람들은 박찬호가 공 하나를 던질 때마다 환호했고, 1승을 거둘 때마다 카타르시스를 느꼈다. 그에게 붙여진 닉네임은 '코리안 특급'. 1998년 그는 사람들의 기대에 보답하듯 15승을 거뒀고, 2000년에는 18승으로 팀내 최고의 선수로 올라섰다. 2001년에는 내셔널리그 올스타에 선정됐다.

> 금융위기로 한국경제는 침체를 겪었지만 사람들은 박찬호가 공 하나를 던질 때마다 환호했고, 1승을 거둘 때마다 카타르시스를 느꼈다.

## 부상, 슬럼프 극복한 의지의 한국인

그는 2002년 텍사스로 이적, 새로운 도전에 나선다. 하지만 예기치 않은 부상과 부진으로 긴 슬럼프에 빠졌다. 사람들은 이런 그를 가만히 두지 않았다. 여기저기서 비아냥거리는 소리가 들렸고, "실패한 거액 스카우트"라며 무시를 당했다. 별다른 성적을 거두지 못한 그는 3년 뒤 새로운 팀 샌디에이고로 다시 이적한다. 샌디에이고에서 부활의 고삐를 움켜쥔 것도 잠시, 온몸의 피가 3분의 1이나 빠져나가는 장출혈 증세로 그는 선수 생명 최대의 위기를 맞는다. 당시 아내 박리혜씨는 임신 중이었다.

두 차례의 수술을 받는 동안 팀동료인 제이크 피비의 부인은 그에게 피를 나눠줬다. 같은 한국인도 아닌 미국인이 피를 나눠줬다는 점으로 볼 때 박찬호가 평소 동료들에게 얼마나 두터운 신뢰를 받고 있었는지 짐작할 수 있다. 감독 역시 그가 편안한 마음으로 수술을 받을 수 있도록 배려했다. 그는 힘을 내 다시 일어섰다. 수술 후 1주일이 막 지났을 때부터 공을 잡았고, 두 달도 채 지나지 않아 마운드에 복귀했다. 야구를 향한 집념을 아무도 막을 수 없었다.

하지만 마음처럼 상승세를 타긴 쉽지 않았다. 이후 그의 메이저리그 성적표는 참담했다. 2007년 뉴욕 메츠로 이적했으나 단 1경기에 출전해 1패에 그쳤고, 그 해 6월 휴스턴으로 옮겼으나 빅리그에서는 한경기도 뛰지 못하고 방출됐다. 6개월 뒤 다시 친정 LA 다저스의 유니폼을 입고서야 그는 메이저리그 100승대 투수의 영광을 안을 수 있었다. 그는 100승을 달성하던 날에도 환하게 웃기보다는 "지금 내게 가장 큰 목표는 다음 경기에서 좋은 피칭을 하기 위해 준비하는 것"이라며 마음을 다졌다. LA 다저스에서 재기의 발판을 마련한 그는 필라델피아로 옮겨 마침내 다시 선발 경쟁에 뛰어들었다. 그와 선발경쟁을 펼치는 선수들은 젊고 패기가 넘치는 유망주들이었다. 그에 비하면 그는 '화려한 과거가 있었던 선수'에 불과했다.

한때 최대 몸값을 자랑하던 박찬호는 턱없이 낮은 몸값에 계약을 했다. 사람들은 그에게 "돈도 벌 만큼 벌었는데 이제 그만 포기하는 게 좋겠다. 더 이상 망신당하지 말고 한국으로 돌아오라"고 권유했지만 그는 포기하지 않았다. 한 인터뷰에서 그는 "포기하는 건 아주 쉽다. 하지만 포기해야만 하는 상황에서도 포기하지 않고 계속 이어가려면 굉장한 용기가 필요하다. 나는 그 한계를 경험하고 싶다. 내가 설계한 야구인생에서 이런저런 희로애락은 하나의 과정으로 받아들였다"고 말했다. 야구만 할 수 있다면 어떠한 대우라도 상관없었다. '최고의 야구선수가 되겠다'는 어린시절의 꿈을 이루겠다는 일념뿐이었다.

필라델피아에서 선발투수에서 구원투수로 전환한 뒤 38경기에서 단 1개의 홈런도 허용하지 않은 투구를 선보이며 팀의 '키플레이어'가 된 박찬호. 그는 메이저리그 도전 15년 만에 꿈에 그리던 월드시리즈 무대를 밟는다. 비록 우승을 일구진 못했지만 집념과 투혼으로 승부처마다 전성기 못지않는 위력적인 투구를 뽐낸 그는 진정한 챔피언이었다.

2010년 박찬호는 명문 구단 뉴욕양키즈에 입단해 불펜투수로 나서다 방출, 피츠버그 파이리츠로 이적했다. 하지만 그는 의연했다. 그가 공식 홈페이지를 통해 남긴 글은 "오뚝이 인생을 사는 찬호". 시련이 많은 자신을 '운이 좋은 놈'이라고 했고, '시련은 성장의 기회고 행복은 성장의 댓가'라고도 했다. 서른일

곱 '노장 선수'로서 야구 여정이 다소 버거워 보이지만 '코리안 특급' 박찬호이기에 이러한 여정에도 꿋꿋하게 다시 일어설 수 있는 게 아닐까.

그를 더 빛나게 하는 건 애국심이다. 표현을 잘 하지 않지만 그는 자신을 응원해주는 국민들에게 늘 고마워했고, 한번도 '코리안 특급'이라는 말을 잊은 적이 없다. 오랫동안 미국생활을 했지만 일부러 영주권을 취득하지 않아 매해 메이저리그에서 뛰기 위해 시즌 비자를 받는다.

뿐만 아니라 야구인재 육성을 위한 장학재단을 운영하고 있고, 실직자, 수재민돕기 등 성금을 쾌척하는 일도 주저하지 않는다. 2006년 World Baseball Classic은 그의 애국심을 엿볼 수 있는 일화가 숨어있다. 당시 WBC에 대한 메이저리그 구단의 반응이 좋지 않아 한국의 메이저리거들의 출전이 불투명했는데, 박찬호는 샌디에이고팀에서 슬럼프로 방출 위기를 맞는 와중에도 서재응, 봉중근, 김병현 등 메이저리그에서 뛰고 있는 후배들을 독려해 함께 출전했다. 2009년 WBC를 앞두고 태극마크를 반납할 때는 아쉬움과 죄스러움의 눈물을 흘리기도 했다.

현재 일본 프로야구 선수로 활동 중인 박찬호의 마지막 꿈은 한국에서 경기를 갖는 것. 그는 한 인터뷰에서 "이방인이 아닌 동질감을 느낄 수 있는 한국 선수들과 함께 호흡하고 뛰고 싶다. 시기를 가늠할 순 없지만 나를 필요로 하는 구단이 있다면 한국 프로야구에 도전해 보고 싶다. 물론 힘 떨어지고 던질 수 없는 몸 상태로 마운드에 서진 않을 것이다"라고 밝혔다.

더 이상 박찬호에게서 전성기 때 볼 수 있었던 강속구를 볼 순 없지만 그는 부활하고 있다. 볼 하나하나에 모든 혼을 싣는다. 그의 도전정신, 극복의지는 어떤 투구보다도 강하고 예리하고 정확하다. 이것이 그를 '영원한 코리안 특급'이라 부르는 이유다.

## ◟ 강한 아버지, 더 강한 딸

박세리는 자신의 어린 시절을 "여자답지 못하고 못생겼던, 그러나 유난히 운동을 좋아했던 아이"라고 표현한다. 그가 처음 골프채를 잡은 건 초등학교 4학년 때. 부모와 함께 이민 온 하와이에서 아버지의 손에 이끌려 처음 클럽을 잡았다. 아버지는 꽤 수준급의 골프 실력을 자랑했는데, 그 끼를 물려받았는지 박세리는 아버지가 그립 잡는 법을 한번 가르쳐줬을 뿐인데도 곧잘 따라했다. 그날부터 어깨 너머로 아버지에게서 골프를 배웠고, 초등학교 6학년 때 귀국한 뒤 골프연습장에 가 정식으로 기초 스윙 자세를 배웠다.

중학교 때는 타고난 운동신경으로 허들 및 투포환 선수로 활약했다. 하지만 아버지는 딸을 골프선수로 키우고 싶었고, 박세리 역시 육상보다는 골프에 더 매력을 느꼈다. 박세리는 육상 유망주를 놓지 않으려는 학교 측에 "1년 안에 전국대회에서 우승하지 못하면 육상부로 돌아가겠다"는 약속을 하고나서야 본격적으로 골프에 매진할 수 있었다.

당시만 해도 골프는 부유층이 즐기는 운동이라는 편견이 심한 터라 일반인에게는 생소한 운동이었다. 골프를 한다고 했을 때 주변 사람들의 시선이 곱지 않은 건 당연한 일이었다. 하지만 박세리는 그런 편견에 개의치 않았다. 작지만 단단한 공의 위력에 이미 빠져든 것. 하루 1천개 이상 볼을 치면서 그의 골프 실력은 일취월장했다. 치면 칠수록 작고 하얀 골프공의 마력에 빠져들었다. 발군의 실력으로 박세리는 1992년 전국골프선수권 대회에서 우승하면서 이름을 알리기 시작한다.

박세리는 혹독하게 훈련했다. 아버지는 골프선수에게 필요한 기초체력과 담력을 키우기 위해 갖은 운동법을 고안했다. 아버지는 훈련할 때만큼은 딸에게 엄했는데, 매일 아파트 15층을 뒷짐 지고 뒤로 내려가게 했고, 때때로 공동묘지에 텐트를 치고 밤새 연습을 시켰다. 한번은 딸이 연습장에 있다는 사실을 깜박 잊은 채 친구들과 어울리다 새벽 4시가 넘어서야 연습장을 찾았는데 그때까지 박세리는 연습에 몰두하고 있었다고 한다. 누가 시켜서가 아니었고 속으로부터 나오는 끌림이었다. 추위에 물집이 굳고 손이 갈라져 피가 나기 일쑤였지만 투정할 겨를이 없었다. 그는 투견장에 가 살점이 떨어져나가면서도 서로를 공격하는 개를 보며 승부근성을 길렀고, 비바람이 몰아치는 날에도 연습장에 나갔다.

박세리는 최고의 프로골퍼가 되겠다는 열망이 누구보다도 강했다. 열망을 현실로 만들기 위해선 자신에게 엄격해질 수밖에 없었다. 골프세계에서는 변방에 속하는 한국, 그것도 여자라는 조건을 극복해야 최고의 프로골퍼가 될 수 있다고 믿었다. 남다른 체력훈련과 담력훈련 덕분인지 그는 위기 때마다 침착하고 담대한 샷을 선보였다. 고등학교 때는 쟁쟁한 선배들을 재치고 오픈대회 우승을 따냈고, 프로 데뷔 첫해인 1996년 4승을 올리며 신인상, 상금왕, 다승왕 등 타이틀을 거머쥐었다. 그로부터 2년 뒤 뜨거운 관심 속에 세계 최고의 여자골퍼들이 모여드는

LPGA 무대에 첫걸음을 내딛었다.

　LPGA에 진출 후 서너 달 동안은 순위가 20위 안팎에 머물렀다. 기대에 못 미친다며 비난하는 여론도 들끓었다. 하지만 그는 묵묵히 연습했고 여러 대회에 참가하며 경험을 쌓았다. 그리고 그해 5월 그는 메이저대회인 맥도널드 LPGA챔피언십에서 첫 우승을 거뒀고, US 여자오픈에서도 잇달아 정상에 오르며 스타급 선수로 성장했다. 어느 새 '세리팍'이라는 이름이 프로골프사에 새겨지고 있었다.


## ● 박세리가 만든 '박세리 키드'

　박세리가 처음 미국땅을 밟았을 때 외국선수들은 '동양에서 온 소녀'라며 아무도 그를 인정하지 않았다. 우승을 해도 행운으로만 여겼다. 하지만 시간이 지나면서 점차 그들의 시각이 달라졌다. 박세리와 함께 라운딩한 골퍼들은 "담담함과 침착함에 질렸다"고 입을 모았다. 그들은 박세리를 '연습벌레에 담 큰 소녀', '미스 터미네이터'라고 불렀다. 이것이 스무 살을 갓 넘은 신인골퍼가 전 국민에게 힘을 준 '희망바이러스'가 된 이유일 것이다.

　1998년 US 여자오픈은 아직도 많은 사람들의 뇌리에 박혀있다. 18홀에서 박세리의 샷이 경사진 러프에 빠지면서 승리는 상대선수에게 돌아갈 듯했지만 그는 포기하지 않았다. 양말을 벗고 물속으로 들어가 공을 건져 올렸고, 끝내 역전 우승했다. 기적 같은 일이었다. 사람들은 박세리의 우승에 기뻐했고, 발목 아래는 하얗고 발목 위로는 검게 그을린 그의 다리에 감동했다.

박세리와 함께 라운딩한 골퍼들은 "담담함과 침착함에 질렸다"고 입을 모았다. 그들은 박세리를 '연습벌레에 담 큰 소녀', '미스 터미네이터'라고 불렀다.

마치 당시 국제통화기금(IMF) 관리체제로 실의에 빠진 사람들에게 "절대로 포기하지 마라, 할 수 있다"는 메시지를 주는 듯했다. 이후에도 박세리 선수는 LPGA투어에서 승승장구했다. 2001년과 2002년에는 각각 5승씩을 거두면서 안니카 소렌스탐, 카리 웹과 함께 트로이카 체제를 구축했다.

하지만 2004년 통신 23승을 거둔 뒤 이유를 알 수 없는 긴 슬럼프가 찾아온다. 연습을 게을리 하지 않았는데도 연거푸 예선에서 탈락했고 본선에 진출하더라도 순위가 뒤에서 맴돌았다. 이듬해에는 손가락 부상으로 미국 진출 8년 만에 처음으로 대회 출전을 포기하고 미국에 골프채를 둔 채 한국으로 돌아왔다. "주말골퍼보다 못한 수준으로 전락했다", "박세리 의 골프는 끝났다"는 비난의 목소리도 들어야했다. 가장 속상한 건 그 자신이었다.

박세리는 한순간 모든 것을 잃는 듯한 느낌을 받았다. 골프인생에서의 암흑기는 2년간 계속됐다. 그는 스스로에게 누구를 위해, 무엇을 위해 골프를 치는가에 대한 질문부터 다시 던졌고, 골프가 재미있고 행복한 일에서 어느 순간 힘들고 고통스러운 일로 변했다는 걸 깨달았다. 충분한 휴식을 취하며 손가락을 치료한 그는 처음 골프채를 잡는 아이처럼 스윙 교정과 체력강화 훈련을 반복했고, 킥복싱과 태권도를 배우며 재미있게 운동하는 법을 익혔다. 그리고 2006년 마침내 자신이 처음으로 미국에서 정상에 올랐던 맥노널드 LPGA 챔피언십에서 극적인 역전우승을 이뤄냈다. 되찾은 건 자신감만이 아니었다. 이제껏 그를 압박해왔던 "반드시 이겨야한다"는 강박관념에서 벗어나 골프를 즐기게 됐고, 혹 실수를 하더라도 다음 기회에 멋진 샷으로 만회하면 된다는 긍정적인 마인드를 얻었다.

2007년엔 한국 선수로는 처음으로 'LPGA 10년 이상 경력, 우승포인트 27점 이상'이라는 조건을 충족해 아시아인 최초이자 세계 최연소로 LPGA 명예의 전당에도 입성했다.

그리고 그 즈음 박세리를 보며 골프의 꿈을 키운 '박세리 키드'가 터져 나왔고, '박세리 키드'들은 곧 박세리를 넘어섰다. 신지애가 대표적 인물. 박세리는 후배들의 선전에 고마워하면서도 "아직 나의 전성기는 오지 않았다"며 당찬 포부를 드러낸다.

그 말을 지키기라도 한 듯, 그는 34개월이라는 긴 터널을 지나 다시 세계 정상에 우뚝 섰다. LPGA 투어 벨 마이크로 클래식에서 우승한 것. '박세리 키드'를 비롯한 현역 최고의 선수들과 맞붙어 거둔 짜릿한 승리였다. 그의 우승은 많은 이들에게 잔잔한 감동을 불러일으켰다. 바로 우승에 대한 열망과 노력으로 다시금 일어선 데 대한 감동 외에도 뭇 선수들처럼 전성기에 골프를 그만두지 않았다는 점 때문이었다. 쇠락해지고, 나약한 모습마저 보여 사람들의 야유와 무관심 세례를 받기도 했지만 그는 멈추지 않았다. 박세리는 우승컵을 들어올리며 "지난 몇 년 동안 힘든 시간을 보낸 것은 사실이나 좋은 날이 올 것이라 믿었다"며 "난 여전히 게임에 애착이 강하다. 그래서 더 열심히 훈련하고 좋은 성적을 거두던 지난날로 돌아가려고 애쓴다"고 밝혔다.

박세리는 최근 새로운 도전에 나섰다. 자신의 이름을 내건 골프 아카데미를 오픈하는 한편 말레이시아의 한 골프장의 코스 설계를 맡은 것. 골프를 치면서 얻은 노하우를 전수하고 '골프는 귀족운동이다'라는 편견에서 벗어나 더 많은 사람들이 부담없이 골프를 칠 수 있는 환경을 만들고 싶은 게 그의 바람이다.

'박세리 키드'가 선전하는 지금, 박세리가 여전히 사람들의 가슴 속에 남아있는 건 최고의 위치에서 내려와 다시 정상을 향해 올라가는 희망을 보였기 때문이다. '조급해하지 말고 인내하며 기다리는 자세를 가지자'는 그의 좌우명처럼, 지금은 다소 주춤거리고 있지만 언젠가는 검게 그을린 다리와 우승트로피에 입을 맞추며 포효하는 모습을 다시 볼 수 있을 것이다.

한국 사람들은 가장 좋아하는 스포츠스타를 꼽으라면 박찬호, 박세리를 주저하지 않는다. 그리고 그들의 부활을 기다린다. 언론매체나 광고에 많이 등장한다고 해서 얻어진 결과는 아니다. '공주 촌놈', '동양에서 온 소녀'는 자신의 타고난 자질만 믿지 않고 끊임없는 연습과 실패와 성공을 두려워하지 않는 경험으로 세계적인 선수로 기억될 수 있었다. 실패가 없으면 도전도 없고, 도전이 없으면 성공도 없다. 박찬호, 박세리처럼 성공하기 위해서 우리는 도전해야 하고 실패를 두려워해서도 안 될 것이다.

## 약력 _ 박찬호

| | |
|---|---|
| 1973년 | 6월 29일 출생 |
| 1992년 | 공주고등학교 졸업 |
| 1993년 | 하계 버팔로 유니버시아드대회 국가대표 |
| 1993년 | 한양대학교 경영학과 2년 중퇴 |
| 1994년 | 제12회 히로시마아시안게임 야구 국가대표 |
| 1994년 | 미국 메이저리그 LA다저스 입단 |
| 1998년 | 제13회 방콕아시안게임 야구 금메달 |
| 1998년 | 제2의 건국 범국민추진위원회 위원 |
| 2000년 | 한양대학교 명예학사학위 |
| 2001년 | 텍사스레인저스 입단 |
| 2005년 | 샌디에이고 파드리스 입단 |
| 2006년 | 제1회 월드베이스볼클래식 국가대표 |
| 2007년 | 뉴욕메츠 입단 |
| 2006년 | 휴스턴 애스트로스 입단 |
| 2008년 | LA다저스 입단 |
| 2009년 | 필라델피아 필리스 입단 |
| 2010년 | 뉴욕양키스 입단 |
| 2010년 | 피츠버그 파이리츠 입단 |

## 저서 및 논문

1997년 헤이 두드(Hey Dude)

| 1977년 | 9월 28일 출생 |
|---|---|
| 1996년 | 금성여자고등학교 졸업 |
| 1996년 | KLPGA 입회 |
| 1997년 | LPGA 프로테스트 1위 |
| 1998년 | 맥도날드 LPGA 챔피언십 우승 |
| | U.S. 여자 오픈 우승 |
| | 제이미 파 크로거 클래식 우승 |
| | 자이언트 이글 LPGA 클래식 우승 |
| 1999년 | 숍라이트 LPGA 클래식 우승 |
| | 제이미 파 크로거 클래식 우승 |
| | 삼성 월드 챔피언십 우승 |
| | 페이지넷 챔피언십 우승 |
| 2001년 | 유어라이프 비타민스 LPGA 클래식 우승 |
| | 롱스 디럭스 챌린지 우승 |
| | 제이미 파 오웬스 코닝클래식 우승 |
| | 위타빅스 브리티시 여자오픈 우승 |
| | AFLAC 챔피언스 우승 |
| 2002년 | 오피스디포 챔피언십 우승 |
| | 맥도날드 LPGA 챔피언십 우승 |
| | 퍼스트 유니언 벳시 킹 클래식 우승 |
| | 모바일 LPGA 토너먼트 오브 챔피언스 우승 |
| | CJ 나인 브리지 클래식 우승 |
| 2003년 | 세이프웨이 인터내셔널 우승 |
| | 칙필A 채러티 챔피언십 우승 |
| | 제이미 파 크로거 클래식 우승 |
| 2004년 | 미켈롭 ULTRA 오픈 우승 |
| 2006년 | 맥도날드 LPGA 챔피언십 우승 |
| 2007년 | 제이미 파 오웬스 코닝클래식 우승 |
| 2007년 | LPGA 명예의 전당 입회 |
| 2007년 | KLPGA 명예의 전당 입회 |
| 2007년 | 숙명여자대학교 정치행정학부 입학 |
| 2010년 | LPGA 투어 벨 마이크로 클래식 우승 |

 김영란

## 부드럽지만 견고한 핑크빛 여성파워
## 첫 여성대법관

김영란 전 대법관은 우리 사회 변혁을 보여주는 상징적 존재다. 대한민국 헌정 사상 최초의 여성 대법관으로 임명되면서 사법사와 여성사에 큰 획을 그었기 때문이다.

대법관은 모든 판사들의 꿈이다. 고등법원 부장판사 이상의 경력이 있다면 누구나 대법관이 될 자격이 주어지기에 20여 년 판사생활을 한 김영란 역시 자격요건을 갖췄었다. 하지만 대표적인 보수조직으로 꼽히는 대법원에서 '여성', 그것도 까마득한 선배를 물리치고 '40대' 대법관이 탄생하는 건 꿈 같은 일이었다. 그 때문에 2004년 대법관으로 김영란이 임명됐을 때 "성급하지 않느냐" 같은 반대여론이 일었고, 임기를 시작한 뒤에도 얼마 동안 걱정과 우려의 목소리를 들어야 했다. 하지만 그때마다 김영란은 특유의 온화한 미소를 던졌다.

"대법관이 된 것은 다양한 세계관과 가치관을 반영해달라는 시대적 소명에서 비롯됐다고 봅니다. 남성적 감수성이 지배하는 우리 사회에서 제가 지닌 여성의 감수성이 사회적 소수자들을 이해하는데 도움이 될 것입니다. 또한 이에 부응하는 판결을 하는 것이 제가 할 일이라고 생각합니다." (2004년 8월25일 임명장 받은 직후 기자간담회에서)

한 명의 대법관이 1년 동안 처리해야하는 사건은 무려 1천7백여 건. 온종일 종이뭉치에 둘러싸여 있으면서도 그는 약속대로 여성보호를 위한 판결과 소신 있는 의견을 내놓고 있다. 한 예로 여중생을 강간하려다 상해를 입힌 혐의로 기소된 해군중령에 '상처가 경미해 상해에 해당하지 않는다'고 판결한 고등군사법원의 판결을 파기 환송했다. '상해' 개념을 확대해석해 약자로 평가되는 여성을 보호한 것. 결국 가해자는 강간치상죄로 유죄를 선고받았다. 김영란의 부드럽지만 견고한 핑크빛 여성파워가 발현되는 순간이었다.

> 남성적 감수성이 지배하는 우리 사회에서 제가 지닌 여성의 감수성이 사회적 소수자들을 이해하는데 도움이 될 것입니다. 또한 이에 부응하는 판결을 하는 것이 제가 할 일이라고 생각합니다.

## 경기여고 3인방 중 하나

공무원인 그의 아버지와 신식교육에 관심이 많으셨던 어머니는 김영란을 포함한 다섯 남매가 고등교육 이상 받을 수 있도록 지도했다. 그 가운데서도 김영란은 서너 살 때부터 글을 깨치고 책을 많이 읽어 말을 조리 있게 잘했다. 초등학교 6학년 때 고향 부산에서 서울로 전학 온 그는 서울생활에 빠르게 적응했고, 반에서 줄곧 1, 2등을 앞다퉜다. 서울 아이들이 텃새 부릴 틈을 주지 않았고, 그들보다 뒤떨어졌다고 해서 환경 탓을 하지 않았다. 사람들은 그를 보며 저마다 '크게 될 인물', '모범생'이라고 불렀다.

김영란이 본격적으로 두각을 드러낸 건 경기여고에 입학하면서부터. 문자중독증, 활자중독증이라고 할 만큼 온갖 책을 접한 그는 크고 작은 백일장에서 상을 받았고, 신문반에서 활동하며 문재를 과시했다. 논리정연하면서도 창의적이고 감상적인 글은 단연 돋보였다.

공부 욕심도 강했다. 영어 말하기 경시대회를 앞둔 어느 날, 심리적 압박감에 시달려서인지 목소리가 갑자기 나오지 않아 애먹은 적도 있었다. 가장 좋아했던 과목은 수학과 물리, 생물학. 다소 시간이 걸리더라도 난해한 문제를 자기방식대로 풀어 답을 얻었을 때 희열을 느꼈다. 훗날 판사가 된 뒤 남과는 다르지만 논리적이고 비판적인 판결을 자주 한 것도 이때의 영향을 받아서다.

한 가지 눈여겨볼 부분은 김영란을 비롯해 강금실 전 법무부 장관, 활발한 정치활동을 펼치고 있는 민주당 조배숙 의원이 당시 경기여고를 휩쓴 3인방으로 꼽힌다는 사실. 여고시절 세 사람은 같은 반을 한 적이 없었지만 서로 다른 개성과 장점 — 김영란은 원만한 인간관계와 배려심, 강금실은 당차면서도 여성스러움, 조배숙은 활달하고 적극적임 — 으로 서로의 기억 속에 남아있다. 약속이라도 한 듯 '경기여고 3인방'은 서울대 법대에 나란히 진학했고, 사법고시도 20회, 22회, 23회로 잇달아 합격하는 쾌거를 이뤘다. 훗날 조배숙은 최초의 여성 검사가, 강금실은 첫 여성 법무장관이 됐다.

모든 과목에서 두루 좋은 성적을 거둔 김영란은 애초에 작가가 되고 싶었지만 부모님과 선생님의 권유로 문과를 택했고, 법대에 진학한다. 판사가 되고 싶은 생각은 없었다. 당시만 해도 여자 법조인, 특히 여자 판사가 매우 드물었기 때문이다. 하지만 공부할수록 법학에 매료됐고, 법률가가 되는 것이야말로 어려운 사람을 돕고 사회에 기여하기 방법이라는 생각이 들었다. 그는 목표가 생겼다. 넓은 눈으로 세상을 보고, 깊은 귀로 세상을 듣고, 낮은 위치에 있는 사람들에게 손을 먼저 내밀기로.

남들처럼 산이나 절에 가 공부하지 않고 오로지 학교 강의를 듣는 데만 집중한 그는 "기본 3법이라도 제대로 공부해보자"고 시작했다. 책본 게 아까워 대학교 3학년 때 사법시험 1차에 응시했다. 결과는 합격이었다. 2차 시험 역시 반드시 합격해야겠다는 목표보다 "일단 모든 과목의 답안지에 답을 써보자"란 가벼운 마음으로 시도했다. 정답인지는 몰라도 답안지는 가득 채웠다. 그리고 대학 4학년이 시작되던 1978년 사법고시 합격소식을 들었다. 학교를 떠들썩하게 만든 여학생. 그에게 쏠린 시선은 곱기도 하고 매섭기도 했다. 하지만 김영란은 동요하지 않았다. 그는 다시 한번 자신이 걸어야할 '법률가의 길'을 약속하고, 다짐했다. 그는 연수원에서 2년간 연수를 마친 뒤 1981년 서울민사지방법원에서 판사생활을 시작했다. 이후 수원, 서울고법, 대전 대법원 재판연구관으로 일했다.

## ◦ '낮은 목소리'에 귀 기울이다

김영란은 뛰어난 업무능력과 온화한 성품, 남과 다른 시선의 판결로 법원 내에서 좋은 평가를 얻었다. 특히 개혁적인 판결을 많이 내려 일찌감치 대법관이 될 재목으로 꼽혀왔다. 그가 대법관으로 임명됐을 때 선후배 법조인이 "당연한 결과", "기대되는 일"이라고 말했던 건 이 때문이다.

그는 "법관에 대한 롤 모델도 없었고 직업에 대한 구체적 청사진도 그리기 어려워 임관된 후 당혹스러웠다"고 겸손하게 말한다. 그가 보다 법에 가까이 다가서고, 보다 낮은 사람들의 목소리에 귀를 기울인 건 남편 강지원 변호사를 만나면서부터. 김영란보다 3년 먼저 검찰에 입문한 강지원은 '따뜻한 사회를 꿈꾸는 변호사'로 잘 알려져 있다.

서울보호관찰소장을 역임하면서 청소년 보호활동을 시작하고, 한국메니페스토실천본부(시민사회에서 필요성이 제기된 문제를 해결하기 위한 운동단체)의 상임대표로 활동하는 강지원은 김영란이 대법관으로 임명됐을 때 "나의 일이 공정성이 생명인 대법관직을 맡는 데 피해가 갈 수 있다"며 일하고 있던 로펌의 대표직과 라디오 시사프로그램 진행도 그만둘 만큼 외조에 헌신적이다.

두 사람은 강지원이 서울지검에 검사로 재직할 때 김영란이 옆방 검사실에서 검사시보(검사수습)을 하면서 처음 만났고 교제한 지 1년 만인 82년 봄 결혼했다. 이듬해 9월 김영란은 서울가정법원에서 근무하면서 자연스레 비행청소년 문제, 가족법 등에 관심을 기울이기 시작했다. 상대적으로 지위가 열악한 여성과 청소년을 위해 일하겠다고 결심한 것은 그 즈음부터. 그때만 해도 여성과 청소년을 위한 법이나 행정제도는 미비했다. 아무리 노력해도 해결되지 않는 일이 쌓여만 갔다. 하지만 포기란 없었다. 자신만을 바라보는 그들을 위해 김영란은 더욱 매섭게 법전을 펼쳐들었다. 그는 "다수라고 생각하는 누구도 소수가 될 수 있다. 소수의 얘기를 들어주고 수용할 수 있는 논리를 수용해 다수자도 누릴 수 있는 권리를 소수자에게 확대해야한다"며 다수를 설득시키기 위해 끊임없이 노력했다.

김영란은 한 언론과의 인터뷰에서 "판사는 어려운 직업이다. 합리적인 결론에 다다를 때는 보람을 느끼지만, 여전히 어떤 일을 판단하고 결론짓는다는 것이 두렵거나 무섭게 느껴진다"면서도 "판결을 통해 남을 돕거나 사회에 기여할 수 있는 위치에 있다는 점이 감사하다. 나는 당사자가 말하려는 것을 경청하고 그 입장을 이해하려고 노력한다"며 직업의 고충과 보람을 털어놓기도 했다.

여자로서 네 번째로 고법 부장판사에 오르는 등 '엘리트 코스'를 밟기까지는 이러한 신념이 많은 영향을 끼쳤을 것이다. 사회적 약자를 위해 노력하고 결실을 맺은 3~4가지의 사건은 법조인으로서의 그의 족적을 정리한다.

김영란은 수원지방법원 재직 중인 1999년 집중호우로 침수 피해를 입은 주민들이 시흥시(市)를 상대로 제기한 손해배상청구소송에서 "시가 적절한 배수처리 시설을 하지 못한 잘못이 있다"며 주민들의 손을 들어줬다. 천재지변에 의한 피해지만 지자체의 일부 책임을 짚어 실의에 빠진 주민들이 조금이나마 피해보상을 받을 수 있도록 한 것이다.

또한 2002년에는 민족민주혁명당 사건과 관련, 국가정보원이 피고인과 변호사의 접견을 거부한 부분을 옳지 않다고 판단하고, 변호인과 피고인들이 국가를 상대로 낸 손해배상청구소송 항소심에서 "정당한 이유 없이 접견을 거부한 것은 헌법에 보장된 접견교통권을 침해한 것이다. 국가가 원고에게 3백~5백만 원을 배상하라며 원고 일부 승소 판결했다. 두 사건 모두 권력에 반(反)하는 결과였고, 사회적 약자의 권리를 보호하는 모습이었다.

많은 사건 중에서도 2003년 터진 '왕따 사건'은 법조인으로서의 삶에 가장 큰 향을 미쳤다. 당시 한 고등학생이 10여명의 아이들에게 지속적으로 집단 폭행을 당해 학교와 선생님을 상대로 손해배상청구를 했으나 1심에서 아이의 성격적 문제가 원인제공으로 인정돼 피해학생과 학부모가 받아야할 배상금액이 낮춰졌다. 대부분의 법관이 1심 판결에 동의를 표했지만 김영란은 1심 판례를 깨고 배당금액을 학교에서 지불해야한다는 판결을 내렸다.

학교란 어느 조직보다 약자에 대한 보호와 배려가 절실한 곳이라는 점, 설령 피해학생에게 성격적 문제가 있다고 해도 그것은 다른 아이들의 놀림 때문에 생긴 것이고 그러한 성격이 다른 아이들에게 직접적으로 피해를 끼친 게 아님으로 원인제공으로 인정할 수 없다는 게 그의 판단이었다. 주변의 많은 의견을 물리치고 판결한 이 재판은 집단따돌림에 대한 새로운 기준을 제시했다. 잘못된 일인 줄 알았지만 누구 하나 나서지 못했던 일을 해내자 그에 대한 평판은 '똑똑한 여자판사'에서 '정의로운 여자판사'로 옮아갔다. 이후에도 그는 거침없는 '정의로운' 행보를 이어갔다.

## 🔹 정의로움과 자애로움

'최초'라는 수식어보다 '여성'이라는 수식어는 김영란이 반드시 법관으로서 넘어야할 산이었다. 여성이기 때문에 불편하거나 어려운 적은 없었을까. 그는 이에 대해 "여성판사에 대한 선입견이나 인식이 판결에 크게 영향을 끼치지는 않는다. 다만 스스로 여성판사라는 자의식을 가지려고 노력했다. 그것이 뭇 (남성)판사와 다른 판결을 내리는 데 긍정적인 영향을 끼친 것 같다"고 말한다.

김영란이 가장 좋아하는 말은 역지사지(易之思之). 판사로서 필요한 가장 중요한 덕목으로는 '성찰'을 꼽는다. "타인에 대한 감수성이야말로 판사가 가져야할 필수적적인 요소"라는 그는 법원 내에서만이 아니라 활발한 대외활동으로 영역을 넓혔다. 2001년에는 여성부 남녀차별개선위원회 비상임위원으로 활동했고, 서울 종로구 선거관리위원장으로 일했다.

밖으로 스펙트럼을 넓혀가는 동안 안으로는 고민도 많았다. '판사' 이외의 삶, 특히 '여자'로서의 삶은 그리 순탄치 않았다. 그는 결혼 후 시부모를 모시고 살면서 고부갈등을 겪기도 했고, 나랏일을 하면서도 명절차례, 제사준비 등을 거르지 않기 위해 늘 긴장하며 살아야했다. 치매를 앓다 10여년 전 작고한 시아버지의 대소변을 군소리 없이 받아냈고, 2년 간 자리보전을 하다 세상을 떠난 시어머니를 돌봐야했다.

삶이 컨베이어벨트처럼 느껴진 때도 많았다. 매일 새벽 5시에 일어나 밀린 문서를 읽었고, 일을 끝낸 뒤 집으로 돌아오면 두 아이들을 보살피고 시부모를 돌보는 한편 밀린 가사일을 하느라 상당한 피로감에 시달렸다. 벗어나고 싶었다. 판사도, 여자도 잠시 내려놓는다면 행복해질 것 같았다. 나약해질 때마다 그를 지탱하게 한 건 '모범생 콤플렉스'였다고 한다. 내 부모를, 내 가정을 잘 돌보지 못한 자가 어떻게 남을 살필 수 있느냐는 게 그의 삶의 화두였다. 성실하고 남을 배려하는 자세는 그가 지닌 장점이다.

김영란은 유연한 판결만큼이나 교육에 있어서도 부드러운 사고방식을 지닌다. 엘리트코스를 밟아온 자신과 달리 두 딸은 모두 대안학교에 다녔다. 몇 해 전만 해도 대안학교는 기존의 학교 교육에 적응하지 못한 학생이나 성격장애아가 다니는 학교로 알려져 있어 외부의 시선을 곱지 않았다. 학벌이 중요시되는 우리나라에서 대안학교는 많은 위험요소를 안고 있다.

하지만 그와 남편 강지원은 획일적인 교육이 강요되는 현실에서 벗어나 아이들이 스스로 진로를 찾고 여러 가지 경험을 할 수 있도록 돕고 싶었다. 그래서 학교생활에 답답함을 느낀 아이들에게 먼저 대안학교를 권유했다고 한다. 큰딸은 전남 담양 한빛고등학교를 졸업한 뒤 미국으로 떠났고, 둘째딸은 경기도 분당 이우학교에 다녔다. 김영란이 아이들에게 남긴 말은 "용기를 가져라. 새로운 일은 언제나 비용을 요구하기 마련이다. 지금의 어려움을 견딘다면 훗날 반드시 보상을 받을 것이다"였다.

오랫동안 남편 강지원과 함께 청소년 문제를 다뤘던 김영란은 주변의 불우한 청소년들이 대학진학을 할 때까지 보살피기도 했다. 그가 청소년들에게 강조하는 건 자신에 대한 믿음. "오늘의 나의 선택이 실패인지 성공인지 혹은 빠른지 늦은지에 대한 판단은 획일적 기준에 의해 만들어진 것이다. 그보다 어떠한 모습으로 어떤 목표를 가지고 살아가는지가 더욱 중요하다"는 말로 용기를 불어넣었다. 마음을 열지 않던 아이들은 신기하게도 그와 있으면 모든 고민을 털어놓았다. 특별한 노하우는 없었다. 그저 편견의 시선을 버리고 그들을 마주보고 그들의 이야기를 경청하고, 마음을 읽으려 노력했을 뿐.

## 사법부의 꽃이 되다

그가 대법관으로 임명됐을 때 선배 대법관은 "임명되는 날 하루만 즐겁고 다음날부터는 지옥이라 할 만큼 일이 많다"고 했다고 한다. 그 말은 사실이었다.

대법관은 사법부의 꽃으로 불리지만 '꽃'이라고 불릴 만큼 생활이 매혹적이진 않다. 퇴근시간은 오후 6시지만 퇴근하면서 대부분 사건기록을 검토하기 위해 새벽까지 사건기록을 뒤적이거나 일거리를 가지고 집으로 돌아온다. 30분 남짓 구내식당에서 식사를 하는 시간을 제외하곤 쉬는 시간이 없다. 주말, 연휴에 출근하는 경우도 잦아 건강을 잃기 십상이다.

대법원 판결이 최종심이기에 심리적 압박에 따른 정신적 스트레스도 심하다. 김영란 역시 이와 다르지 않다. 때로는 '최초'의 수식어가 붙는, 아무도 가지 않는 길을 가야 하는 부담감에 짓눌리기도 한다. 그때마다 떠올리는 건 "내가 왜 법률가가 되겠다고 했는가"에 대한 대답과 "어려운 사람을 돕겠다"는 스스로와의 약속이다.

그는 퇴임하는 해인 2010년 한국에서 세계여성법관회의(IAWI)를 개최하는 것을 추진했다. 세계여성법관회의가 우리나라에서 열리는 것은 이번이 처음. 오래 전부터 한국 사법부의 수준을 세계에 알릴 수 있는 일이 무엇인지, 후배 여성법관과 함께 할 수 있는 일이 무엇인지 고민한 끝에 착안한 일이다. 6년간의 임기를 마친 그는 29년간의 판사생활을 마치고 서강대 법학전문대학원 석좌교수로 임명됐다. 많은 사람들이 쉽게 법을 접하고 알 수 있도록 크고 작은 곳에서 강연하고 싶다던 꿈이 이뤄진 것. 그는 연구와 강의로 자신의 경험과 재능을 환원하겠다는 뜻을 밝혀 훈훈함을 자아냈다.

또한 그는 2011년 국가권익위원회 위원장으로 취임, '부패방지', '청렴'이라는 새로운 과제에 도전하고 있다. 30여년 간의 판사를 지내면서 공정한 잣대를 기울이고자 노력한 그의 행보가 더욱 기대된다.

대법관이라 할지라도 그의 판결이 모두 옳다, 정당하다고 말할 순 없었을 것이다. 그래도 그가 '꽃'처럼 아름다운 건 끊임없이 고민하고 자기성찰을 한다는 점 때문일 것이다. 비록 법관의 위치에서 내려왔지만 김영란은 오늘도, 내일도 소수자에게

먼저 손을 내밀고 그들의 말을 이해하고 공감하려는 노력을 했
는지 되짚을 것이다. 소박하지만 원대한 그의 꿈이 이뤄지는 날
'사법부의 꽃'이 더욱 만개하지 않을까.

**약력 _ 김영란**

1956년    11월 10일 출생
1975년    경기여고 졸업
1979년    서울대 법대 졸업, 서울대학교 대학원 법학 석사
1978년    사법고시 20회
1981년    서울민사지법 판사
1983년    서울가정법원 판사
1984년    서울대학교 대학원 법학 석사
1986년    서울동부지원 판사
1987년    부산지법 판사
1988년    수원지법 판사
1990년    서울남부지원 판사
1991년    서울고법 판사
1993년    대법원 재판연구관
1998년    수원지법 부장판사
1999년    서울가정법원 부장판사
2000년    사법연수원 교수
2001년    서울지법 부장판사
2001년    여성부 남녀차별개선위원회 비상임위원
          서울 종로구 선관위 원장
2003년    대전고법 부장판사
2004년    대법원 대법관
2010년    국가권익위원회 위원장

**저서 및 논문**

소년보호관찰제도의 문제점 및 개선방안 (1985)
지정상품이 복수인 상표권의 일부 등록무효 (1999)
조세소송에서의 신의성실의 원칙 (1999)
외국법인의 유가증권 양도소득에 대한 국내증권회사의 원천
    징수방법 (2005)

# 박완서

## '보통' 여자가 만든 '다른' 이야기
## 늦깎이 여류작가

누군가의 글을 읽었을 때 가슴이 뛴다면 그건 작가와 교감했다는 신호다. 박완서는 독자와의 교감을 잘 이끌어내는 대표적인 작가다. 가까이에 있는 이웃을, 그리고 흔히 볼 수 있는 이야기를 담되 자신의 감정을 노골적으로 드러내지도 않고 그렇다고 비꼬지 않는다. 적당하게 상처를 어루만질 줄 알고 꼭 들어맞는 치유법을 알려준다. 그가 들려주는 묵직한 철학과 따뜻한 메시지는 독자의 가슴에 알알이 박힌다. 여든을 바라보는 작가는 마치 "할머니 손은 약손"하며 독자의 배를 쓸어주는 진짜 할머니 같다.

박완서가 보통 사람들의 삶을 특별하게 담아낼 수 있는 건 결코 녹록치 않았던 삶을 살면서 얻은 공포와 연민, 지혜와 깨달음, 슬픔과 아픔 등 다양한 감정과 개인적 체험 때문일 것이다. 해방과 한국전쟁, 오빠의 죽음, 남편과 아들의 죽음 등은 불혹의 나이에 데뷔한 이래 현재까지 지속적으로 글을 쓸 수 있는, 어쩌면 글로써 소모해야만 하는 거대한 이야기덩어리였다.

뛰어난 스승도 없었고, 오랜 습작시간을 거치지도 않았지만 평범치 않은 일련의 경험들은 '주부'에서 '작가'로 만들었고, 작가에서 인기작가로 거듭나게 했다. '엄마의 말뚝', '휘청거리는 오후', '미망', '그 많던 싱아는 누가 다 먹었을까'… 수많은 대표작을 낳고도 여전히 하루에 원고지 10매씩 쓴다는 그는 "꾸준하게 한 길을 가는 자의 앞길은 그 누구도 가로막지 못한다"고 말한다.

글을 쓰는 일만큼 행복한 일도 없고, 새로운 일도 없다는 박완서. 그의 꿈은 뛰어난 이야기꾼이 되는 것이다. 지금도 충분히 뛰어난 이야기꾼이건만 얼마나 더 우리에게 재미난 이야기를 들려주려 하는 걸까.

수많은 대표작을 낳고도 여전히 하루에 원고지 10매씩 쓴다는 그는 "꾸준하게 한 길을 가는 자의 앞길은 그 누구도 가로막지 못한다"고 말한다.

## 울분 품은 문학소녀

박완서 고향은 개성 근처 개풍. 이북 땅이다. 네 살 때 아버지가 돌아가셨고 외할머니와 어머니를 따라 서울 현저동에서 서울생활을 시작했다. 하지만 갑작스런 도시생활은 여덟 살배기 아이에게 무리였다. 차가운 도심의 풍경과 함께 놀고 뒹굴 만한 또래가 없는 현실에 적응하지 못해 한동안 외톨이처럼 생활했고, 고향 친구들과도 갈수록 서먹해져 그 어느 곳에도 어울리지 못하는 아이가 됐다. 공부도 그다지 잘하지 못했고 꿈도 확실하지 않았다. 이때의 기억은 소설 『그 많던 싱아는 누가 다 먹었을까』 등에 고스란히 남아있다.

시간이 흘러 도시생활에 점차 적응한 그는 학교에서 일본어를 가장 잘하는 학생으로 뽑히기도 했다. 하지만 그는 오빠의 뜻에 따라 창씨개명을 끝내 하지 않은 심지 굳은 아이였다. 『춘향전』, 『심청전』 등을 베껴 책으로 엮을 만큼 이야기를 좋아했던 어머니에게 영향을 받아 문학에 눈을 떴고, 도서관에 다니면서 다량의 책을 읽기 시작했다.

어머니는 '극성엄마'였다. 일제치하와 가장의 부재 등으로 학업에 열중하기가 쉽진 않았지만 자식들의 교육이라면 열일을 제쳐놓고 매달린 어머니가 있었기에 학업을 지속할 수 있었다. 어머니가 바느질품을 팔면 박완서는 그 옆에 앉아 밤마다 이야기를 해달라고 졸랐고, 어머니는 자신의 삶을 소회하듯 무궁무진한 이야기를 풀어냈다.

박완서는 숙명고등여학교(현 숙명여고)에 입학한 뒤 문학교사였던 소설가 박노갑에게 문학을 배웠다. 박노갑은 1주일에 한 번씩 창작수업을 했고, 문학개론과 문법론도 철저히 가르쳤다. 누군가의 목소리가 아닌 온전한 나의 목소리를 낸다는 것, 누구에게도 말하지 못했던 것을 글로 표현한다는 것, 그러면서 카타르시스를 느끼는 것…. 창작세계에서 맛 본 새로운 묘미였다.

박완서가 훗날 창작에 불씨를 지핀 건 이때의 경험 때문이다. 당시 박완서와 함께 공부했던 친구로는 소설가 한말숙, 시인 김양식, 박명성 등이 있다.

그는 우수한 성적으로 서울대학교 국문과에 입학한다. 문학을 좋아하긴 했지만 글을 써야한다고 생각한 건 아니었다. 어머니는 학교선생님이 되기를 바랐다. 그런데 얼마 지나지 않아 그 바람은 물거품이 됐다. 한국전쟁이 발발했고, 결국 학업을 중단할 수밖에 없었던 것. 꿈에 그리던 대학생활은 불과 몇 개월. 이를 안타깝게 여긴 서울대는 2006년 문화예술인과 여성을 통틀어 처음으로 박완서에게 명예박사학위를 수여했다.

한국전쟁은 배움뿐 아니라 숙부와 열 살 위였던 그의 오빠마저 앗아갔다. 오빠는 한국전쟁이 발발하기 전 사회주의 사상에 심취하다 전향한 이력이 있었는데, 이데올로기의 대립으로 날카로워진 사람들은 오빠를 가만두지 않았다. 어린시절부터 오빠를 믿고 의지해온 그에게 오빠의 죽음은 충격적이었다. 박완서는 분노했다. 어떻게 해서든 전쟁과 전쟁이 가져다준 폭력성을 고발하고 싶었다. 이것은 그가 『그 산이 정말 거기 있었을까』, 『엄마의 말뚝』 등 글로나마 세상에 알려야 하는 숙제로 자리 잡는다.

현실적으로는 어린 조카들과 올케, 아들을 잃고 넋이 나간 노모를 부양해야하는 의무를 지게 했다. 그는 어머니의 반대를 무릅쓰고 일자리를 찾아 서울 한복판으로 나왔다. 그때 나이 스물한 살이었다.

## 억척스러웠던 『나목』의 시작

전쟁 직후 폐허가 된 서울에서 젊은 여자가 할 수 있는 일은 많지 않았다. 박완서는 미8군 PX에서 점원을 모집한다는 공고를 보고 무작정 그곳을 찾아갔다. 미8군 PX는 지금의 서울 신세계 백화점 자리. 당시 그곳을 중심으로 한 남대문 일대에는 담배, 초콜릿 같은 물품이 돌고 돌았다. 그곳이라면 어디 하나 비집고 일자리를 구하지 못할까 싶었다. 취직을 위해 며칠 다니다 만 서울대 국문학도는 서울대 영문과 2학년생으로 둔갑했다.

그런데 박완서가 일할 곳은 미제 물건을 파는 매장이 아니었다. 그가 할 일은 PX에서 가장 구석지고 낡은 커튼이 쳐 있는 초상화 그리는 곳으로 사람들을 데려오는 일이었다. 난감했다. 물건을 파는 일이면 정가가 있으니까 영어를 잘 하지 못해도 일할 수 있지만 지나가는 사람을 붙들고 그림을 그리라고 설득하려면 유창한 영어실력과 친화력이 있어야했기 때문이다. '할 수 있을까….' 하지만 집에 돌아오면 이 마음은 '해야만 한다'로 바뀌었다. 어쩌면 억척스럽게 일에 매달리는 것만이 생(生)의 통증을 조금이나마 가라앉히는 방법이었는지도 모른다.

그때부터 고난의 날은 시작됐다. 전임자가 받아놓은 주문량이 끝나가자 화가들은 박완서에게 일감을 구해오라고 닦달했다. 어떻게 해서든 식구들을 먹여 살려야 했던 그는 궁리 끝에 장교보다 사병에게 접근해 "여자친구 있냐", "여자친구에게 그림을 선물하면 얼마나 행복하겠느냐"고 말을 걸었다. 그림을 마음에 안 들어 하는 고객의 마음을 달래는 것도 그의 몫이었고, 화가에게 그림 좀 제대로 그리라고 으름장을 놓는 것도 그의 몫이었다. 짜증은 늘어만 갔고 본의 아니게 남을 무시하고 업신여기게 됐다.

박완서에게 수모를 받은 화가 중 한 사람이 바로 박수근 화백이다. 박 화백이 하루는 두툼한 화집을 끼고 출근했는데, 매사 부정적이었던 박완서는 그런 그를 비웃었다. 하지만 박 화백이 화집을 펼친 순간 박완서는 달라졌다. 일제시대 때 '조선미술전람회'에 입선한 작품을 모은 화집이었는데, 그 중 한 그림(두 시골여자가 절구질을 하는 그림)이 박 화백의 그림이라고 밝힌 것. 예술가를 예술가로 인정하지 못했던 자신, 예술가가 예술가로 존경받지 못하는 현실을 깨달은 순간, 그의 낯이 붉어졌다.

그는 그날 이후 화가들을 업신여겼던 자신의 태도를 반성했고, 두 사람은 그날 이후 말동무가 됐다. 그때만 해도 두 사람은 자신들이 작가로서, 화가로서 우리나라를 대표하게 될 거라고는 생각지 못했다. 박완서는 박수근이 작고한 지 몇 년이 흐른 뒤 열린 유작전에 가서야 박수근이 오래 전 자신과 우정을 나눈 사람인 걸 알았다고 한다.

박수근의 삶을 기록하고 싶었던 박완서는 마침 잡지 『신동아』에서 모집하는 논픽션에 박수근에 대한 전기를 쓰기로 마음먹었다. 전기란 한 인물의 삶을 사실에 입각해 쓰는 글. 그러나 무명시절의 모습만 떠오를 뿐, 막상 박수근에 대해 아는 건 많지 않았다. 더욱이 몇 가지 에피소드에 살을 붙이면 사실은 사라지고 허구가 됐다. 흥미로운 건 거짓말로 쓴 부분이 사실을 나열한 부분보다 훨씬 맛깔스럽다는 점. 그런데 그 부분을 덜어내면 글은 너무 무미건조했다. 그는 기왕 글을 쓸 바엔 상상력을 더 보태 자유롭게 쓰고 싶었고 박수근의 얘기에 자신의 얘기도 곁들이고 싶었다. 그렇게 탄생된 작품이 데뷔작 『나목』이다.

박완서는 자신의 첫 번째 소설을 잡지 『여성동아』 장편소설 공모에 응모했고 당선했다. 이미 다섯 명의 아이를 둔 주부였기에 당선 소식은 놀람 그 자체였으나 그는 당선될 줄 알았다는 듯 침착했다. 그는 한 인터뷰에서 "가족에게 존중 받고 살았지만 경제적으로는 무능하다는 사실이 비참하게 느껴진 적이 있었다. 당시 상금이 50만원이었는데, 50만원을 받으면 존재가치가 생길 듯했다"고 당시를 소회했다. 그러나 당선은 그에게 '작가'라는 새로운 꿈을 꾸게 했다. 작가라는 말만 들어도 가슴이 떨렸다.

## 삶의 고통을 글로 녹여내다

작가로서 박완서의 가장 큰 장점은 성실함이다. 비록 남보다 늦게 문단에 나왔지만 그 어떤 작가보다 많은 작품을 썼고, 고른 실력을 선보였다. 1976년 문단에 발표한 단편소설을 묶어 첫 번째 창작집 『부끄러움을 가르칩니다』를 세상에 내놓았을 때는 이미 '여성지 출신의 주부작가'라는 꼬리표는 온데간데없이 사라지고 주목받을 신진작가로 발돋움했다.

글 앞에서 그는 자유로웠다. 작가로서 할 수 있는 일이 무엇인지 끊임없이 고민했다. 그는 한국전쟁으로 겪은 아픔과 비통한 가족사뿐 아니라 사회의 부조리에 통렬한 일침도 가했다. 자전적인 이야기를 주로 썼지만 연애, 결혼 등 시시콜콜한 개인의 일상을 배제하고 사회상과 맞닿아있는 부분만 담아냈다.

1970년대에는 배금주의, 물질만능주의에 만연된 중산층과 관료사회의 횡포를 통해 사회모순을 본격적으로 드러냈는데, 한 중산층의 삶을 비판적으로 그린 『휘청거리는 오후』의 작품 후기에서 "실상 내가 독자가 관심 있게 봐 주기를 바란 것은 누가 행복하게 되고 누가 불행하게 됐나보다는 어떠어떠한 것들이 許成씨 家의 조용한 몰락에 작용했나 하는 것이다. 부자도 가난뱅이도 아닌 보통으로 사는 사람의 생활과 양심의 몰락을 통해 우리가 사는 시대의 정직한 단면을 보여 주고자 했을 뿐 이다"라고 밝히기도 했다. 그가 표현하는 세태는 때로는 실소를, 때로는 부끄러움을 담아냈다.

그는 가부장제로 인해 얽매인 여성의 삶도 과감하게 파헤쳤다. 자신에게 평생 복종할 줄로만 알았던 아내가 성공적으로 경제활동을 시작하자 이를 못마땅하게 여기고, 자신의 무능력함을 인정하지 못한 채 유능한 여자를 시샘하고 경멸하는 남자를 그린 『살아있는 날의 시작』은 1979년 동아일보에 연재할 당시 여성들의 뜨거운 응원을 받았다. 여자이기 때문에 가능한 일이었다.

작가로 인정받기까지는 천부적인 재능보다 노력의 힘이 컸다고 볼 수 있다. 박완서와 맏딸 호원숙씨가 쓴 『우리 시대의 소설가 박완서를 찾아서』를 보면 박완서는 동시대에 나온 문학인들의 작품을 거의 다 읽었고, 도스토예프스키, 톨스토이, 체홉,

카프카 등 자신이 즐겨 읽던 세계작가들의 문학을 자식들에게
도 읽혔다고 한다. 평소 100여 편의 시를 외웠는데, 특히 정지
용과 김기림, 김수영은 가장 좋아하는 시인이었다.

그의 고집스러운 노력은 간혹 글을 쓸 수 없는 상황에서도 쓰
게 만들었다. 출가한 맏딸을 뺀 네 아이들의 뒷바라지를 하면서
도, 시어머니의 노환과 노망에 시달려 밤마다 수면제를 삼키면
서도 그는 글을 썼다. 교통사고로 사경을 헤매는 딸을 간호하
면서도 펜을 잡았다. 딸은 안면수술만 다섯 차례 할 정도로 상
태가 심각했다. 딸이 수술실에 들어갈 때마다 그의 머리는 샜
고 가슴은 타들어갔다. 누군가는 그 와중에도 글을 계속 발표
하는 그를 보며 "독하다"고 말했지만 그에게 글은 인생의 희로
애락을 분출하는 화산이고 유일하게 숨을 쉴 수 있는 공간이었
다. 그렇게라도 하지 않으면 미칠 것 같은 때가 한 두 번이 아니
었다. 어떤 순간이 닥쳐도 펜을 놓지 않으리라 다짐하면서 그는
자신이 써 내려간 글로 슬픔을 달랬고, 위안을 받았다.

그러나 박완서에게도 절필의 위기는 있었다. 그의 인생에서
가장 큰 시련은 남편과 외아들의 죽음이었다. 든든한 조력자이
자 버팀목이던 남편이 어느 날 갑자기 폐암 진단을 받은 것. 그
는 백방으로 찾아다니며 몸에 좋다는 약을 구해 다니면서 『저
문 날의 삽화』, 『미망』 등을 썼다. 작가라는 직업이, 독자와의
약속이 그때만큼은 그렇게 야속할 수가 없었다. 그와 레지던트
였던 아들의 간호에도 불구하고 1988년 남편은 세상을 떠났다.
그리고 헛헛한 마음이 채 채워지기도 전인 그해 여름, 아들마저
돌연 사망한다. 박완서는 몰아닥친 시련에 통곡했다. 88올림픽
으로 세상이 환희와 감동으로 떠들썩했던 그에게 '88'이라는 숫

자는 깊은 슬픔이었다.

고통과 절망을 가슴에 묻은 채 "평생 인간과 의학과 연극을 사랑하다 간 젊고 아름다운 영혼 여기 잠들다"라는 묘비명을 손수 쓴 그는 아들을 떠나보낸 지 얼마 지나지 않아 한 수녀원으로 거처를 옮긴다. 더 이상 글을 쓰지 못할 것 같은 생각이 들었다. 그리고 오랫동안 세상 밖으로 나오지 않았다. 일종의 감정의 사치라고 여겼던 신앙도 그때만큼은 구원이었다. 그는 그곳에서 소설을 쓰는 대신 평소 잘 쓰지 않던 일기를 매일 썼고, 슬픔이 잦아들 즈음 그 일기를 추려 훗날 『한 말씀만 하소서』를 묶었다. "먼저 간 남편과 아들과 서로 깊이 사랑하고 믿었던 그 좋은 추억의 도움이 없었다면 내가 설사 홀로 섰다고 해도 그건 허세에 불과했을 것이다"는 표지의 글에는 남편과 아들을 잃은 여자의 절절한 슬픔이 녹아있다. 한때 절필까지 생각했던 그는 『미망』 연재를 다시 시작했다. 쓰는 행위를 통해 자신의 상처도 조금씩 치유됐다. 남편과 아들을 떠나보낸 슬픔의 방에 갇혀 지냈다면 그는 사람들의 기억 속에 잊혀 졌을지도 모른다.

## 노작가의 열정

박완서는 우리나라말을 가장 잘 쓰는 작가로도 꼽힌다. 『박완서 소설어 사전』이 나왔을 만큼 그가 쓰는 어휘는 다양한데, 젊은 작가 못지않은 번뜩이는 어휘감각은 지금도 여러 권의 사전을 곁에 놓고 어떤 말을 쓰는 게 좋을까 고민하는 노력에서 시작된다.

한때 주요문학상을 휩쓸며 한국문단의 중심이 됐던 박완서는

> 뛰어난 이야기꾼이고 싶다. 남이야 소설에도 효능
> 이 있다는 걸 의심하건 비웃건 나는 나의 이야기에
> 옛날 우리 어머니가 당신의 이야기에 거셨던 것 같
> 은 다양한 효능의 꿈을 걸겠다.

이제 한 걸음 물러나 여유로운 눈으로 세상을 보고 여유로운 마음으로 펜을 잡는다. 사람 사는 재미를 느끼기 위해 일부러 사람들로 붐비는 지하철을 타고, 독자들과 만나 여행을 떠나는 것도 고달픈 삶을 관통한 그가 비로소 만끽하는 재미고 자유다.

"소설이 뭔지도 모르고 소설부터 쓰고 본 주제에 내가 소설가라는 게 그렇게 소중하고 대견스러웠다. 그건 지금도 마찬가지다. 소설가 중에서도 뛰어난 소설가야 물론 우러러보이기도 하고 부럽기도 하지만 소설가 외의 딴 직업이나 신분은 아무리 높아도 부러워해 본적이 없다. (중략) 뛰어난 이야기꾼이고 싶다. 남이야 소설에도 효능이 있다는 걸 의심하건 비웃건 나는 나의 이야기에 옛날 우리 어머니가 당신의 이야기에 거셨던 것 같은 다양한 효능의 꿈을 걸겠다." (『우리 시대의 소설가 박완서를 찾아서』 중에서)

"글의 3/4이 없어지는 아찔한 순간을 겪기도 했지만 시대의 흐름을 따라가기 위해 컴퓨터를 배웠다"는 노작가는 오늘도 컴퓨터 앞에 앉는다. 박완서가 두들기는 자판은 더 이상 전쟁의 상처도, 증오도, 헤픈 씀씀이의 고발도 아니다. "다섯 자녀와 손자들에게 동화책을 읽어줘 한글을 깨치게 했고, 아이가 좋아할 만한 이야기를 만들어 책으로 만들어줬다"는 그는 이제 이 땅의 손자들을 위한 동화를 쓴다. "아이들을 위한 밝은 책을 만들고 싶다. 자연을 사랑하는 마음, 사람을 소중히 여기는 마음을 일깨우고 싶다"는 게 노작가의 마지막 바람이다. 그 옛날 자신의 어머니가 무궁무진한 이야기를 들려주셨을 때를 기억하면서.

박완서는 한 강연회에서 "증오심, 복수심 이런 것이 소설이 되는 것은 결코 아니다. 과거에는 그런 것이 정열인 줄 알았는데, 역시 소설이 되는 것은 사랑이었다. 인간에 대한, 이 세상에 대한 사랑을 가져야 글이 쓸 수 있다"고 말했다. 격동의 시대와 비극적인 체험, 울분이 뒤섞인 그의 소설이 40여 년 간 남녀노소를 불문한 많은 독자의 공감을 자아내는 건 결국 이 때문이 아닌가 싶다.

'우리 문학사의 축복'이라 불리는 박완서. 예술성과 대중성을 동시에 획득한 보기 드문 작가, 단편과 장편을 아우르면서 자신만의 문학 세계를 구축한 작가 박완서는 영원한 문학의 진수고 본보기다.

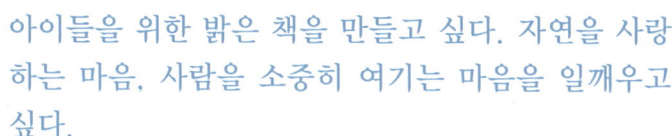

아이들을 위한 밝은 책을 만들고 싶다. 자연을 사랑하는 마음, 사람을 소중히 여기는 마음을 일깨우고 싶다.

## 약력 _ 박완서

1931년  10월 20일 출생
1950년  숙명여자고등학교 졸업
1950년  서울대학교 국어국문학 중퇴
1970년  여성동아『나목』당선
1998년  한국문예학술 저자권 협회 부회장
1994년  참여연대 고문
1994년  공연윤리위원회 윤리위원
1998년  경실련 고문
1998년  제2의 건국 범국민추진위원회 위원
2000년  환경홍보사절
2004년  예술원 문학분과위원
2006년  호암상 수상
2006년  서울대학교 명예문학박사

## 저서

나목 (1970)
단편 세상에서 제일 무거운 틀니 (1971)
단편 지렁이 울음소리 (1973)
단편집 부끄러움을 가르칩니다 (1975)
휘청거리는 오후 (1977)
목마른 계절 (1978)
욕망의 응달 (1979)
살아 있는 날의 시작 (1980)
오만과 몽상 (1982)
단편집 엄마의 말뚝 (1982)
그해 겨울은 따뜻했네 (1983)
그 가을의 사흘동안 (1985)
서 있는 여자 (1985)
도시의 흉년 (1989)
그대 아직도 꿈꾸고 있는가 (1989)
미망 (1990)
나는 왜 작은 일에만 분개하는가 (1990)
그 많던 싱아는 누가 다 먹었을까 (1992)

그 산이 정말 거기 있었을까 (1992)

님이여 그 숲을 떠나지 마오 (1999)

자전거 도둑 : 박완서 동화집 (1999)

그해 겨울은 따뜻했네 (2000)

아주 오래된 농담 (2000)

그 산이 정말 거기 있었을까 (2001)

그 많던 싱아는 누가 다 먹었을까 (2002)

한 길 사람 속 : 박완서 에세이 (2002)

두부 (2002)

나의 아름다운 이웃 : 바늘구멍으로 엿본 바깥세상 이야기 (2003)

보시니 참 좋았다 (2004)

그 남자네 집 (2004)

잃어버린 여행가방 (2005)

저 마누라를 어쩌지? (2006)

옳고도 아름다운 당신 (2006)

친절한 복희씨 (2007)

이 세상에 태어나길 참 잘했다 (2009)

세 가지 소원 (작가가 아끼는 이야기 모음) (2009)

# 정운찬

## 살아있는 시대의 지성
## '한국의 퍼블릭 지식인' 전 서울대 총장

어려움에 처하거나 앞으로 나아갈 엄두가 나지 않을 땐 현인(賢人)을 찾아가기 마련이다. 현인이란 고매한 식견과 재능, 덕행을 겸비한 사람을 일컫는다. 현인의 끊임없는 사고와 일목요연한 논리는 문제해결의 지름길이 된다.

　대한민국 제40대 국무총리를 지낸 정운찬 전 서울대 총장도 현인 중 한 사람으로 꼽힌다. '한국의 퍼블릭 지식인'이라고 불리는 그는 경제학자이자 교육자다. 사람들은 그가 하는 말에 주목하고, 그의 말은 곧 기사화된다. 그의 제자인 유시민 전 보건복지부 장관은 그를 '가장 폭넓은 분야의 사람과 소통이 가능한 사람'이라고 평가했다. 수더분한 인상과 친근한 미소는 정치경제인, 문화예술인, 체육인 등 두터운 인맥을 만들었다. 그럼에도 불구하고 공사관계가 뚜렷해 한 기관의 조사에서 '돈 문제,

여자 문제가 없는 유일무이한 인물'로 선정되기도 했다.

그런가 하면 일부에서는 그를 '미스터 쓴소리', '쓴소리 메이커'라고 부른다. 거침없는 언변 때문인데, 때로는 쓴소리를 넘어선 '독설'에 가깝다. "눈에 보이는 것만 볼 줄 알고 그 속에 있는 것을 보지 못하면 사회는 발전할 수 없다", "작은 나라가 자기 힘에 비해 더 큰 역할을 하려는 욕심이 문제를 가져올 때가 많다", "영어공부하기 전에 한국어공부부터 제대로 해라" 같은 말에는 날이 서 있다. 주목할 부분은 아무도 정운찬의 말에 토를 달지 못한다는 점이다.

'국무총리', '서울대 총장'이라는 이유만으로 이런 평가를 얻는 건 아니다. 세상을 정확히 꿰뚫는 시선과 소신 있는 태도, 살아있는 논리가 있기에 가능한 일일 것이다. 그는 이런 자신을 모습을 '송곳'에 비유한다.

## ✎ 운이 찬 아이

정운찬의 이름은 '운이 꽉 찬 아이'라는 뜻을 담고 있지만 태어날 때부터 운이 있던 건 아니었다. 지독한 가난과 고령 탓에 그의 어머니는 정운찬을 가졌을 때 '임신부에게 해롭다'는 속설에 따라 익모초를 달여 먹었다. 하지만 오히려 약초의 효험 때문인지 정운찬은 뱃속에서 건강하게 자랐고, 태어났다.

하지만 그가 자라면서 가세는 더 급격하게 기울었다. 때를 거르는 날도 잦았다. 고향 충남 공주에서 서울 동숭동으로 상경해 그의 아버지가 대서소에서 글씨를 쓰고, 물건을 받아 파는 일을 했는데 아무리 열심히 일을 해도 스무 명이 넘는 식구가 생활하기엔 빠듯했다. 전기도, 수도도 들어오지 않는 그곳은 암담하기 그지없었다.

쌀밥을 먹을 수 있는 날은 명절과 제사 단 두 번. 미국에서 원조물자라도 오는 날이면 그것을 받아 밀가루 음식을 만들어 먹기에 급급했다. 초등학교 3학년이 됐을 때 아버지가 갑작스레 세상을 떠나자 생계의 책임은 고스란히 어머니에게 돌아갔다. 생활은 더 곤궁해졌다. 그는 늘 배가 고팠다.

정운찬은 가난을 수치스럽게 생각한 적도 있었고, 세상을 원망한 적도 있었다. 한때 꿈을 잃고 방황하기도 했다. 그가 비틀어지지 않고 성장할 수 있었던 건 어머니 덕분이다. 정운찬은 늦게까지 자식들을 위해 삯바느질을 하고 병원에서 빨래거리를 가져와 빠는 어머니를 보며 훌륭한 사람이 돼야겠다고 다짐했다. "세상에는 입으로 살아가는 사람이 있고, 손으로 살아가는 사람이 있고, 머리로 살아가는 사람이 있는데, 결코 입만으로 사는 사람이 되면 안 된다"는 아버지의 유언도 가슴에 새겼다.

그는 공부를 제법 잘했지만 어려운 가정형편 탓에 중학교에 진학할 수 있을지는 알 수 없었다. 진학을 포기하려는 순간, 이름처럼 그에게 첫 번째 운이 들어온다. 서울대 수의과대 학장으로 일하던 친구 아버지가 학비를 대 줄 테니 공부에만 진력하라는 뜻밖의 제안을 한 것이다. 그는 뛸 듯이 기뻤고 하늘에 감사했다. 그가 중학교에 합격하자 친구 아버지는 프랭크 윌리엄 스코필드 박사를 그에게 소개했다.

스코필드 박사는 3.1 운동을 주선한 33인의 지도자 중 한 사람으로 '석호필'이라는 한국 이름을 가질 만큼 한국인에게 추앙

받던 인물. 어려운 환경에 처한 학생들을 후원하고 있던 스코필드 박사는 예의바르고 성실한 정운찬을 후원하기로 약속한다. 스코필드 박사는 정운찬에게 은인이고 아버지 같은 존재였다. 학비 뿐 아니라 그가 상처 없이 성장할 수 있도록 애정 어린 말을 아끼지 않았다. 이제 그는 더 이상 학비 걱정하지 않고 공부할 수 있었다. 사치라고만 여겼던 미래에 대한 꿈도 조금씩 꾸게 됐다.

고등학교에 입학할 때도 스코필드 박사의 도움을 받았다. 이후에는 외부장학금을 받아 학자금 문제를 해결했고, 부족한 학비는 과외를 해 충당했다. 그래도 형편이 쉬 나아지지 않아 점심시간에는 도시락을 싸 오지 못해 맹물로 배를 채우기 일쑤였다. 때때로 과외학생의 어머니가 고기반찬이 담긴 도시락을 싸주는 경우가 있었는데, 배불리 밥 먹지 못하는 어머니와 형제들을 생각하면 차마 수저를 뜰 수 없었다. 하루 수면시간은 두 시간 남짓. 월급을 받으면 반은 노모에게 드리고 나머지는 모두 책을 사는 데 썼다. 그즈음 그는 애덤스미스의 『국부론』을 보며 처음으로 경제학에 관심을 갖게 된다.

한때 그는 노모를 보며 "공부는 사치가 아닐까, 하루라도 빨리 사회에 나가 돈 버는 게 효도하는 길이 아닐까" 하며 가출 유혹에 빠지기도 했지만, 어머니의 간곡한 만류로 생각을 접었다고 한다. 빠듯한 살림에도 늘 미소를 잃지 않고 자녀들에게 늘 '자네, ~하겠는가' 하며 존칭을 써온 어머니는 그가 반드시 성공해야하는 이유였다.

## 🔍 고집스러움과 올곧음

정운찬은 "돈을 잘 벌 수 있을 것 같다"는 막연한 기대로 서울대 경제학과에 진학했고, 스코필드 박사의 도움으로 장학금을 받으며 학교를 다닐 수 있게 됐다. '쓴소리 메이커' 기질은 이 시기 즈음부터 나타났던 것 같다. 대학생활에 잘 적응하지 못한 데다, 자신이 판단하기에 합당한 이유가 있다면 답안지를 잘 못 쓰고도 고치지 않거나 백지를 서슴없이 냈던 것. 학점은 F. 하지만 정도(正道)가 아니라고 생각하는 일에는 앞뒤 가리지 않고 'No'라고 외쳤다. 타인에게 비판적이고 관대하지 못했다.

다행스러운 건 선배 신영복(성공회대 석좌교수)를 만났다는 사실이다. 학교생활이 시들하다고 느꼈던 그에게 신영복은 몇 권의 책을 추천한다. 삶에 재미를 느끼지 못했던 그는 책을 통해 삶의 재미와 힘을 느꼈다. 신영복이 추천한 책 중 영국 경제학자 존 힉스의 『사회구조론: 경제학개론』은 정운찬이 수차례 정독한 책. 경제학이 재미있는 학문이라는 걸 느낀 결정적인 계기였다. 그날 이후 수없이 들락날락거린 청계천 헌책방은 그에게 삶의 활력이고 행복이었다.

정운찬의 삶의 두 번째 운은 조순 전 경제부총리를 만난 것이다. 당시 서울대 경제학과 교수였던 조순은 그에게 많은 기회를 제공했다. 여느 학생과 달리 정운찬에게서 자신만의 영역을 구축하려는 힘과 목표의식을 발견한 것이다. 조순은 정운찬이 졸업할 무렵 한국은행 취직을 주선하는 한편 그로부터 1년 뒤 미국으로 유학을 떠나라고 권했다. 유학이 사치라고 여겼던 그에게 조순은 가이드라인을 제시했고, 아낌없이 격려했다. 두 번의 시험 끝에 그는 마이애미 대학에 합격해 유학생활을 시작했다.

유학생활은 빠듯하고 고달팠다. 뛰어난 인재가 모인 그곳에서 다른 학생보다 더 지독하게 공부해야 살아남을 수 있었다. 학교에서 장학금을 받긴 했지만 자취를 하려면 생활비를 벌어야 했다. 아침은 굶고 점심은 애플파이, 저녁은 라면으로 때우기 일쑤. 그는 주말마다 사과농장에 가 아르바이트를 했다고 한다.

녹록치 않은 유학생활을 견디고 석사, 박사 학위를 딴 뒤 대학교수의 길로 들어선 것 또한 조순의 영향이 크다. 조순은 제자의 결혼도 거들었다. 정운찬은 지금의 장인어른과 장모가 가정환경이 어렵고 장래성도 보이지 않는 자신을 탐탁지 않게 여기자 대학 3년 후배였던 지금의 아내와 헤어지기로 결심한다. 이를 안타깝게 여긴 조순은 정운찬을 대신해 장인어른과 장모를 만나 "앞날이 밝은 사람이다. 나를 믿고 결혼을 승낙해 달라"고 부탁했다고 한다.

정운찬이 학생들로부터 '좋은 교수'라고 평가받기까지는 여러 번의 시행착오가 있었다. 컬럼비아 대학에서 처음 교단에 선 날, 정운찬은 준비한 강의 분량이 동이 나 강의시간을 다 채우지 못했다. 그날 그는 학생들에게 "미안하다"며 머리를 숙여야 했다. 이후 그는 더욱 자신을 조이기로 한다. 강의 분량을 2배 이상으로 준비했고, 학생들에게 솔직해지기로 했다. "모르는 것은 모른다, 함께 노력하고 연구하자"고 고백하는(profess) 사람. 이것이 그가 생각하는 진정한 교수(professor)였다.

미국 유학 7년 만인 1978년 그는 한국으로 돌아왔고 모교 서울대에 임용됐다. 그때 나이 만 서른한 살. 사람들은 이른 나이에 교수에 임용된 그에게 "금숟가락을 입에 물고 태어났다더라", "처가가 부자"라는 말을 했지만 곧 그의 능력과 소탈한 성품을 높이 샀다.

교수가 된 이후에도 정운찬의 고집스러우면서도 올곧은 성품은 곳곳에서 드러난다. 자신의 인생에는 '봄'이 찾아왔지만, 한국은 여전히 '겨울'이었다. 사회는 어수선했고, 전쟁을 방불케 하는 폭행은 연일 뉴스·신문에 보도됐다. 그는 사회를 바로 돌리고 싶었다. 1980년대 대두된 간접선거제도에 반대, 직접선거제 개헌을 촉구하는 성명서를 작성했고 정치쿠데타 세력의 정치참여를 반대하는 시국선언에도 참여했다.

신문에 처음 자신의 목소리를 드러내기 시작한 것도 그 즈음. 그는 서늘하면서도 논리 정연한 사고로 글을 적어 내려갔고, 사람들은 그의 글과 생각에 주목하기 시작했다. 1990년대 들어서면서 그는 주요 일간지에 매주 고정칼럼을 기고했고 뛰어난 문장가로 손꼽혔다.

그러는 동안 그는 학자로서의 입지도 굳혔다. 그는 한국 거시경제학의 아이콘이자 경제 부문 서적에서는 최고의 저술가로 불렸다. 특히 그가 저술한 『거시경제학』은 경제학 전공자는 물론 일반인도 구입해 볼 정도의 스테디셀러다.

정운찬은 정부의 역할을 중요시하는, 이른바 '케인즈학파' 경제학자의 길을 걸었는데, 케인즈학파란 자유로운 시작의 작동에 의한 효율적 시장경제를 주창하는 신고전파경제학을 비판하고, 정부의 적극적인 시작 개입과 규제를 중시하는 학파다. 그는 보건, 복지 등 공공부문의 사회 서비스를 부각하면서도 재정적인 면에 있어서는 '조건 없는 분배'에 반기를 드는 소신 있는 경제학을 품었다. 그의 학문적 주장이 한국경제에 실제 어느 정도의 영향을 끼칠 수 있는지는 후대에 논의할 문제지만, 학자로서의 그의 소신과 연구성과는 비교적 좋은 평가를 얻었다고 볼 수 있다.

아울러 그는 '따뜻한 가슴'을 가진 교육자였다. 그가 수업 시간 도중 학생들에게 가장 자주 하는 말은 "잘 따라오고 있죠?" 다. 교육자로서 단 한 사람의 낙오자를 만들지 않겠다는 의지의 표명이었는데, 그는 가급적 쉽게, 반복적으로 설명해 소수의 뛰어난 학생만이 아닌 다수의 평범한 학생까지 이끌고자 노력했다고 한다. 학생들은 그의 서적과 강의에 열광했다.

## 🔍 도전과 질주, 그리고 물러섬

정운찬은 2002년 서울대학교 단과대 학장으로 취임했고, 2002년 총장에 선출됐다. 서울대학교의 총장 선거는 기성 정치 선거만큼이나 치열하고 팽팽한 긴장감이 흐른다. 대한민국 교육의 중심인데다 총장의 임기가 끝난 뒤 대부분 정치계로 발걸음을 옮기기 때문에 더욱 그렇다. 그가 내세운 공약은 '세계 10위권 대학 육성'. 운이 좋았는지 그 공약은 학교관계자들의 마음을 사로잡았다.

그는 역대 총장 중에서 교직원, 학생에게 가장 존경받는 인물로 꼽힌다. 최초로 시각장애인을 입학시키고, 장애인용 엘리베이터를 설치한데다 주요 보직에 여성교수를 임명한 것. 또한 "전문적 지식, 비판적 지성, 공동체적 덕성, 측은지심의 감성을 간춘 인재를 키워내는 교육을 해야한다", "지식전수기관으로부터 지식창출기관으로 도약해야한다" 같은 말과 함께 학교발전기금 확보와 에코캠퍼스 조성, 국제적으로 위상 높이기 등의 공약을 성실하게 지키고자 노력했다.

대학 입시 역사상 유례가 없는 '지역균형선발제'를 도입해 서울, 수도권에 비해 상대적으로 소외된 지방 학생들에게 기회를 주는 한편 대학 입학 정원을 줄이고 학과를 통합하는 구조조정도 단행했다. 덕분에 런던타임스가 서울대를 세계대학 93위로 평가하는 등 한국 대학의 위상이 높아졌다.

재임 기간 중 어려움에 처했던 일을 꼽으라면 정운찬은 황우석 전 서울대 수의대 교수 일을 떠올린다. 자신이 직접 석좌교수로 임명한 황 교수가 논문 조작 등의 이유로 징계, 해임된 것. 그 일로 인해 정운찬은 총장직에서 내려올 위기를 맞을 만큼 심한 곤욕을 치르기도 했지만 남을 탓하기보다는 자신을 탓하고 반성하는 게 먼저였다. 그는 자서전 『가슴으로 생각하라』에서 자신의 삶에 오점을 남긴 이 일에 대해 "누구나 한번쯤 판단에 오류를 범할 수 있다. 독실하고 성실한 황 교수가 실책을 범한 것도 그가 인간이기 때문일 것"이라고 술회하고 있다.

"많은 사람들이 '처음처럼'이라는 말을 좋아하고, 초심으로 돌아가야 한다는 주장도 자주 들린다. (중략) 하지만 나는 '마지막처럼'이라는 말을 더 소중하게 여기고 있다. 늘 지금이 마지막인 것처럼 최선을 다하고, 늘 마지막처럼 마음을 정리하고 있다가 홀가분하게 떠나는 모습이 좋아 보이기 때문이다. 책임 있는 자리에 있을수록 나는 그런 최선을 다하는 자세와 겸허한 심

정을 유지해야한다고 믿는다."(『가슴으로 생각하라』 중에서)

'거시경제학' '화폐금융론' '경제학원론' 등 경제서적 외에 '한국경제 죽어야 산다' 등의 칼럼집 등을 집필한 그는 총장 재임 기간 중에도 정부의 경제 정책, 교육정책 등에 대해 비판을 마다하지 않았다. 총장 임기 내내 언제나 교육부총리 후보 0순위로 꼽혔다.

총장 임기를 다한 정운찬의 행보에 많은 사람들의 관심이 쏠렸다. 임기 동안에도 그는 정치계에서 숱한 러브콜을 받았다. 한동안 "평생 공부한 이론을 바탕으로 실물경제를 움직이고 싶다", "대통령이 돼 품격 있는 나라를 만들고 싶다"는 꿈을 가졌던 것도 사실. 중고등학교를 거쳐 대학에 진학하고 유학생활을 마친 뒤 교단에 서기까지 나라로부터 받은 혜택을 되돌려주고 싶었던 것도 그런 고민을 갖게 한 하나의 이유였다.

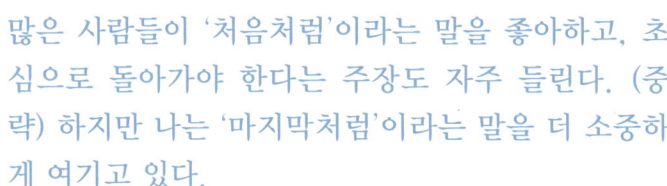

많은 사람들이 '처음처럼'이라는 말을 좋아하고, 초심으로 돌아가야 한다는 주장도 자주 들린다. (중략) 하지만 나는 '마지막처럼'이라는 말을 더 소중하게 여기고 있다.

## 야구는 인생의 축소판이다

하지만 정운찬은 물러섰다. 도전과 질주도 좋지만 그보다 먼저 스무 살 무렵부터 걸어온 외길 인생인 경제학자, 그 본연의 모습으로 돌아오고 싶었던 것이다. 스코필드 박사가 한 얘기도 떠올랐다. 중학교 2학년 무렵 정운찬이 막연하게 "국회의원이 꿈"이라고 했을 때 박사는 "정치는 깨끗한 곳이 못 되니 가지 않으면 좋겠다. 다만 왕성한 건설적 비판은 사회를 건강하게 만드는 필수적인 요소다. 국가가 어려울 때 몸을 던져 그것을 구하는 게 애국의 길"이라고 충고했다고 한다.

그는 '총장'에서 '평교수'로 직책을 바꾸고 다시 강단에 올라섰다. 자신이 스코필드 박사, 조순 등으로부터 도움을 받아 꿈을 키웠듯 교육의 현장에서 학생들을 돕고 싶고 가르치기로 마음먹은 것. 상아탑에서 인재를 키우는 것, 그것이 노교수가 마지막으로 해야 할 일이라는 걸 알았다. 그는 오전 9시에 출근해 퇴근할 때까지 강의준비에 몰두했고, 학생들은 돌아온 그를 반겼다. 수강신청이 시작되자마자 2백 명 정원은 순식간에 찼고 강의를 들은 뒤에는 엄지손가락을 추켜올렸다. 그는 학생들에게 늘 "지성과 덕성, 감성을 겸비한 사람이 되라"고 강조한다. 건설적 비판을 하는 지성인, 남에게 관대하고 자신에게는 엄격한 덕성인, 어려운 사람을 보면 진심으로 우러나와 마음을 나누는 감성인이 필요하다는 것. 또한 창의력을 기르고 담대해지라고 말한다.

대한민국의 경기침체가 장기화되면서 사람들은 '현인'을 찾았고, 그는 많은 사람들의 기대 속에 2009년 가을 국무총리에 임명됐다. 정치계의 러브 콜을 뿌리치며 "나랏일은 하지 않겠다"고 마음먹었던 터라 망설였던 것도 사실. 하지만 불안한 경제와 어려운 서민생활, 막대한 사교육비 지출로 시름하는 사람들을 위해 미력하게나마 돕고 싶어 수락했다. 어려웠던 시절 국비장학생으로 유학을 가는 등 나라 도움도 받았던 터라 이를 갚고 싶은 마음도 들었다. 취임 후 몇 가지 정부정책을 추진하는 데 있건설적 비판을 하는 지성인, 남에게 관대하고 자신에게는 엄격한 덕성인, 어려운 사람을 보면 진심으로 우러나와 마음을 나누는 감성인이 필요하다는 것. 또한 창의력을 기르고 담대해지라고 말한다.

어 마찰을 빚기도 했지만 그때마다 "마지막까지 주어진 책무를 철저히 챙길 것"을 다짐했다. '처음처럼'이라는 말보다 '마지막처럼'이라는 말을 좋아한다는 사실을 자서전에도 밝힌 바 있는 그는 지난 7월, 아쉬움을 뒤로한 채 10개월간의 국무총리직을 마무리했다. 정운찬을 지켜보는 많은 이들은 그가 다시 '한국의 대표적인 퍼블릭 지식인'으로 다시 돌아오리라 기대하고 있다.

정운찬은 야구마니아다. 2008 프로야구 개막전에서 야구해설가로 깜짝 데뷔했을 정도. 1년에 20여회 이상 야구장을 찾는다고 한다. 총장 퇴임 후 거취를 묻는 기자들의 질문에 우스갯소리로 "한국야구위원회(KBO) 총재가 꿈"이라고 말한 적도 있다. 야구를 좋아하는 이유는 간단하다. 그는 야구를 인생의 축소판이라고 생각한다. 정운찬은 "야구는 9회말 2아웃 투스트라이크 쓰리 볼까지 가도 아무도 섣불리 결과를 예측할 수 없다. 인생 역시 예측하기가 힘들고, 대부분 우연으로 이뤄진다. 나는 그 '운'을 자연스럽게 따랐다"고 말한다.

하지만 운은 준비된 자에게 오는 법. 가난한 소년이 유명한 학자로, 시대의 지성으로 성장한 건 '기다림'이 아니라 '다가감'이 아니었을까. 누구에게나 기회는 오지만 그것을 기회로 삼는 자는 얼마 되지 않는다. 또 다른 기회를 맞이하기 위해 정운찬은 책장을 넘기며 새로운 세상을 만나고, 자신의 단점을 고백하고(profess), 사회현상을 꼬집고 바로잡는 일을 멈추지 않을 것이다. 이것이 그를 '시대의 지성', '살아있는 지식인'이라고 부르는 이유가 아닐까.

### 약력

| | |
|---|---|
| 1948년 | 2월 29일 출생 |
| 1966년 | 경기고등학교 졸업 |
| 1970년 | 서울대학교 경제학과 졸업 |
| 1970년 | 한국은행 입사 |
| 1972년 | 마이애미대학교 대학원 경제학 석사 |
| 1976년 | 프린스턴대학교 대학원 경제학 박사 |
| 1976년 | 미국 컬럼비아대학교 교수 |
| 1978년 | 서울대학교 사회과학대학 경제학과 교수 |
| 1983년 | 미국 하와이대학교 초빙부교수 |
| 1986년 | 영국 런던정경대학 경제학과 객원부교수 |
| 1993년 | 서울대학교 사회과학대학 교무학장보 |
| 1996년 | 서울대학교 경제학부 학부장 |
| 1996년 | 수암장학문화재단 이사 |
| 1998년 | 한국금융학회 회장 |
| 1998년 | 한국금융연구원 자문위원 |
| 1999년 | 독일 보쿰대학교 초빙교수 |
| 1999년 | 예금보험공사 자문위원 |
| 2000년 | 재정경제부 금융발전심의회 위원장 |
| 2002년 | 보건복지부 국민연금발전위원회 위원장 |
| 2002년 | 서울대학교 사회과학대학 학장 |
| 2002년 | 제23대 서울대학교 총장 |
| 2004년 | 러시아 블라디보스토크 극동국립대학(FENU) 명예박사 (국제교육학) |
| 2005년 | 포스코 청암재단 이사 |
| 2006년 | 서울대학교 경제학부 교수 |
| 2006년 | 제36대 한국경제학회 학회장 |
| 2009년 | 국무총리 임명 |

## 저서

경제학연구입문 (공저, 1981)

거시경제론 (1982)

경제통계학 (1983)

경제통계학 (1985)

경제학 스터디 가이드 (공저, 1986)

아담 스미스 연구 (1989)

금융개혁론 (1991)

도전받는 한국경제 – 한국경제의 민주화를 위하여 (공저, 1991)

예금보험제도의 평가 및 개선과제 (공저, 1992)

금융혁신과 기술금융제도에 관한 연구 (공저, 1992)

금융환경변화와 예금보험제도의 발전방향 (1993)

통계학 (1994)

하이에크 연구 – 하이에크와 케인즈 (공저, 1995)

중앙은행론 (1995)

거시경제론 (1996)

신문 명칼럼 컬렉션 4 – 경제가 표류하는 까닭 (공저, 1997)

사회과학의 새로운 지평 – 경제학의 발전과 최근 동향: 수리화경향 및 그것의
　극복을 중심으로 (공저, 1999)

한국경제 아직도 멀었다 (1999)

예금보험론 (1999)

현대 학문의 성격: 전통의 재편과 새로운 영역의 출현 (공저, 2000)

거시경제론 (2001)

거시경제론 (2003)

경제학원론(공저, 2003)

화폐와 금융시장 (2003)

거시경제론(제7판) (공저, 2005)

스무살에 선택하는 학문의 길 (공저, 2005)

화폐와 금융시장(제3판) (공저, 2007)

예금보험론(전정판) (공저, 2007)

거시경제론(제8판) (공저, 2007)

한국경제 아직 늦지 않았다 (공저, 2007)

외환위기 10년, 한국사회 얼마나 달라졌나 (공저, 2007)

가슴으로 생각하라 (공저, 2007)

## 논문

不確實性下에서의 意思決定期間의 길이에 관하여: 價格設定的인 銀行企業의 境遇
　를 中心으로 (1984)

貨幣經濟學史 序說: 19세기의 反貨幣數量說的 思考를 중심으로 (1987)

On the Length of the Decision Period under Uncertainty: The Case of the
　Price-setting Commercial Banking Firm, Seoul Journal of Economics (1989)

高度成長期 日本金融의 構造와 役割 (1989)

헨리 손톤의 金融理論 (1991)

技術金融制度의 改善方案 (1993)

금융자율화, 금융규제 및 예금보험제도 (1994)

[신경제]의 금융조치들 (1994)

한국경제의 현주소 (1997)

A Critical Look at the Korean Economy (1997)

중앙은행제도 개편에 관하여 (1997)

IMF와 한국경제 (1998)

Economics Research in Korea (2000)

The East Asian Economic Crisis: What Is and What Ought To Be Done
　with Special Reference to Korea (2000)

IMF구제금융이후의 한국경제 (2001)

금융정책의 평가와 정책과제 (2004)

Korea: In Search of a New Compact (2007)

# 이병철, 정주영

## 이기는 경제인, 꿈꾸는 경영인
## 시대를 앞지른 CEO

우리는 어떤 분야에 뛰어난 업적을 쌓은 사람을 '거인(巨人)'이라고 부른다. 오늘날 한국경제발전에 기여한 '거인'을 꼽는다면 누구를 꼽을 수 있을까. 대부분 삼성그룹 고 이병철 회장과 현대그룹 고 정주영 회장을 꼽을 것이다.

두 사람은 1백만 명이 넘는 조직원을 가진 대기업을 키운 지도자로서, 국내뿐 아니라 세계에서도 손꼽히는 기업으로 만든 재계의 양대 산맥이다. 경제관념이 채 정립되기도 전인 1930년대부터 각각 삼성상회와 부흥상회를 운영했고, 경제발전을 시작한 1960년대에는 대대적인 사업을 일으켜 대한민국 경제를 쥐락펴락했다. 그들의 기업정신과 탁월한 리더십은 많은 후배 CEO에게 영향을 끼쳤다.

흥미로운 건 두 사람 모두 성공적인 기업가였지만 삶과 경영방식, 성격 등이 매우 달랐고, 이에 따른 주력 업종과 기업문화가 상이하다는 점. 이병철이 '돌다리도 두들겨보고 건너는' 철저한 분석가였다면 정주영은 '쇠뿔도 단김에 빼는' 저돌적인 모험가였다. 이병철은 매사 꼼꼼하고 규칙적인 생활 습관이 몸에 배어 있고, 정주영은 목표가 생기면 일단 부딪혀보는 뚝심과 배짱을 자랑했다. 이런 성격과 삶의 방식은 기업문화에서도 여실히 드러났는데, 이병철이 섬유, 전자, 반도체 등 경박단소한 산업에 승부를 걸었다면 정주영은 자동차, 건설, 조선 등 중후장대한 산업에 모든 걸 투자했다.

대한민국 1세대 기업인 이병철과 정주영은 각각 "행하는 자이루고, 가는 자 닿는다", "고난과 장애물은 언제나 새로운 힘의 근원이다"라는 말을 남긴 채 2세에게 경영권을 넘겼다. 한 회사의 우두머리로서가 아닌 한국 경제발전의 뼈대로서 평가할 때 두 사람은 막 한국전쟁의 잔해에서 벗어난 아시아의 '작은' 나라 한국을 순수한 기술과 자본으로 세계 속 '큰' 나라 한국으로 성장하는 데 큰 공을 세웠다.

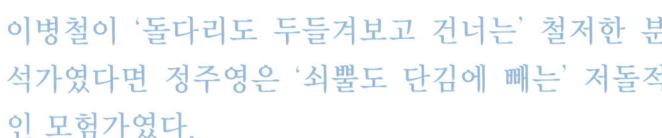

이병철이 '돌다리도 두들겨보고 건너는' 철저한 분석가였다면 정주영은 '쇠뿔도 단김에 빼는' 저돌적인 모험가였다.

## 타고난 사업가 기질

이병철은 대지주의 4남매 중 막내아들로 태어났다. 형은 주식회사 삼강하드(현 롯데삼강)의 창업가 이병각이다. 그의 할아버지는 시문과 성리학에 능한 유학자였고, 아버지도 대를 이어 한학을 공부했다. 가풍에 따라 이병철은 다섯 살 때부터 서당에 다니며 '천자문', '자치통감', '논어'를 통독했다. 공부를 그리 잘하진 못했으나 서당에서 배운 '논어'는 훗날 그의 경영정신의 핵심이 된다. 그는 운동신경이 뛰어나 고등학교 2학년 때는 학교 대표 레슬링 선수로 전국대회에 출전해 입상하기도 했다.

열아홉 살 때 혼례를 치른 이병철은 이듬해 집안의 반대를 무릅쓰고 일본 유학을 떠났다. 더 큰 세상에서 다양한 사람을 만나고 새로운 학문을 접하고 싶었기 때문이다. 하지만 일본 와세다대 정치경제학교를 다니던 중 건강이 나빠져 급히 귀국했다. 그는 학업을 마치지 못한 부분에 대한 자괴감을 느꼈고, 긴 슬럼프에 빠졌다. 그러던 중 문득 자신이 세 아이의 아버지가 돼 있다는 현실을 깨달았다. 더 이상 방황하고 있을 수만은 없었다. 자신만을 바라보는 가족을 보며 다시 한번 이를 악물었다. 스물여섯 살 무렵, 그는 무슨 일이든 해봐야겠다는 생각이 들었고, 사업가의 기질을 조금씩 드러내기 시작했다.

부친에게 사업자금으로 3백석 분의 논을 받은 이병철은 항구도시 마산을 자신의 첫 번째 사업거점으로 삼는다. 사업아이템은 쌀. 당시 화폐가치로 2만 원의 이익을 본 그는 일본인이 경영하던 자동차회사를 인수해 운수업을 시작했고, 곧바로 부동산에 투자해 거부가 됐다. 하지만 1937년 중일전쟁이 터지면서 은행에서 더 이상 대출을 받지 못하자 가지고 있던 모든 토지와 정미소, 운송회사를 팔았다.

그는 타고난 사업가였다. 결과적으로 첫 사업은 실패했지만 그는 한때 2만 평의 농토를 구입, 대지주가 될 정도로 사업수완이 좋았다. 때문에 낙심하지 않았다. 이때의 실패를 통해 그는 '3利가 있으면 3害가 있다'는 걸 깨달았다. 그리고 '사업은 국내외 정세를 통찰해야한다'며 일찌감치 세계로 시선을 돌리게 된다. 특히 그는 사업을 시작한 후 항상 일본을 다니면서 아이디어를 얻고, 롤모델을 정해 사업방안을 구상했다고 한다. 그는 '메모광'이라고 불릴 만큼 메모를 즐겼는데, 특히 일본시장에 다녀오면 그의 메모지는 빼곡하게 차 있었다고 한다.

이병철은 일본 외에도 평양, 신의주, 원산 등 대도시를 여행하며 시장조사를 했다. 중국과 만주에 상권이 크게 형성될 것이라고 직감한 그는 1938년 자본금 3만 원으로 지상4층, 지하1층의 무역회사를 세운다. 상호는 삼성상회. 오늘날의 삼성그룹의 모체다. 결과는 대성공이었다. 그는 대구에서 거둬들이는 청과물과 포항에서 생산되는 건어물 등을 중국과 만주에 수출하면서 큰 이득을 얻었다. 물건을 사고팔며 이윤을 남기는 과정이 흥미로웠다. 자신감을 얻은 그는 양조회사를 인수해 주류시장을 개척했고, '별표국수'를 만들어 사람들의 구미를 끌어당겼다.

사업 확대의 꿈을 키우던 이병철은 조홍제(효성그룹 창업주), 김생기(영진약품 창업주) 등과 함께 1948년 '삼성물산공사'를 세워 본격적으로 무역업에 나섰다. 삼성물산공사는 설립 1년 만에 굴지의 무역회사로 발전한다.

## 성공의 세 가지 열쇠 – 운(運), 둔(鈍), 근(根)

한국전쟁으로 잠시 주춤거렸던 사업은 조금씩 활기를 되찾았고, 1년 사이에 60억을 벌었다. 그는 좀 더 발전 가능한 사업을 구상하던 중 국민의 생활에 보탬이 되는 일을 하고자 제조업에 손을 댔다. 삼성이 그룹 형태를 갖추기 시작한 건 1950년대 중반. 그는 여러 계열사를 설립하며 '그룹회사'로서의 발판을 다지기 시작했다. 1953년과 54년 제일제당과 제일모직을 설립했고, 비료, 타이어, 보험 등에도 열을 올렸다.

하지만 무조건 사업을 추진했던 건 아니다. 그는 "사업을 착수하는 용기도 필요하지만 100% 자신이 없으면 애초부터 착수하지 말아야한다"는 경영방침을 갖고 있었다. 구상이 끝나면 자료를 수집하고 분석한 뒤 반드시 전문가를 만나 자문을 구했다. 또한 고서나 소설을 통해 인간을 이해하고 세상의 이치를 꿰뚫었다. 그의 서울 한남동 자택에는 무려 5만권의 책이 비치돼 있었다고 한다.

1960년대 들어 그룹확장에 힘을 쏟은 삼성그룹은 1964년 동양방송을 개국하고 이듬해 중앙일보를 설립하며 언론업에 뛰어들며 거대그룹의 면모를 보인다. 그리고 1969년 삼성전자의 탄생은 세계적으로 삼성그룹을 알리는 계기가 된다. 그는 삼성전자를 설립하기 전 수차례 일본을 방문해 철저하게 시장 조사했다. 설립 9년 만에 흑백TV 2백만 대를 생산하면서 연간 생산량에서 세계 최고기록을 수립했다. 여기서 멈추지 않았다. 그는 박정희 대통령을 만나 "흑백TV도 못 보는 가정이 많은 게 현실"이라며 "하루 빨리 전자공업을 일으켜 국가발전을 이뤄야한다"는 말로 설득해 컬러TV를 시판했다. 그의 말은 적중했다. 사람들은 컬러TV의 다양한 색감과 뚜렷한 화질에 열광했다.

1980년대에 들어서면서 이병철은 반도체, 컴퓨터 등 소형첨

"일의 성패를 결정짓는 것은 능력의 차이가 아니라 그것의 달성에 대한 집념의 차이다"라고 말한 점으로 미뤄볼 때 그는 사소한 일에도 집중력을 발휘하고 자기반성에 소홀하지 않았음을 알 수 있다.

단산업제품 생산에 집중한다. 세계시장 흐름을 파악해온 그는 1970년대부터 이미 반도체에 대한 준비를 해왔다. 미국에 유학 중이던 아들 이건희 전 삼성그룹 회장에게 실리콘밸리를 견학하고, 연구원과 접촉할 것을 지시한 것도 미래를 위한 준비였다.

미래를 내다보는 혜안과 철저한 준비로 삼성전자는 반도체 시장에 진입한 지 3년이 채 지나지 않아 세계적인 수준에 도달한다. 그리고 1978년 이병철은 삼남인 이건희를 후계자로 지목하고 일선에서 물러났다. 쌀장사에서 반도체 산업까지 그가 이뤄낸 많은 발전 속에는 나라발전에 대한 강한 의지와 어느 것 하나 소홀하지 않으려는 노력, 열정이 담겨 있었다. 삼성은 이후에도 승승장구해, 자동차·휴대전화 등으로 세계시장을 점유했다.

이병철이 여느 사업가와 다른 기질을 세 가지 정도로 정리할 수 있다. 이병철은 우선 승부근성이 강했다. 내기를 즐겨했는데, 골프내기를 해서 천원이라도 잃으면 억울해했다고 한다. 몇 날며칠이고 게임에서 진 원인을 분석해 다음 시합에서는 반드시 이겼다. "일의 성패를 결정짓는 것은 능력의 차이가 아니라 그것의 달성에 대한 집념의 차이다"라고 말한 점으로 미뤄볼 때 그는 사소한 일에도 집중력을 발휘하고 자기반성에 소홀하지 않았음을 알 수 있다.

그는 인재발굴과 교육에도 관심이 많았다. 삼성그룹은 1957년 국내 최초로 공개채용시험을 실시했다. 영어, 상식 등 필기시험 후 면접시험에서는 됨됨이, 교양 등을 우선시했다. 그는 자원, 자본, 노동력 등 생산요소 중 인적자원이 가장 중요하다고 생각했고, "조직력이란 인재를 만드는 힘이다", "내가 하는 일의 90% 이상을 인재양성에 바쳤다"고 말했다.

창의적인 아이디어도 그를 빛나게 하는 요소다. 한번은 삼성그룹에서 운영하는 신라호텔 내 일식당에 갔는데, 노인들이 식사를 마친 뒤 신발을 신을 때 균형을 잡지 못해 휘청거리는 모습을 보게 됐다. 이병철은 식당 벽에 손잡이를 달 것과 허리를 많이 굽히지 않아도 될 만큼 큰 구두주걱을 비치할 것을 주문했다고 한다.

"성공에는 세 가지 열쇠가 있다. 운(運), 둔(鈍), 근(根)이 바로 그것이다. 사람은 능력 하나만으로 성공하는 것이 아니라 '운'도 타고 나야 한다. 그러나 대를 잘 만나고 사람을 잘 만나야 하지만 들어온 운을 놓치지 않는 것도 중요하다. 역시 들어오는 운을 놓치지 않으려는 '둔'이 있어야 한다. 그 다음으로 그 운이 트기까지 근기로 매달리는 '근'이 있어야 성공할 수 있는 것이다."(이병철 어록 중에서)

이병철은 "공부도 잘하지 못하고 재능이 뛰어나지 않았지만 성공한 건 운이 좋았기 때문"이라고 말했다. 그러나 그가 성공할 수 있었던 건 '최고'라는 자부심과 함께 동종업계의 경쟁과 위기의식을 잊지 않았기 때문이다. 누군가 이병철에게 새로운 사업에 도전하는 이유를 물었을 때 그는 "새로운 사업을 할 때 재미와 성취감을 느낀다"고 대답했다. 성공은 온종일 일에만 푹 빠져있으면서 단 한 개의 부실기업도 만들지 않기 위해 미리 계획하고 고심하고 운영한, 어쩌면 당연한 결과였다.


## 강원도 촌놈의 배짱

이병철과 달리 정주영은 엘리트 코스를 밟지 못했다. '맨땅에서 기업을 일군 사람'이라고 표현해도 과언이 아닐 만큼 그의 어린 시절은 불행했다. 정주영은 강원도 통천의 가난한 농가의 장남으로 태어났다. 네 명의 남동생과 두 명의 여동생이 뒤이어 태어났다. 그는 어릴 때부터 집안을 이끌고 동생을 보살펴야하는 책임을 져야했다. 새벽 다섯 시만 되면 아버지 손에 이끌려 농사를 지으러 나갔다. 그는 농사를 아무리 열심히 지어도 하루 밥 세끼를 먹을 수 없는 현실을 참을 수 없었다.

정주영은 머리는 비상했지만 집안형편이 어려워 초등학교밖에 다니지 못했다. 대신 할아버지로부터 '천자문', '동몽선습', '명심보감'을 배워 학문적 소양을 갖췄는데, 그는 〈동아일보〉에 연재되던 이광수 소설 『흙』을 읽으며 소설의 주인공인 허숭 같은 변호사가 되겠다고 다짐했다. 하지만 시골에서 농사를 지어서는 변호사가 될 수 없었고, 지독한 가난에서 벗어날 수도 없었다. 그는 철도공사판의 노동자로 일하다 아버지에게 끌려오고, 친구와 함께 가출을 감행했지만 사기를 당해 빈털터리로 돌아오는가 하면 소 판 돈 70원을 훔쳐 부기학원을 등록하는 등 무려 네 번의 가출을 감행한 끝에 서울로 상경한다.

막노동판을 전전하다 엿 공장에서 심부름꾼으로 취직했지만 돈을 모을 순 없었다. 그러던 중 서울 남대문 근처 쌀 도매상에서 배달원으로 일하게 된다. 당시 월급은 쌀 반 가마니. 농사를 짓던 고향에서도 만져보기 힘든 양이었다.

여섯 명의 배달원 중에서 정주영은 가장 힘이 세고 성실했다. 가게 청소는 물론이고 부기학원에서 배운 부기 지식을 활용해 장부정리까지 했다. 누구를 위해서, 혹은 누구를 의식해서 그런 일을 한 게 아니었다. 일하는 게 즐거웠고, 돈을 모으는 게 신이 났다. 쌀가게 주인에게 신임을 얻은 그는 취직한 지 4년 만에 쌀가게를 물려받았고, 조선총독부의 '쌀 배급제(쌀 공급과 배급을 통제하는 제도)' 실시로 가게 문을 닫게 되는 2년 후까지 그곳에서 엄청난 부를 축적했다.

연락을 끊고 지냈던 가족에게도 자신의 소식을 전했다. 정주영에게 고향은 어린 시절 어떻게 해서든 벗어나고 싶던 곳이지만 평생 고향 풍경을 잊지 못할 만큼 애틋한 공간이다. 이것이 1998년 "한 마리의 소가 천 마리 소가 돼 고향산천을 찾아간다"며 트럭 5백대에 소를 싣고 판문점을 통해 방북한 이유였다.

1940년 정주영은 '아도서비스'라는 자동차 수리공장을 인수하지만 시작한 지 25일 만에 화재 사고로 모든 것을 잃고 빚더미에 오른다. 공장시설은 물론 고객들이 맡겨둔 차 10여대가 전소되는 큰 화재였다. 피해가 어마어마했지만 그렇다고 망연자실해 있을 수만은 없었다. 그는 고객들을 찾아가 변상을 약속했고, 자금을 빌려 자동차 수리공장을 짓고 다시 사업을 시작했다. 그는 기술자들과 새벽부터 밤까지 자동차 수리를 했고, 그로부터 얼마 지나지 않아 아도서비스는 '실력있는 정비업소'라는 입소문이 나면서 종업원을 60명으로 불릴 만큼 규모가 커졌다. 궁지에 몰렸지만 용기를 잃지 않고 불도저처럼 밀어붙인 것. 그것이 첫 번째 위기를 극복한 원동력이었다.

하지만 1943년 태평양 전쟁으로 인해 모든 기업을 군수물자 생산체제로 바꾸기 위한 '일본정비령'이 떨어지면서 그는 조선총독부로부터 "정비업소들을 강제 흡수 합병한다"는 통보를 받았고, 곧 아도니스를 청산했다. 아쉬운 마음을 뒤로한 채 그는 2년 5개월 동안 광석 운반사업에 뛰어들었다. 해방 무렵에는 잠시 고향에 머물다 다시 자동차 수리 분야에 나섰다. '현대'라는 상호를 쓴 건 해방 후인 1946년 '현대자동차공업사'라는 간판을 달면서부터다. 그는 미국 병기청에서 엔진을 바꿔 다는 일을 하면서 고물이 된 일제 자동차를 개조, 판매하는 일을 하면서 부를 축적해갔다.

그러던 어느 날 문득 자동차 수리보다 토목·건설이 많은 돈을 벌 수 있지 않을까 하는 생각이 들었다. 정주영은 '현대토건사'라는 간판을 내걸고 무작정 건설업에 도전장을 내밀었다. 건설업은 생소한 분야. 하지만 그에게는 누구도 말릴 수 없는 무모하리만큼 저돌적인 구석이 있었다. 처음엔 간단한 수리만 했지만 점차 기술을 익혀 공사를 계약했다. 한국전쟁 발발로 부산으로 피난을 떠난 그는 그곳에서 미군병을 위한 숙소를 짓고 엄청난 돈을 벌게 된다.

미군과의 인연은 정주영에게 또 다른 기회를 줬다. 전쟁 후 UN사령부로부터 "한국전에 참전한 세계 각국의 UN군 사절이 내한할 예정인데, 부산 UN군 묘지에 잔디를 깔아줄 수 있냐"는 부탁을 받은 것이다. 그러나 때는 한겨울. 잔디는커녕 풀 한 포기도 날 수 없는 혹독한 추위가 계속됐다. 정주영은 어떻게든

해내고 싶었다. 그는 궁리 끝에 낙동강 근처 보리밭을 사, UN군 묘지에 잔디 대신 새싹이 난 보리를 심는 묘책을 낸다. 과정이야 어찌됐든 한국을 방문한 UN군 사절단이 본 건 분명 눈 속에서도 파릇파릇하게 살아있는 잔디. 임기응변이 만든 대성공이었다.

정부는 1953년 봄, 전쟁으로 파손된 대구와 거창을 잇는 고령교 복구공사를 그에게 맡겼다. 정부 발주공사로서 최대규모인데다 2년 안에 공사를 끝내야하는 부담감이 컸다. 더욱이 고령교는 생각보다 파손이 훨씬 심했고, 물가가 갑작스레 폭등한데다 설상가상으로 공사 도중 많은 비로 인해 강물이 불어나 애를 먹었다. 결국 공사기간이 예정보다 2개월가량 늦어졌고, 그로 인해 그는 엄청난 손실을 입었다. 하지만 그는 "내가 실패라고 생각하지 않기에 실패가 아니다"라며 주저앉지 않았다.

오히려 그 일이 약이 됐을까. 정주영은 1957년 한강인도교 복구공사를 시작으로 오산 공군기지 활주로 공사, 인천항 부두 준공 등을 잇달아 성공한다. 당시 미8군은 중장비를 팔았는데, UN군 묘지 잔디공사 성공으로 미8군에 신임을 얻은 터라 중장비도 다른 사람보다 싼값에 구입할 수 있었다.

## "해보기나 했어?"

그는 이후에도 승승장구했다. 특히 우리나라 최초의 고속도로인 경부고속도로는 '최소경비, 최단기간, 최단거리'라는 3원칙과 "막히면 뚫는다"는 원칙으로 2년 5개월 동안 공들인 끝에

1970년 개통됐다. 총길이 429km에 429억 원이 든 공사. 1km당 약 1억 원이 든 셈인데, 경부고속도로는 세계에서 가장 적은 돈을 투자해 가장 빠른 시간 안에 공사를 마친 결과물이었다. 같은 해 시작한 조선사업 역시 그의 추진력이 돋보이는 부분. 영국에서의 차관 협상에서 난항을 겪자 정주영은 거북선이 그려진 오백 원짜리 지폐를 보이며 "영국보다 3백년 앞서 철갑선을 만들었다"는 임기응변을 발휘해 차관합의를 받아냈다.

그리고 서둘러 울산조선소를 건설한 뒤 배를 만들었다. 1975년에는 '중동 진출의 해'를 선포하고 바레인, 사우디아라비아 등지에 노동자를 파견해 해외공사를 시작했다. 해외진출은 오래 전부터 계획해온 일이었다. 태국 파타니-나리티왓 고속도로 공사를 성공리에 끝낸 현대건설은 그 후 세계 곳곳의 여러 건의 공사를 발주했다. 그러는 동안 정주영은 자동차 사업에도 계속 불씨를 지펴 1976년에는 자동차 '포니'를 생산했다. 많은 사업이 진척되는 동안 그는 미래를 이끌 또 다른 사업이 있는지 끊임없이 고민했다.

그는 고정관념에도 얽매이지 않았다. 서해안 바다를 메워 농토로 만드는 서산간척지 사업은 이런 모습이 잘 드러나는데, 270m길이의 물막이 공사가 빠른 유속으로 계속 실패하자 그는 돌로 물을 막는 방법 대신 대형유조선으로 물을 막는 아이디어를 냈다. 그 누구도 배로 바닷물을 막으리라고는 생각지 못했다. 하지만 그에게 망설임이란 없었다. 할 수 있었고, 또 해야 했다.

건설, 자동차, 조선, 전자 등 모든 분야에서 최고의 위치에 오른 그는 어느 새 끝을 향해 달리고 있었다. 1980년대 후반부터 정주영이 직원들에게 자주 사용했던 말은 "해보기나 했어?"다. 건설, 조선, 중공업 등 자금규모가 큰 대형산업에 주저하지 않고 도전한 것도 정면돌파식 기질 때문이다.

시작한 금강산 관광개발사업은 그의 마지막 열정을 불태운 일이었다. 금강산 관광은 휴전 이래 남과 북이 처음 손을 잡고 이룩한 사업. 금강산 관광개발사업은 러시아 진출로 연결되는 대규모 프로젝트사업의 시작이었다. 사업을 시작한 지 9년만인 1998년 9백여 명의 관광객을 태운 금강호가 출항했고, 실향민들은 금강산 관광으로 애향을 달랬다. 실향민들은 너도나도 고향땅을 한번만이라도 밟기 위해, 헤어진 가족을 한번만이라도 만나기 위해 줄을 지었다. 그로 인해 늘 고향을 가슴에 품고 다녔던 정주영 역시 타임머신을 타고 어린 시절로 온 듯, 향수에 젖을 수 있었다.

정주영이 직원들에게 자주 사용했던 말은 "해보기나 했어?"다. 건설, 조선, 중공업 등 자금규모가 큰 대형산업에 주저하지 않고 도전한 것도 정면돌파식 기질 때문이다.

"아무리 훌륭한 생각을 가지고 있고 천하를 지배할 수 있는 학식을 가지고 있다고 하더라도 활용되지 않고 실천하지 못한 것은 사장된 지식이요, 사장된 능력이라고 생각할 수밖에 없다. 실현시켜서 그 실천효과가 기업과 관련회사에 좋은 영양을 주도록 실천할 수 있는 능력을 가진 자만이 사업을 운영할 수 있고 기업을 운영할 수 있다." (정주영 어록 중에서)

정주영은 신용제일주의 기업가로 불린다. 쌀가게 점원에서

신용 하나로 주인이 됐고, 자동차 정비공장 화재사고로 모든 것
을 잃었을 때 그를 도와준 것 또한 쌀가게에서 일하면서 알게
된 사람이었다. 고령교 복구공사로 자신은 물론 형제들의 집까
지 팔고 빚을 얻는 등 엄청난 손실을 감당하면서도 "사업은 망
해도 다시 일어설 수 있다. 하지만 인간은 한번 신용을 잃으면
그것으로 끝이다"라며 공사를 완료했다. 그 덕분에 정부로부터
신뢰를 얻어 큰 규모의 공사 대부분을 수주하게 됐다.

정주영은 부지런하고 검소했다. 매일 새벽 3시30분에 일어나
신문을 읽는 것으로 하루를 시작했다. 동이 트기 전 전 세계 현
대그룹 지사로부터 들어온 팩스를 읽은 뒤 답장을 보냈고 곳곳
에 전화를 걸어 사업브리핑을 듣고 사업방향을 지시했다. 출근
시간은 아침 8시를 넘기는 법이 없었다. 식단 역시 검소해 육식
이 식탁 위로 올라오는 경우가 거의 없었고, 가정부나 파출부를
들이는 일도 허락하지 않았다고 한다. 또 그가 사망했을 때 남
겨진 한 켤레의 구두는 20년 이상 신어 낡고 헤져 있었고, 거실
의 TV는 17인치 낡은 소형 TV였다. 맹렬하게 도전하고 대범하
게 투자하는 경영지침과 달리 자신에 대한 투자는 너무나 소박
하고 진솔했다.

그는 120세까지 살기를 소망했다. 한 인터뷰에서 그는 북한

과 제3국 건설시장으로의 진출, 통신사업과 자동차 오디오 생산 등의 장대한 포부를 밝혔고, 통일이 되면 고향에 집을 짓고 살고 싶다는 바람을 밝히기도 했다. 강원도 시골소년이 대한민국 경제를 쥐고 흔드는 대기업의 우두머리가 된 것은 이처럼 원대한 꿈이 있었기 때문. 남들은 허황된 꿈이라고 말하는 것도 그에게는 실현 가능한 목표였고, 곧 현실이 됐다.

이병철과 정주영은 세상을 떠났음에도 여전히 한국의 기업가 중에서 최고로 꼽힌다. 두 사람은 눈부신 대한민국의 경제성장을 이뤄낸 장본인이자 세계적인 기업으로 이끈 쌍두마차였다. 무엇보다 중요한 건 라이벌이자 경제적 동지로서 서로를 존중하고 부족한 점을 배우는 한편 자신만의 경영 색깔을 분명히 했다는 점. 꼼꼼하고 계획적인 이병철과 긍정적이고 진취적인 정주영은 앞으로도 한국 기업인들의 롤모델이자 이정표로 자리할 것이다.

## 약력 _ 이병철

| | |
|---|---|
| 1910년 | 2월12일 출생 |
| 1932년 | 중동중학교 졸업 |
| 1934년 | 일본 와세다 대학 전문부 정경과 중퇴 |
| 1936년 | 협동정미소 설립 |
| 1938년 | 삼성상회 설립 |
| 1948년 | 삼성물산공사 사장 |
| 1951년 | 삼성물산 사장 |
| 1953년 | 제일제당 사장 |
| 1954년 | 제일모직 사장 |
| 1961년 | 삼성물산 회장 |
| 1961년 | 전경련 초대 회장 |
| 1964년 | 한국비료 사장 |
| 1965년 | 중앙일보 사장 |
| 1965년 | 삼성문화재단 이사장 |
| 1965년 | 성균관대학교 이사장 |
| 1966년 | 대한암협회 회장 |
| 1968년 | 중앙매스컴 회장 |
| 1969년 | 삼성전자 설립 |
| 1971년 | 삼성공제회 이사장 |
| 1974년 | 삼성석유화학 설립 |
| 1977년 | 삼성미술문화재단 이사장 |
| 1980년 | 중앙일보 회장 |
| 1982년 | 한일경제협회 고문 |
| 1987년 | 사망 |

## 저술 및 논문

호암자전 (1986)

## 약력 _ 정주영

1915년   11월 25일 출생
1930년   송전소학교 졸업
1937년   경일상회 설립
1940년   아도서비스 자동차수리공장 설립
1946년   현대자동차공업사 설립
1947년   현대토건사 설립
1950년   현대자동차공업사와 현대토건사 합병
1950년   (주)현대건설 설립
1950년   (주)현대상운 설립
1967년   (주)현대자동차 설립
1969년   현대건설 회장 취임
1973년   (주)현대조선중공업 설립]
1974년   (주)현대엔지니어링 설립
1974년   (주)현대자동차서비스 설립
1975년   (주)현대미포조선 설립
1976년   (주)현대종합상사 설립
1977년   (주)현대정유 설립
1977년   아산사회복지사업재단 이사장
1979년   과학기술진흥재단 이사장
1983년   (주)현대전자 설립
1986년   (주)현대산업개발 설립
1987년   현대그룹 명예회장 취임
1991년   (주)현대석유화학 설립
1992년   통일국민당 창당
1992년   제24대 국회의원당선
1998년   (주)현대아산 설립
2001년   사망

## 저서 및 논문

시련은 있어도 실패는 없다 (1991)
시련은 있어도 (1999)
이 아침에도 설레임을 안고 (1987)
성공시대 (1989)
이 땅에 태어나서 (1998)

# 2부 21세기에 도전하는 사람들의 꿈과 야망

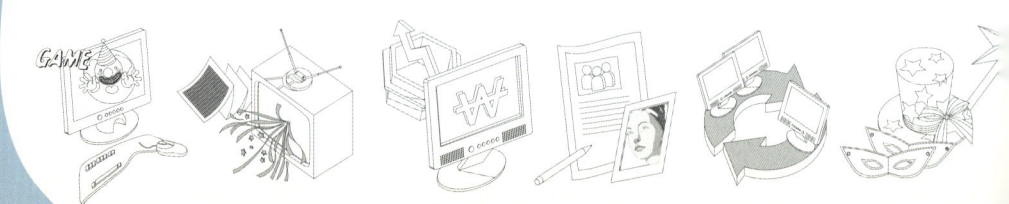

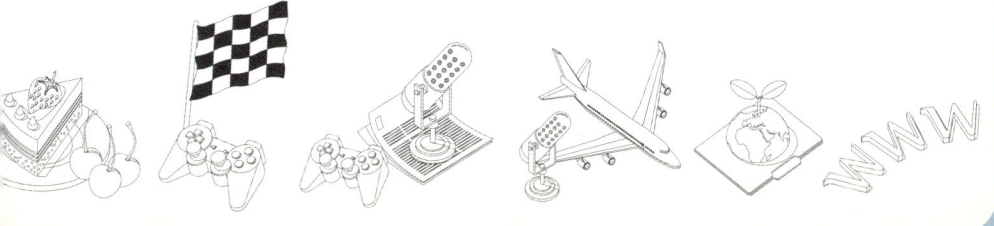

# 프로게이머_이윤열

## 사이버 공간에서의
## 냉철한 승부사

### 직업개요 | 프로게이머

국내에 프로게이머가 본격적으로 생겨나기 시작한 것은 PC방이 생기고 스타크래프트가 국내에 유통되면서부터다. 많은 사람들이 베틀넷이라는 인터넷 공간에서 만나 게임을 했고, 1990년대 후반부터 여러 개의 작은 게임 대회들이 생겼으며 2000년이 되면서 3대 프로리그가 정착화됐다.

이런 게임 대회에서 입상을 하거나 상위권에 랭크된 사람, 혹은 프로게임단에 소속된 게이머를 프로게이머라 부르기 시작했는데 처음에는 일정한 기준이 없다가 2000년 문화관광부가 '프로게이머 등록제도'를 승인하면서 공식적으로 프로게이머가 하나의 직업으로 인정받았다.

프로게이머가 되기 위해서는 우선 공인대회에서 2차례 이상 상위 입상을 하고 소양교육을 이수한 뒤 (사)한국e스포츠협회가 연2회 주최하는 드래프에서 11개 프로구단으로부터 지명을 받아야 한다.

프로게이머는 우선은 구단과 연봉계약을 하고 이후 성적에 따라 특별 상여금 등을 받게 된다. 그러나 연봉과 특별 상여금의 정도는 선수에 따라 매우 큰 차이가 있다. 스타플레이어의 경우는 3~4억 또는 그 이상을 받기도 하지만, 몇 천만 원으로 계약하는 선수도 있다.

활동량이 적고 많은 시간을 움직임 없이 훈련을 해야 하는 직업의 특성상 신체적인 어려움을 겪을 수 있고, 시합을 앞두고 스트레스에 시달리기도한다. 2007년 한 통계자료에 의하면 우리나라 e스포츠 시장 규모는 2004년 267억원에서 2007년 774억원으로 커졌고, 2010년에는 1,207억원으로 급성장을 예고하고 있다. 국제 대회도 활성화 되고 있으므로 앞으로 프로게이머들이 활동할 수 있는 시장은 더 커질 전망이다.

그러나 우수한 프로게이머로서 오래 활동하기 위해서는 시합에서 오는 스트레스를 이겨낼 수 있는 강인한 정신력과, 적절한 운동 및 훈련을 꾸준히 할 수 있는 철저한 자기관리가 가장 중요하다.

## 이윤열 프로게이머는요?

위메이드 폭스 소속의 테란 유저 이윤열 프로게이머는 1984년 출생으로 2001년 프로게이머로 발탁됐다. 지금까지 온게임넷 스타리그 3회 우승, KPGA(MSL의 전신) 3회 우승 등 개인리그 결승에만 10차례 이상 이름을 올린 스타플레이어다. 특히 2003년에는 파나소닉배 온게임넷 스타리그, 베스킨라빈스배 2002 KPGA 4차 리그 및 제3차 GhemTV 스타리그까지 동시에 석권하면서 게임의 그랜드슬램을 달성했다. 현재 인하대학교 컴퓨터공학과 휴학 중이다.

# 🔍 프로게이머는 어떤 일을 하는가?

프로게이머란 말 그대로 게임을 하는 직업이지만 단순히 게임을 즐기는 것과는 거리가 멀다. 즉, 생각 없이 게임에 빠져 사는 사회의 낙오자가 아니라 수많은 경쟁자들을 물리치고 이 분야의 최강자가 되기 위해 거의 하루도 거르지 않고 10여 시간을 전략연구와 자기계발에 힘쓰는 전문직업인이다.

프로게이머가 되기 위한 첫 번째 관문부터가 힘들고 복잡하다. 보통 프로게이머는 준프로게이머 자격을 거쳐야만 정식으로 '프로'자격을 획득할 수 있다. 준프로게이머가 되기 위해서는 전국의 수많은 아마추어들이 참여하는 '커리지매치(Courage Match)' 등 공인대회에서 입상해야 하는데 연 2회(상반기는 1월~6월, 하반기는 7월~12월) 이상의 공인대회에 참가하여, 단일대회는 상위 순위자 8명, 리그 대회는 상위 순위자 16명 이내에 들어야 한다.

한해에 수십만 명이 참가하지만 자격을 획득하는 사람은 불과 100명도 안 될 정도로, 준프로게이머가 되는 일도 결코 만만치 않다. 또한 이들이 '준'딱지를 떼고 '정식' 프로게이머가 되기 위해서는 (사)한국e스포츠협회(이하 'KeSPA')가 이들을 대상으로 연2회 주최하는 드래프트에서 11개 프로게임단으로부터 지명을 받아야 한다. 참가한 100여 명의 준프로게이머들이 프로게임단 담당자의 눈에 들려 노력하지만 '선택 받는 자'들은 불과 50%도 채 넘지 않는다. 선택받았다고 해서 안심할 순 없다. 거기서 살아남은 자들은 한창 활약 중인 쟁쟁한 선배들과의 경쟁을 시작해야 한다.

프로게이머로서든 아마추어 게이머로서든 게이머로서 참가할 수 있는 다양한 대회가 있다. 위에서 언급한 커리지매치(Courage Match)는 아마추어 게이머 저변확대 및 프로게이머 양성을 위해 (사)한국e스포츠 협회가 정기적으로 실시하는 자격인증 대회다. 매월 개최되는데 서울에서 토·일 양일간 진행되고 지방에서는 매월 1일 부산, 대구, 광주 순으로 개최된다.

아마추어로서 참가할 수 있는 또 다른 대회로는 2007년 시작된 전국아마추어 e스포츠 대회를 꼽을 수 있다. 전국 각 지자체에서 개최하는 지역 e스포츠 대회에서 지역대표로 선발된 게이머들이 전국 대회에 참여하는데 지역대표 1위 선수(또는 팀)에게 준프로게이머 자격이 부여된다. 본선(전국) 대회의 상위 입상 1위 선수 및 단체전의 경우 후보 선수도 예선 또는 본선에서 1경기 이상 출전하면 준프로게이머 자격이 부여된다.

프로게임단에 입단한 후에는 팀의 구성원으로서 본격적으로 각종 대회에 참가하기 시작한다. 가장 대표적인 대회가 '프로리그'다. 공식적으로 2005년 온게임넷 프로리그와 MBC게임 팀리그를 통합시켜 단일리그로 발족시킨 '프로리그'에는 현재 공군 프로게임단을 비롯하여 총 12개 프로게임단이 참여하고 있다. 연 10개월의 일정으로, 주 5일(토, 일, 월, 화, 수요일) 진행되는데, 게임은 각종 채널을 통해 생중계 되고 있다. 개인 리그로는 '스타리그'가 있다. 이름 그대로 개인전 프로게임리그로서 스타 선수들이 치열한 각축전을 벌인다.

한편, 아마추어와 프로게이머간 구별 없이 함께 겨루는 KeSPA 컵도 있다. 전국 각 지역에서 아마추어 게이머 예선을 통해 아마추어 대표를 선발하고 본선 및 결선에서 프로게이머와 아마추어 게이머를 통틀어 최고의 승자를 가린다. 아마추어 중 상위 입상자는 준프로게이머 자격을 부여받고 더불어 문화관광부 장관상도 받는다.

마지막으로 2000년부터 시작된 세계사이버게임(WCG: World Cyber Games)라는 국제 대회도 있다. 지금까지 총 8회 개최되었는데, 한국은 총 4회 우승을 차지했다.

말 그대로 e스포츠는 스포츠이다. 이기기 위한 노력이 있고, 승부가 있고, 승부에 대한 결과가 있고, 그 결과를 받아들이는 스포츠맨십이 있다.

외부와 차단된 채 상대와 나만이 존재하는 공간, 두어 시간 남짓 펼쳐지는 승부, 그 속에서 심리전과 컨트롤 …. 내가 가진 모든 것을 동원해 상대를 쓰러뜨려야 할 때는 온 몸에 땀이 흐르고 침이 마른다. 게다가 응원을 비롯한 그 어떤 환경으로부터 분리된 공간에서 오직 나만을 믿어야 하기 때문에 그 어느 종목보다도 외롭다. 하지만 그렇기 때문에 승리를 거두거나 우승을 차지했을 때 세상의 어떤 것을 가졌을 때보다 기쁘다. 아마도, e스포츠에서 '우승'이라는 것은 그 어느 것보다도 중독성이 강하기에 수십, 수백만의 프로게이머 또는 예비 프로게이머들이 그것을 위해 노력하는 게 아닐까.

## 프로게이머가 되기까지 _ 가난한 정구선수에서 최고의 프로게이머로

치열한 경쟁과 끝없는 자기개발로 프로게이머로서 힘든 점이 많이 있지만 내게 있어 분명한 것은 게임을 사랑하고, 이 직업을 자랑스럽게 생각한다는 것이다. 프로게이머라는 직업 안에는 열정이 있고, 열정에서 흘리는 땀이 있다. 뿐만 아니라 좌절, 기쁨, 환희 등 짧으나마 20여 년의 삶을 살면서 느껴온 것들이 담겨있다고 생각한다. 하지만 나도 처음부터 게이머를 꿈꾸어 왔던 것은 아니었다. 우연한 기회에 게임을 접했고, 그것이 지금의 내가 있게 된 계기가 됐다.

어려서부터 우리 집은 가정 형편이 무척 어려웠기 때문에 이사를 자주 다녔고, 그 때문에 학창시절 내내 전학을 반복해야 했다. 어린 나이에 어려운 집안환경으로 여러 학교를 전전하다 보니 자연스럽게 공부에 전념하기가 쉽지 않았는데, 그래서 선택한 것이 바로 초등학교 3학년 때부터 시작했던 정구(소프트테니스)였다.

나는 정구에 점차 빠져들었는데 이를 통해 열정이라는 것을 처음으로 갖게 되었고, 자연스레 체력과 집중력도 키울 수 있었다. 비록 끼니조차 제대로 해결하지 못해 부실한 체격을 갖고 있었지만, 무작정 열심히 한 끝에 우승은 아니더라도 복식부분 경상북도 3위 입상이라는 만족할만한 성과를 거두기도 했다.

이 성적이 당시 학업과 운동을 통틀어 거뒀던 나의 최고의 성적이었던 것 같다.

하지만 나는 얼마 되지 않아 더 이상 운동을 할 수 없게 되었다. 갑자기 천식이 찾아온 것이다. 빼어난 성적을 올리지는 못했지만, 악착같이 운동만을 전부로 삼고 살아온 나에게 운동을 그만둬야 한다는 것은 적잖은 충격으로 다가왔다.

결국 운동을 그만뒀다. 정구 때문에 등한 시 했던 성적을 회복하기 위해 학업에 열중하던 중 나는 친구를 따라 갔던 PC방에서 '스타크래프트'를 접했다. 나는 스타크래프트에 엄청난 매력을 느꼈다. 프로게이머 이윤열이라는 멋진 미래에 첫 발을 내딛게 되었던 순간이었다. 그 날 이후 나는 유닛 설명이 된 쪽지가 닳을 만큼 읽고 또 읽고, 친구들에게 물어보면서 게임을 배우기 시작했다.

처음 경쟁 상대들은 학교 친구들이었다. 차츰 게임에 몰두하면서 나보다 월등히 잘했던 친구들을 하나씩 이기기 시작했고, 내가 가진 재능을 실감하기 시작했다. 배운지 얼마 되지 않았음에도 난생 처음으로 나갔던 대회에서 우승을 했다.

처음 받아본 상금 20만원은 가난한 중학교 2학년 학생이던 나에게 많은 것을 할 수 있는 기회를 안겨줬다. 그리고 그 날 이후 내 안에서는 큰 변화가 일어났다. TV 속에서 많은 인기를 누리며 실력을 맘껏 뽐내고 있던 프로게이머들과 자웅을 겨뤄 그들보다 높은 자리에 오름으로써 부와 명예를 누리겠다는 각오를 하게 된 것이다.

그날 이후 나는 구미, 서울, 대전, 대구, 부산 등 대도시로 점차 활동 지역을 넓혔고, 많은 게이머들을 만나 게임을 배우고,

많은 시합에 출전했다. 물론 당시에는 'e스포츠'라는 단어가 존재 하지도 않았고, '프로게이머'라는 직업은 기성세대에게는 '게임 좋아하는 마니아' 정도로 인식 되어있었기에 부모님과 선생님은 나를 이해해 주지 않았다.

이 때문에 부모님과 선생님에게 매도 많이 맞았지만, 나는 절대 포기할 수 없었다. 그만큼 절실했기 때문이다. 그리고 2000년 당시 경인 방송에서 주최한 프로그램 '게임스페셜'의 '고수를 이겨라'라는 코너에서 당시 최고의 주가를 올리던 최인규 선수를 이겨 프로게이머 활동의 발판으로 삼았다.

이후 게임 아이 서버에서 점수가 올라가면서 2001년, 테스트를 거쳐 Game-i(이후 IS, 현 르까프 오즈)에 입단, 프로게이머 활동을 시작하였고, 2002년 12월에는 KTF 매직엔스로 이적했다. 이듬해 12월 투나 SG(현 위메이드 폭스)로 복귀한 이후 계속 이 팀에서 활동을 하고 있다.

어렵게 데뷔했지만, 나는 누구보다 많은 우승트로피, 누구보다 많은 업적으로 최고의 연봉에 올랐다. 그렇게 그리던 꿈을 이뤘고 그 꿈을 더 펼치기 위해 현재도 노력 중이다. 이와 더불어 가난으로 힘들었던 우리 집에도 '여유'라는 것을 찾을 수 있었다.

## 🔍 프로게이머로서 활동하면서 느끼는 어려움

지금도 별반 차이는 없지만, 주요 e스포츠대회는 서울에서 열린다. 어린 나이에 지방에서 홀로 프로게이머로 활동한다는 것은 쉬운 일이 아니었다. 당시에는 'e스포츠'나 '프로게이머'라는 것에 대한 개념조차 없었으므로 대회 당일에도 학교의 배려가 없어 대회 참가를 위해서 3시간씩 잠을 자며 새벽같이 기차를 타고 서울과 구미를 오가야만 했다. 힘들고 기약 없는 고난의 연속이었지만, 대회에 참가할 때의 떨림과 누군가 나의 경기를 봐주고 있다는 것에 대한 책임감이 항상 나를 이끌었다.

지금의 프로게이머 지망생들도 많이 겪는 어려움이겠지만, 아직 정식스포츠도 아니고 확실한 미래가 보장되지도 않은 이 길에 대해 부모님은 걱정이 앞섰고, 주변에서도 나를 곱지만은 않은 시선으로 바라봤다. 다행히 나를 비롯한 몇 명의 선수들은 우승 트로피로 이들을 설득할 수 있었지만, 프로게이머 활동을 위해 제도적으로 많은 지원이 필요한 부분이기도 하다.

그런 물리적인 피곤함 보다 더 힘든 것은 경기에서 패배를 안은 채 집으로 돌아오는 기차에 몸을 실었을 때다. 승부로 모든 것을 가늠하는 프로게이머에게 패배를 안고 돌아가는 것은 그 어느 때보다도 힘들었다. 경기로 인해 느껴지는 피로가 두 배 이상이 될 정도로 몸과 마음이 무거웠다.

어느 종목이나 마찬가지이겠지만 패배를 극복하는 것이야말로 성공의 관건이라 할 수 있는데, 패배를 냉정하게 인정하되 다시는 지지 않기 위해서 분석하고, 부족한 점을 보완하기 위해 노력하는 수밖에 없다. 이겨보는 것도 경험이고 져보는 것도 중요한 경험이지만, 졌을 때 극복하는 것이야말로 가장 중요한 경험이 아닌가 한다.

## 일의 보람과 즐거움

누구든 자신이 좋아하는 일을 할 수 있다는 것은 행복한 것이다. 세상에 자기가 좋아하는 일을 하는 사람들이 몇 퍼센트나 될까? 게다가 한 분야의 최고를 꿈꾸며 도전하고 성취를 맛볼 수 있다는 것은 정말 행운이라고 생각한다.

프로게이머를 하면서 가장 행복했던 순간을 꼽으라면 지난 2006년 10월 제주도에서 있었던 '신한은행 스타리그 2차 시즌'의 결승을 들 수 있다. 당시 난 개인리그에서의 오랜 침묵을 깨고 결승전이 열리는 제주도행 티켓을 거머쥐었다. 그때까지 어머니는 비행기를 타보신 경험이 없으셨다. 아들의 결승전 관람 덕에 생전 처음 제주여행을 하는 어머니에게 선물이 될 수 있도록 그 어느 때보다 최선을 다해서 연습했고, 이기기 위해 애썼다. 결국 우승을 했는데, 문득 아버지께서 돌아가신 이후 처음으로 가져온 개인 타이틀이라는 생각에 우승 소감을 애기 하다가 눈물을 보이고 말았다. 그 모습에 어머니께서도 우셨고, 응원을 오신 가족, 친지까지 울었다. 팬들도 함께 울었다. 행복의 눈물이라는 것이 바로 그런 것이 아닐까?

여느 프로 시장과 마찬가지로 e스포츠에서도 최고의 자리에만 오르게 되면 생각보다 많은 돈과 명예를 얻을 수 있다. 개인적으로 e스포츠의 미래는 밝게 열려있다고 생각한다. 게임을 기반으로 하는 e스포츠야 말로 이 세상의 정보기술이 발전할수록, 또한 컴퓨터의 수요층이 넓어질수록 성장의 폭이 클 것이기 때문이다.

수년 전부터 중국, 미국, 독일, 스웨덴 등 게임강국들이 e스포츠 종주국인 우리나라를 앞지르기 위해 활발하게 움직이고 있는 것으로 알고 있다. 이런 추세가 계속된다면 e스포츠는 그야말로 그 시장이 세계적으로 확대될 것이 분명하다. e스포츠가 월드컵과 같은 거대한 문화산업으로 성장할지 누가 알겠는가.

게다가 상대와 나의 수를 읽고 판단해야 하는 두뇌싸움이라는 점에서 남녀노소 누구나 즐길 수 있는 문화로 성장할 가능성도 매우 높다. 앞으로 세계의 남녀노소 모두 즐겨보는 프로스포츠의 중심에 내가 있을 수 있다고 생각하면 지금도 즐겁다.

게임을 기반으로 하는 e스포츠야 말로 이 세상의 정보기술이 발전할수록, 또한 컴퓨터의 수요층이 넓어질수록 성장의 폭이 클 것이다.

## 프로게이머가 되고 싶어 하는 학생들에게…

몇 년 전인지는 기억이 안 나지만, 10대들이 가장 선호하는 직업으로 연예인을 제치고 프로게이머가 선정된 적이 있다는 것을 들은 적이 있다. 실제로 많은 청소년들이 프로게이머를 꿈꾸며 수많은 대회에 참가한다. 나와 마찬가지로 '학업'이라는 안전한 길을 두고 새로운 분야에 도전하는 사람들에게 한편으로는 박수를 보내고, 한편으로는 우려를 표한다. 분명, 프로게이머라는 그 어느 분야보다 매력을 가진 일이라고 생각한다. 그리고 성공한다면 많은 인기와 부, 그리고 명예를 누릴 수도 있다.

하지만 문제는 이 길이 생각하는 것만큼 그리 만만하지 않다는 것이다. 일 년에도 50명 이상의 프로게이머가 프로게임단에 입단하여 성공을 다짐하지만, 그 중 1년 후 살아남은 자는 반도 안 되는 것이 현실이다. 개인적으로 그것은 그만큼 준비가 되지 않은 채 막무가내로 프로게이머를 한다고 뛰어들었기 때문이라고 생각한다. 이 직업은 게임을 단순히 좋아한다고 해서 성공할 수 있는 것이 아니다. 한 달에 불과 1~2일 휴일을 갖는 것 이외에는 하루 10시간 이상 집중해 훈련하고 경쟁해야 살아남을 수 있기 때문이다.

누구나 꿈을 갖는 것은 자유다. 그러나 그 누구도 자신을 책임져 주지 않는다. 분명 말해두지만 좋아하는 것과 잘하는 것, 그리고 잘하기 위해서 노력하는 것은 다르다. 단, 물론 시작하면 최대한 재미를 붙이고 즐겨야 한다.

한 가지 덧붙이자면, 프로게이머를 본격적으로 준비한다 하더라도 절대 학업은 포기하지 말아야 한다. 많은 지망생이 프로게이머를 하기위해 학업을 그만두는 것으로 알고 있는데, 프로게이머를 준비하는 시간은 학교수업을 마치고 해도 충분하다. 일례로 우리 팀의 막내이자 최연소 프로게이머인 전태양군도 학업에 충실하면서 프로게이머 생활을 충실히 수행하고 있다. 프로게이머는 공부를 하기 싫어서 선택해서도 안 되고, 그렇게

많은 지망생이 프로게이머를 하기위해 학업을 그만
두는 것으로 알고 있는데, 프로게이머를 준비하는 시
간은 학교수업을 마치고 해도 충분하다.

선택한다고 해도 절대 성공할 수 없으므로, 학교를 다니면서 준
프로게이머 자격을 획득할 수 없는 실력과 열정을 갖고 있다면
아예 도전하지 말기를 권한다.

## 🔍 이런 사람들에게 이 직업을 추천한다!

우리나라에 프로게이머는 약 400명에 이른다. 나를 포함한 모
든 이들이 각자의 개성을 가지고 있다. 굳이 내가 보는 시각에
서 프로게이머에 어울리는 특성을 꼽자면 순발력과 상황을 읽
는 이해력이 빠른 사람, 그리고 평소 승부를 즐기는 사람이다.
지기 싫어하는 것과 승부를 즐기는 것은 다르다.

　가장 중요한 것은 e스포츠에 대한 흥미와 열정, 그리고 끈기
를 가지고 있는 사람이다.

## 🔍 프로게이머로서의 나의 철칙

프로야구 분야를 보면 송진우 선수가 최고령 선발 승리투수를 비
롯한 각 부분의 기록을 갈아 치웠고, 양준혁 선수 또한 타자부분
의 금자탑 같은 기록을 세웠다. 기록도 기록이지만, 이 들이 가장

인정받는 요소 중에 하나가 적지 않은 연령에도 불구하고 왕성한 활동을 멈추지 않고 있다는 것이다. 그 것은 자기관리를 그만큼 잘했다는 의미와도 일맥상통하기 때문이다.

e스포츠도 그와 비슷하다. 빼어난 재능을 갖고 있으나 자기관리를 못해서 한때의 화려함을 뒤로하고 쓸쓸히 사라지는 경우가 적지 않다. 프로게이머들의 경기 스타일은 모두 자신의 개성에 따라 다르다. 하지만, 큰 틀에서의 트렌드는 있다. 여기서 트렌드를 쫓아가지 못하면 그 선수는 바로 뒤쳐지기 마련이다. 한번 궤도에 오른 선수는 다른 선수의 표적이 되기 마련이고, 계속 그 위치를 고수하기 위해서는 항상 변화를 꾀해야 하고 스스로 연구해야 한다.

나는 일정이 없어도 일주일 이상은 쉬지 않는다. 나뿐만 아니라 보통의 선수들이 하루만 연습을 하지 않아도 감각자체가 줄어들어 있는 것을 느낄 수 있을 만큼 민감하다. 오래 쉰다는 것은 큰 타격을 안긴다.

나는 담배를 하지 않고 술을 자주 마시지 않는다. 물론, 내 개인적인 견해이지만, 두뇌스포츠인 e스포츠에서 뇌의 컨디션을 최상으로 유지해야 하는데 그 두 가지는 백해무익이라고 생각하기 때문이다. 사실 나 이외의 대부분의 선수들도 마찬가지다. 이전에 담배를 피웠던 선수들도 프로게이머 생활을 하면서 대부분 금연했다. 물론 대부분의 사람들이 슬프거나 기쁠 때 술을 찾기 마련이다. 나는 술을 주로 비시즌에 마신다.

또한 게임에서 최상의 실력을 보일 수 있도록 늘 컨디션 조절에 최선을 다하고, 게임에 나가기 전 장비를 철저하게 관리한다. 나는 마우스나 패드 등 장비는 계속 구입하면서 어떤 장비

프로게이머는 프로답게 행동해야만 한다. 나를 위해 그리고 나를 좋아해주는 팬을 위해서라도 언제나 경기할 수 있는 최상의 상태로 있기 위한 자기관리는 '프로'들의 의무라고 생각한다.

가 좋은지 테스트를 하는데, 집에서도 실전처럼 연습을 하기 위해 의자와 테이블까지 줄자를 재서 샀던 기억이 난다.

프로게이머는 프로답게 행동해야만 한다. 나를 위해 그리고 나를 좋아해주는 팬을 위해서라도 언제나 경기할 수 있는 최상의 상태로 있기 위한 자기관리는 '프로'들의 의무라고 생각한다.


## 나의 여가시간

시즌에는 한달에 3~4번 정도의 휴가가 주어진다. 팀마다 정해지지는 않았지만 기본적으로 일주일에 한 번 꼴이라고 생각하면 된다. 그렇지만 매우 유동적이어서 우리 팀의 경우엔 한달에 2번 쉴 때도 있고, 4번 쉴 때도 있다. 비시즌 기간에는 스토브 리그가 있는데 그때는 팀에 따라 휴가 량이 많이 다르다. 우리 팀은 적게 쉬는 편인데, 이번 스토브 리그에는 일주일의 휴가가 주어질 예정이다.

한편 매일 점심이나 저녁을 먹고 나면 약 두 시간 정도의 쉬는 시간이 주어지는데, 그 시간에 프로게이머는 꼭 운동을 해야 한다. 하루 종일 컴퓨터 모니터만 바라보고 있으면 몸이 안 좋아질 수도 있다. 개인적으로 운동을 꾸준히 하면 두뇌회전이 빨라지는 듯한 느낌을 받고 있다. 나는 되도록 쉬는 시간에는 근처에 있는 휘트니스클럽에 가고, 매일 아침에는 스트레칭을 한다.

# 이미지 컨설턴트 _ 장소영

## '완소그대'의 스타일 돋보기

### 직업개요 | 이미지 컨설턴트

이미지 컨설턴트는 한 개인의 시각적, 청각적 이미지를 분석하여 그 개인이 상황에 맞는 이미지로 표현할 수 있도록 표정연출법과 의상선택방법, 화장방법, 대화방법 등을 조언해 주는 사람이다. 이미지 컨설턴트가 되는데 필요한 자격증은 없다. 대학에서도 이와 관련된 전문적인 전공은 아직 없어서 현재로서 이미지 컨설턴트를 위한 전문적인 교육은 관련 아카데미에서 제공하는 게 전부다.

이미지 컨설턴트가 되기 위해서는 의류학, 의상학, 디자인학, 또는 사회심리학을 전공하는 것이 유리하고, 코디네이터나 메이크업을 공부하는 것도 도움이 많이 된다. 또한 사람들의 내면과 외면의 모습을 파악하여 가장 어울리고 적절한 모습을 창조해 내야 하기 때문에 예리한 관찰력과 분석력 등도 필요하다. 또한 고객과의 의사소통을 위한 커뮤니케이션 능력과 에티켓도 필수적이라 할 수 있다.

끊임없이 자신을 관리해야하고 보여주어야 하는 직업으로 어려움이 크지만 그만큼 다른 사람을 변화시키고 그 변화로 인해 그 사람이 더 자신있게 사회에서 활동하는 것을 보는 보람도 큰 직업이다.

지금까지 이미지 컨설턴트로서 활동하는 사람도 많지 않고, 이 직업에 대한 관심도 비교적 적었던 것이 사실이다. 하지만 점점 더 많은 사람들이 이미지와 패션에 관심을 갖고 있고, TV에서 다양한 패션 관련 프로그램을 제작, 방송 하면서 이미지 컨설턴트라는 직업에 대한 관심도 커지고 있다.

이미지 컨설턴트의 보수는 능력과 경력에 따라 매우 큰 차이가 있다. 보통의 전문직이 그렇듯이 처음에는 많은 수입을 얻기 힘들지만 경력을 쌓고 인정을 받게 되면 수입이 크게 는다. 또한 강의를 비롯하여 정치인의 홍보 컨설팅, 취업 준비생의 면접 컨설팅 등 다양한 활동을 할 수 있기 때문에 이를 통해 얻는 부수적인 수입도 있다.

## 장소영 이미지 컨설턴트는요?

장이미지연구소 대표 장소영 이미지 컨설턴트는 1962년 출생으로 경희대학교 의상학과를 졸업한 뒤 이화여대 E-비즈니스 전략기획 전문과정을 수료했다. 드라마 '폭풍 속으로', 연극 '리타 길들이기'를 비롯한 각종 방송에서 전속 스타일리스트로 일했고, SBS 생방송투데이, 아리랑 TV, 매일경제 TV에 출연해 이미지 컨설팅에 대해 강의하고 있다. 문화센터와 기업, 관공서에서 최고의 인기를 구가하는 이미지 컨설팅 강사로도 활약 중이다. 저서로는 『내가 브랜드다』, 『PR의 기술』이 있다.

# 이미지 컨설턴트는 어떤 일을 하는가?

'이미지' 하면 단순히 외모만 가꾸는 것으로 인식하는 경우가 많다. 이미지 컨설턴트가 외모지상주의를 부추기는 직업으로 오해하는 경향도 간혹 있다. 하지만 한 사람의 이미지라는 것은 외적인 부분과 내적이 부분이 합쳐져서 보여 지는 것이다. 내면의 성향과 능력을 가장 그 사람답게 최상의 외적 모습으로 표현해 주는 사람이다.

이미지 컨설팅이란 성격과 매너, 말투, 헤어, 패션스타일에 이르기까지 총체적 이미지를 분석해 당사자에게 가장 잘 어울리는 이미지를 찾는 것을 말한다. 인상과 느낌이 좋은 사람은 매력이 느껴지는 반면, 외모는 준수하지만 말과 행동이 이상하거나, 매너는 좋은데 외모에 호감이 가지 않는 경우 상대에게 좋은 이미지를 남기기 어렵다. 현대사회는 비즈니스 미팅이나 프레젠테이션, 각종모임, 미팅 등 사람과 사람이 만나는 곳이라면 어디서든 이미지가 중요한 역할을 한다.

일반인을 대상으로 철저한 분석을 거쳐 적합한 이미지에 대한 방향을 제시, 스스로 연출해나갈 수 있도록 설계해주는 것을 이미지 컨설팅이라고 한다면, 정치인, 연예인등에게 전략에 맞는 이미지를 연출해주는 것, 즉 상황에 맞는 이미지를 만들어내는 것을 이미지메이킹이라고 한다.

이미지 컨설팅은 연출된 이미지가 실생활에 녹아들어 그 사람의 본래 스타일이 되도록 하는 것이 목적인 반면 이미지 메이킹의 경우 필요에 따른 단발적인 연출로 실생활까지 연장되지 않는다는 차이점이 있다. 결국 이미지 컨설팅이란 대상인물이 이미지 컨설팅이란 성격과 매너, 말투, 헤어, 패션스타일에 이르기까지 총체적 이미지를 분석해 당사자에게 가장 잘 어울리는 이미지를 찾는 것을 말한다.

어떤 사람인지를 제대로 파악해 적합한 최상의 이미지를 만들어 내는 것이다.

이미지 컨설턴트는 특별한 자격증이 필요한 직업은 아니다. 많은 컨설턴트들이 헤어 스타일리스트, 코디네이터, 메이크업 아티스트 등의 영역에서 활동을 하다가 재교육을 통해 이미지 컨설턴트로 전직 하고 있다. 아직까지 정규 교육 기관은 없고, 주로 아카데미에서 3~6개월 정도의 교육과정을 제공하고 있는데, 이 과정을 거쳐 이미지 컨설턴트가 될 수는 있지만 본격적으로 활동을 하기 위해서는 축적된 지식과 경험이 필요하기 때문에 적어도 2~3년 정도의 시간이 필요하다. 패션, 미용 관련 분야 또는 심리학을 전공하면 도움이 되고, 각종 사설 양성 기관에서 교육을 수료하고 현장 경험을 거쳐 이미지 컨설턴트가 될 수도 있다.

컨설팅을 받는 사람들이 많이 늘고 있는 추세지만 아직은 많은 사람들이 이미지 컨설팅은 연예인, 정치인들 같은 특정인들만 받는 걸로 생각하는 경우가 있다. 관심은 많지만 쉽게 다가가지 못하는 경향이 있다. 하지만 좋은 이미지를 만드는 것은 행복한 삶을 살고 싶어 하는 모두에게 필요한 일이기 때문에 전망은 밝다.

정년이 없기 때문에 자기관리를 철저히 한다면 늦은 나이까지 일을 할 수 있는 장점이 있다. 이직 혹은 창업, 취업을 위해 최상의 이미지와 경력 관리를 통해 각자의 가치를 높이는 일이 중요해진 것도 전망이 밝은 이유 중 하나. 이미지와 일의 성패와의 상관관계가 많아졌다. 실제로 30~40대 직장인을 중심으로 직급이 올라갈수록 경력을 관리하고 좋은 이미지를 만들려는 수요가 많아지고 있다. 기업에서는 기업 이미지의 중요성을 깨닫기 시작하면서 직원들의 이미지 메이킹 또는 컨설팅을 장려하고 있기도 하다.

현재 이미지 컨설턴트로 활동하는 사람은 약 200명 정도로 추산되는데, 처음에는 많은 수입을 기대하기 어렵지만, 일정 규모 이상의 회사에서 약 3년 정도의 경험을 쌓으면 월 200~300만원의 수입을 얻을 수 있다. 이미지 컨설턴트들은 개인적인 컨설팅 외에도 많은 강연을 하는데 이것이 부수적인 수입이 된다.

이미지를 가꾸고 노력하는 것은 웰빙을 추구하면서 현대를 살아가는 사람들에게 없어서는 안 되는 부분이다. 바로 자신을 찾아가는 과정이고 모든 일에 자신감을 갖게 해주기 때문이다.

이미지 컨설턴트는 전문가 과정을 이수하고, 실무를 익히고, 계속 커리어를 쌓아서 나름대로 실력이 쌓이고 주변으로부터 인정을 받게 되면 개인의 이름으로 연구소를 열 수 있다. 하지만 똑같은 전문가 과정을 이수하더라도 각자의 특기와 특성을 살려서 자신만의 특색을 갖는 것이 중요하다. 유행이 계속 변하고 이미지 컨설턴트에게 필요한 능력도 많기 때문에 이미지 컨설턴트는 끊임없이 연구하고 노력해야한다. 노력한다면 이미지 컨설턴트로서 강의, 개인컨설팅, 기업컨설팅, 칼라진단, 퍼스널 쇼퍼, 패션컨설팅 등 활동영역을 넓힐 수 있다.

# 이미지 컨설턴트 되기

아름다운 사람을 만나면 기분이 좋아진다. '외모도 전략이다'라는 말도 더 이상 낯설지 않다. 우리는 늘 많은 사람을 만나고 관계를 맺어 가면서 살아간다. 자신도 모르는 사이에 사람들에 대해 평가 하기도하고 점수를 매기기도 한다. 그중 호감 가는 이미지를 지진 사람을 보면 기분이 좋아지고 신뢰감이 생긴다.

좋은 이미지는 실제 많은 부분에서 영향력을 준다. 일만 잘하면 되고, 업무능력만 있으면 된다는 것은 이미 옛말. 능력이 있다는 것은 업무능력과 자기이미지능력이 모두 포함된 성적표이다. 이미지 컨설팅은 정확한 분석과 진단을 통해 최상의 이미지를 만드는 것을 도와주고 안내해 주는 일이다.

나는 어릴 때부터 옷을 좋아하고 패션에 관심이 많았다. 고등학교 2학년 때 담임선생님의 권유로 의상학과에 진학했다. 의상학을 공부하는 것은 재미있었다. 대학 다닐 때 친구들 연주복을 하나, 둘 만들어주기 시작했는데 반응이 좋아 일주일에 40~50벌 가량을 제작하기도 했다. 옷이 좋았지만 디자이너로서 성공할 수 있을까 하는 질문에는 자신있게 대답할 수 없었다.

그래서 내가 가장 잘 할 수 있는 일이라 생각했던 의상제작을 하기로 했고, 대학을 졸업한 뒤에는 무대의상을 제작하는 일에 전념했다. 그러다가 메이크업까지 맡게 됐고, 의상과 메이크업을 모두 잘 알다 보니 스타일리스트로 자리를 잡게 되었다. 7~8년 정도 방송국, CF, 연극무대 등에서 나름대로 알려진 스타일리스트로 활동했는데, 이때의 경험이 지금 이미지 컨설턴트로 활동하는데 많은 도움이 된다.

1997년 즈음 스타일리스트 붐이 불면서 전문학원이나 백화점 문화센터로부터 강의요청이 많았다. 문화센터에서 8주 과정으로 클래스를 열었는데 꽤 인기 있었다. 간단하게 스타일링 방법과 자신의 매력을 어필할 수 있는 효율적인 방법들을 가르친 것에 불과했는데도 모두들 매우 진지하고 열정적으로 받아들였다. 이때부터 꼭 연예인이나 정치인이 아닌 일반인들도 외모만이 아닌 자신의 이미지를 가꾸는 것에 대한 욕구가 크다는 것을 느끼기 시작하였다.

하지만 당시 이미지 컨설팅에 대한 일반인들의 인식은 전무했다. 본격적으로 이미지 컨설팅에 대한 공부를 해야겠다는 생각이 들었지만, 전문 인력을 체계적으로 양성해주는 기관도 없었다. 나는 스타일리스트프리랜서로 활동하면서 칼라진단이나 심리 등 이미지 컨설팅에 필요한 공부를 해나갔고 다양한 고객 상담 사례를 데이터베이스화하기 시작하였다.

일반인을 대상으로 본격적인 이미지 컨설팅에 나선 것은 지난 2000년부터. 일반인 대상의 '나만의 매력 찾기' 등을 강의하며 다시한번 사람들의 외모에 대한 욕구가 얼마나 강한지 확인했고, 어떻게 하면 일반인들도 이미지메이킹을 할 수 있을까를 고민하게 됐다. 특히 강의 과정이 끝날 때면 수강생들이  멋지게 변신하는 모습을 보면서 아름다움은 타고 나는 것이 아니라 만들어지는 것이라는 걸 실감하게 됐다. 이 과정은 오히려 연예인이나 정치인 등 특정인뿐만 아니라 일반인들에게 더욱 필요하다는 생각으로 이미지 컨설팅에 매진하였다.

2000년 이미지 컨설팅 연구소인 '장이미지 연구소'를 열었을 때는 반응이 거의 없었다. 2년이 넘어가도록 비용을 지불하고 이미지 컨설팅을 제의하는 사람이 아무도 없었다. 무엇보다도 이미지 컨설팅에 대해 많은 사람들에게 알리는 일이 시급했고, 방송 매체 등 다양한 방법을 통해 홍보하기 시작했다.

투자의 결실이 나타나기 시작한 것은 약 3년 뒤인 2003년 경. 세미나도 많이 열면서, 포커스/메트로 등 무가지에 무료 이미지 컨설팅 이벤트를 실시한다는 기사가 실렸었는데 반응이 상당히 좋았다. 300명 이상이 신청한 것. 그 이후에도 꾸준히 방송과 강의, 언론 활동을 통해 이미지 컨설팅의 필요성에 대해 알려나갔고 고객들의 입소문을 타면서 승진하려는 사람, 취업하려는 사람, 아나운서 준비생, 맞선을 보려는 사람 등 점차 많은 사람들이 이미지 센터를 찾기 시작했다.

처음에는 자그마한 연구소로 시작해 이곳저곳 많이 옮겨 다녔고 강의실이 없어 고생도 했다. 그러나 몇 년 후 헤어샵을 도입해 1층으로 옮기면서 회원수가 점차 늘었다. 그리고 또 몇 년 후, 사람들은 모두 이르다고 이야기했지만, 나는 모든 것이 한 공간에 다 모여 있는 토털 이미지센터를 만들어 확장 이전했다.

지금까지는 토털 이미지 센터를 자리 잡게 하기 위한 노력이었다면, 앞으로는 어떻게 이미지 센터를 잘 활용할 수 있는가에 대해서 또다시 고민하고 그렇게 하기 위해 전력질주 하려고 한다. 내 목표는 후배들이 활동할 수 있는 기회를 많이 만들어주고, 더욱 다양한 이미지 프로그램을 만들어 일반인들도 쉽게 편하게 컨설팅을 받을 수 있는 그런 공간을 만드는 것. 이미지 컨설팅의 대중화를 이루고 싶다.

# ● 일을 하면서 느끼는 어려움

다른 일도 마찬가지겠지만 일을 하면서 어려운 점이 많았다. 이미지 컨설턴트에 대해서 일반인들에게 설명 하는 데만 한 시간 이상 걸렸다. 다 듣고 나서 사람들은 고개를 갸우뚱했고, 그런 반응에 난감했던 때도 많았다. 또 다른 사람을 상대로 컨설팅을 해 준다는 게 그리 호락호락하지 않다. 당장 20대처럼 보이게 해달라고 떼를 쓰는 40대 주부, 혹은 변화에 대해서 거부감을 가지고 있는 고객의 마인드를 개조하는 일은 쉽지 않다. 하지만 이를 능수능란하게 조율해 고객이 믿고 따라올 수 있도록 컨트롤 하는 부분이 이미지 컨설턴트의 또 다른 능력이다.

힘든 고객도 있다. 자신의 이미지에 고정관념을 가진 고객들이다. 자신이 생각하는 이미지의 틀에서 벗어나려 하지 않기 때문이다. '무반응' 고객들은 더 어렵다. 이런저런 조언을 해줘도 좋다 싫다 말이 없을 때는 혼자 애를 태워야 한다.

한번은 이런 일이 있었다. 여러 가지로 사회에 이슈가 되는 일을 해 왔던 정치인 A씨가 컨설팅을 받으러 왔다. 정의롭게 살아온 사람으로 평소에 긍정적으로 생각해 왔던 사람이었다. 그런데 컨설팅을 하면서 가까이에서 보니 편견과 독선이 너무 많았다. 본인이 옳다고 생각하는 것만 옳고, 한 번 아니라고 생각한 것은 절대 아닌 성격이었다. 컨설팅도 당연히 힘들게 진행될 수밖에 없었다. 컨설팅의 내용을 본인의 잣대에 맞추어 재단해서 받아들여 컨설팅을 할 때 마다 마찰이 있었고, 어렵게 진행을 했지만 결국 A씨는 컨설팅에서 제안한 변화를 제대로 이루어내지 못했다. 이런 경우 힘이 드는 것도 드는 것이지만 안타

까운 마음이 더 크다.

또 나 자신의 마음가짐이 문제가 되었던 적도 있다. 처음 컨설팅을 시작할 때는 어려운 고객, 특히 고정관념이 강한 사람을 만나면 스스로도 저 사람이 과연 변신할 수 있을까 하는 의문을 갖고 컨설팅을 했다. 하지만 그런 마음가짐은 컨설팅에 전혀 도움이 되지 않았고, 컨설팅을 통해 변해가는 사람들을 보면서 자연스럽게 사라지게 됐다. 대부분 결과는 모두 만족스러웠다. 이제 어떤 사람을 만나도 원하는 방향대로 변신할 수 있다는 확신이 생겼다. 그것은 단순히 나의 능력이기보다 사람들은 누구나 다 매력을 갖고 있고, 컨설팅은 그것을 발견하고 꺼내서 반짝반짝하게 빛내주면 되기 때문이다.

## 일의 보람과 가치

이미지 컨설턴트로서 좋은 점은 일이 늘 새롭다는 것이다. 프로그램은 같아 보이지만 한 사람도 똑 같이 적용되지 않기 때문에 10여년이 지난 지금도 늘 새롭다. 설마하고 부모 손에 이끌려온 대학생, 친구의 권유로 마지못해 온 이들이 이미지 컨설팅 후 자신도 몰랐던 모습을 찾고 깜짝 놀란다. 변신에 대해 동기부여가 돼 스스로 변화를 추구하는 모습을 볼 때 보람을 느낀다.

남자들도 생각보다 많이 찾아온다. 남자들은 자신의 이미지에 대해 백지 같은 상태이기 때문에 변화에 대한 조언을 여자들보다 쉽게 받아들여 오히려 더 편하다. 요즈음은 30~40대 커리어우먼도 이미지 컨설팅에 관심이 많다. 일로 승부하는 전문직 여성들이 변화에 대한 목마름에서 스스로 찾아오는 것이다. 한 여성 보험설계자는 CEO 고객들을 상대하기 위해 좀 더 좋은 이미지를 추구했고 컨설팅 후 만족할만한 성과를 거뒀다. 컨설팅 후에 자신의 영역에서 승승장구하는 예를 수 없이 많이 지켜봤다.

힘든 점도 있지만 사람들이 변화하면서 갖게 되는 행복감과 자신감, 표정이 밝아지면서 자세도 변해가는 과정을 보면 나도 모르게 행복감이 밀려온다. 이미지 컨설팅은 단순히 이벤트나 일회성으로 끝나서는 안 된다. 혼자서도 이미지 메이킹을 할 수 있도록 방법을 알려주고 꾸준히 도와주어야 한다. 마음의 문을 여는 것도 중요하다. 컨설팅을 받는 사람과의 신뢰가 없으면 변신도 어려워진다. 그래서 항상 외모뿐 아니라 내면도 같이 컨설팅하려고 한다.

## 이미지 컨설턴트가 되고 싶어 하는 학생들에게…

이미지 컨설턴트는 다방면의 많은 지식이 필요하다. 우선은 외모가 전체적인 이미지에 주는 영향이 크기 때문에 외모를 가꾸기 위한 적절한 패션 관련 지식이 기본적이다. 헤어스타일, 메이크업, 의상 등에 대한 지식이 필요하다. 또한 그런 스타일들이 어떤 이미지를 만드는지, 사람들에게 어떤 느낌을 주는지를 이미지 컨설턴트는 정확하게 알고 있어야 한다. 외모와 더불어 이미지를 형성하는 것은 그 사람이 가지고 있는 매너, 화술, 표정, 자세 등이므로 이에 대한 지식을 갖추는 것이 큰 도움이 될 것이다.

다른 사람의 이미지를 최상의 이미지로 만들고 더욱 좋은 이미지로 발전시킨다는 것은 보람 있고 즐거운 일이긴 하지만 결코 쉬운 일은 아니다. 사람들은 똑같은 사람이 없기 때문에 이미지를 만드는 것은 공식에 대입할 수 없다. 이미지 컨설팅에서는 그 사람의 특징을 파악해야하고, 내면을 볼 수 있어야 한다. 외적인 이미지는 내면의 이미지와도 연결돼 있기 때문에 그 사람의 콤플렉스까지도 알아내야 한다.

이런 것들을 바탕으로 그 사람만의 스타일을 만드는 그림을 그려 자신감 있고 빛나는 모습으로 결과를 만드는 것이다. 이를 위해서 이미지 컨설턴트는 늘 깨어 있어야하고 객관적 관찰자가 돼야 한다.

이미지의 완성은 패션스타일이라 해도 과언이 아닌데, 체형이 다르고 소재와 색 그리고 디자인에 따른 변화가 많으니 스타일을 찾는 데 어려움이 따를 수밖에 없다. 분명 어울리는 색을 입었고 조화로운 색으로 코디를 했는데 무엇인가 부족해 보이는 것은 옷의 소재와 디자인, 디테일, 비율 그리고 개인의 체형이 다른 것이 복잡하게 작용하기 때문이다.

때문에 다른 사람의 이미지를 잘 만들기 위해서는 실질적인 트레이닝을 해야 한다. 끊임없는 시장조사, 트렌드읽기, 사람에 대한 관찰, 신체에 대한 연구, 착용감에 대한 이해, 내면읽기(심리파악) 등의 과정을 반복해서 훈련하는 것이 좋다. 특히 사람들을 관찰하면서 "저 사람은 왜 어색할까?", "무엇이 저 사람을 2% 부족하게 보이게 할까?" 라는 의문을 갖고 해결책을 찾아보는 습관을 가져보고, 변화시키는 연습을 하면 더욱 좋다.

## ✎ 이런 사람에게 추천한다!

이미지 컨설턴트는 컨설턴트 본인의 색깔을 컨설팅 받는 고객에게 강요해서도 안 되고 내 개성대로 이끌려 하면 위험하다. 추상적인 이미지를 눈에 보이게 풀어 낼 수 있어야 하므로 매우 객관적으로 접근해야 하며 논리적이고 사실적 분석에 의한 진단이 선행되어야 한다. 이미지 컨설턴트는 화려하지 않고 이성적이어야 하며 감성적이기 보다는 감각적이어야 한다. 감각을 키우고 유지 발전하기 위해 꾸준히 노력해야 한다.

그리고 무엇보다 중요한 것은 신뢰감을 줄 수 있어야 한다는 것이다. 컨설팅을 받을 때 자신은 어색해도 잘 바뀌어 가고 있다는 믿음이 있어야 하기 때문이다. 의사를 믿어야 병이 낫는 것과 같은 이치이다. 많은 고객을 만나고, 고객과의 충분한 의사소통을 통해 각자가 원하는 바를 정확히 전달해야 하므로 적극적이고 원만한 대인관계 능력 및 의사소통 능력도 필요하다.

# 이미지 컨설턴트로서의 나의 관리

이미지 컨설턴트는 기대치를 갖고 시작하기 때문에 고객을 대하는 순간부터 시험대에 오른다. 흔히 하는 말로, "너나잘하세요"라는 생각은 들지 않도록 해야 하기 때문에 늘 긴장해야 한다. 주4회 정도는 나에게 맞는 운동으로 건강관리를 하고, 마인드 컨트롤을 통해 항상 밝은 모습을 유지한다. 또한 몸 관리를 통해 나 스스로도 맵시 있는 모습을 만들기 위해 항상 노력하고 있다.

출퇴근을 하는 것이 아니기 때문에 스케줄관리는 비교적 주도적으로 할 수 있다. 일은 강의, 방송, 컨설팅, 원고(칼럼쓰기)등으로 크게 분류 되고, 나머지는 개인 계발을 위한 시간으로 사용할 수 있다. 나는 주로 책읽기, 시장조사, 영화보기 등으로 보낸다. 요즈음은 새로운 에너지를 위해 드럼을 배우고 있다.

지금은 '이미지 시대'다. 이왕 이면 다홍치마,'비주얼'이 받쳐주면 대접이 달라진다. 아무리 책 내용이 알차도 표지 느낌이 시큰둥하면 읽지 않는다. 작가에겐 서운하게 들리겠지만 세태가 그렇다. 이미지가 곧 경쟁력이다.

사람의 이미지는 첫인상이 좌우한다. 첫인상은 단 7초면 결정된다. 스치듯 지나는 짧은 시간에 경쟁력이 정해지는 것이다. 개인의 이미지는 메이크업 헤어스타일 패션 등 다양한 요인이 작용한다. 성공적인 이미지 만들기는 '종합예술'이라 일컬을만하다. 예전에는 연예인 정치인등 특정인의 문제였지만 이제는 다수의 관심사다.

이미지 변화란 자신의 내면을 끌어내는 과정이다. 내면이 변화돼야 모습도 바뀔 수 있다는 것이다. 잠재된 매력을 캐내 유지하려면 이미지 컨설턴트와의 끊임없는 소통, 꾸준한 자기관리가 무엇보다 중요하다. 일회성이벤트나 인형 옷 갈아입히기 수준의 단순 이미지 메이킹이 아니라 스스로 자기의 이미지를 관리하고 개발하는 자질을 키우는 것이 목표다. 또한 평생회원 관리를 통해 프로그램이 끝난 후에도 지속적인 애프터서비스를 보장, 고객의 만족도를 높여주어야 한다.

누가 이미지 컨설팅을 받을까 궁금해 하는 사람들이 많다. 이미지 컨설팅을 받는 사람들은 따로 정해져 있지 않다. 모든 사람이라고 말할 수 있다. 때문에 컨설팅은 느낌만으로 하는 것이 아니라 체계적인 시스템에 의해 이루어져야 한다.

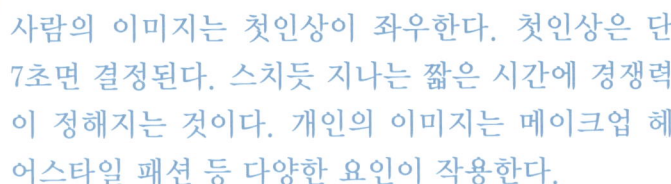

사람의 이미지는 첫인상이 좌우한다. 첫인상은 단 7초면 결정된다. 스치듯 지나는 짧은 시간에 경쟁력이 정해지는 것이다. 개인의 이미지는 메이크업 헤어스타일 패션 등 다양한 요인이 작용한다.

# 푸드스타일리스트 _ 김언정

## 아름다운 요리로
## 사람의 마음을 요리한다

직업개요 | 푸드스타일리스트

　푸드스타일리스트는 음식 재료의 특성을 최대한 살리면서 동시에 음식이 가장 아름답게 보일 수 있도록 음식과 그 주변 환경을 형상화하는 사람을 말한다. 음식의 시각적인 요소가 점점 중요해지고, 광고·방송 등의 분야에서 음식제품이 소비자에게 인상적으로 보이도록 해야 할 필요성이 증가하면서 푸드스타일리스트에 대한 요구도 늘어났다.

　필수 자격증이나 교육 코스는 없으나 기본적으로 조리에 대한 깊은 지식이 필요하므로 조리사 자격증을 소유하고 있으면 많은 도움이 된다. 또한 요리 자체와 스타일링에 대한 감각과 창의력이 필요하며 업무량이 많은 편이므로 강인한 체력이 필요하다. 보통 사진 촬영 등의 전문적인 업무의 경우 팀을 이루어서 진행하는 경우가 많기 때문에 효율적으로 의견조율을 할 수 있는 능력도 갖춰야한다.

객관적인 평가 기준이 존재하지 않고 고객의 만족도로 평가하다 보니 고객과의 커뮤니케이션이 제대로 이루어지지 않는다면 아무리 뛰어난 실력이 있어도 좋은 결과를 내기 어려운 경우가 생긴다. 따라서 고객과의 의사소통 능력이 필요하며 예술적인 측면과 함께 비즈니스적인 마인드도 필요하다. 현장경험을 위해 푸드스타일리스트로 활동하기 전 기존 푸드스타일링 업체에 어시스턴트로 참여해 보는 것도 좋다.

푸드스타일리스트는 다방면에 대한 전문적인 지식의 필요성, 강도 높은 업무, 그리고 경력과 포트폴리오로 인정받는 분야이다 보니 어려운 점이 많다. 또한 국내 직업 환경이 아직 성숙되지 않은 측면도 있다. 그러나 예전과 비교해서는 점차 직업 환경이 좋아지고 있다고 볼 수 있다.

과거 적절한 교육기관이 없어 푸드스타일리스트를 준비하던 사람들은 주로 해외에서 전문교육을 받아야 했던 것과 달리 최근 점차 푸드스타일리스트를 위한 사설 교육기관과 학과가 생겨나고 있다. 또한 음식 제품의 잡지 등 사진 촬영에 국한되었던 푸드스타일리스트의 업무가 요즈음에는 방송, 영화, 광고 등 넓은 분야로 확대되고 있어 이 분야에 대한 인력 수요도 점차 늘어날 것으로 예상된다.

푸드스타일리스트의 평균 수입은 대부분의 이 직업 종사자가 프리랜서로 활동하고 있기 때문에 측정하기 어렵다. 일부 광고 디자인 회사나 식품회사에 취업해 정해진 임금을 받는 경우도 있지만, 대부분이 프리랜서다. 그럴 경우 각자의 능력에 따라 수입은 천차만별이다. 최고 수준의 스타일리스트는 연간 억대 수준의 수입을 올리기도 하지만 아직 국내에 푸드스타일링에 대한 개념이 정착되지 않아 대부분의 종사자들의 수입은 타분야와 크게 차이가 없다.

## 김언정 푸드스타일리스트는요?

푸드스타일링 및 케이터링 전문회사 "제이즈리빙(http://www.jliving.co.kr)" 의 대표이자 양식레스토랑 겸 파티플레이스인 "골든플럼(http://www. goldenplum.co.kr)"을 운영하고 있는 김언정 푸드스타일리스트는 1969년 출생으로 1993년 이화여대 유아교육과를 졸업했다. 이후 숙명여자대학교 전통문화예술대학원 전통식생활전공 석사과정을 밟았고, 호주 디킨대학에 서 와인소믈리에 과정, 프랑스 포장전문가 Paillasson&Tissier 교육과정을 수료했다. 2006 한불수교 120주년 기념 '한국음식전시회', 2008 타이페이 식품박람회 등 주요행사에서 스타일링을 담당했고 현재 숙명여자대학교 전 통문화예술대학원 객원교수로 재직 중이다. 대표저서로 『푸드코디네이터로 살아가기』가 있다.

## 🔍 푸드스타일리스트는 어떤 일을 하는가?

최근 각종 취업 관련 기관에서 21세기 100대 유망직종이 선정 되어 발표되곤 하는데 이 가운데 '푸드스타일리스트'도 한 자리 를 차지했다. 일반인들에게는 아직 생소한 직업. 하지만 새로운 직업에 대한 호기심뿐만 아니라 요즘 들어 요리에 있어서 미각 적인 요소 못지않게 중요시 되고 있는 시각적인 요소와 관련된 직업이라서 그런지 날로 관심이 높아지고 있다.

특히 중·고등학교 학습 과제로 '미래 직업에 대한 조사'가 나오면 현재 활발하게 활동하고 있는 현업 푸드스타일리스트들은 학생들로부터 심심찮게 인터뷰 요청이나 비슷한 항목으로 구성된 설문지 형태의 메일을 받곤 한다.

우리는 흔히 '스타일리스트'하면 고급 헤어샵에서 고객들의 헤어스타일을 연출해 주는 이들을 떠올리고, '코디네이터'하면 유명 연예인들의 패션을 담당하는 이들을 연상한다. '푸드스타일리스트'나 '푸드코디네이터'도 어찌 보면 작업의 대상만 다를 뿐 하는 수행하는 작업은 거의 유사하다 말할 수 있다.

'스타일리스트'나 '코디네이터'들이 드라마나 영화에 출연하는 배우에게 역할에 맞는 복식을 갖추게 하고 주변의 소품도 이에 어울리도록 구성해 감독이나 PD들이 원하는 장면을 연출할 수 있도록 돕듯이 '푸드스타일리스트'들은 '배우' 대신 '요리'라는 대상을 기획의도에 맞게 꾸미고 재배치하는 역할을 담당한다. 또한 '요리'가 놓일 주변 공간, 특히 테이블을 요리와 잘 조화되게 세팅해 주어 고객이 원하는 최적의 '요리이미지'를 촬영할 수 있도록 돕는 일을 한다.

아무리 요리를 잘 만든다고 해도 그 요리가 먹음직스럽게 보이지 않는다면 쉽게 사람들의 손이 가지 않을 것이다. 더욱이 잡지나 방송처럼 매체를 통해 그 요리를 소개해야 하는 경우에는 더욱 그러한데 이때 바로 요리를 코디해 주는 사람, 즉 '푸드스타일리스트'는 요리가 하나의 문화 트랜드가 되어 버린 요즘, 음식 관련 촬영 현장에 없어서는 안 될 존재가 됐다.

푸드스타일리스트들은 또한 광고 분야에서도 활발히 활동하

> 푸드스타일리스트는 요리와 스타일링 등 다방면에
> 서의 전문가가 되어야 한다. 이 분야의 활용범위가
> 점차 넓어지고 있고, 전문 교육기관 및 회사들도 생
> 겨나고 있어 앞으로의 전망은 밝다고 할 수 있다.

고 있다. 우리가 식품 매장이나 가게, 편의점 등에서 매일 접하
고 있는 음식 관련 제품의 포장지에 인쇄되어 있는 음식 사진
들, 특히 비교적 규모가 큰 기업의 제품 사진들은 거의 100% 전
문 푸드스타일리스트들이 연출한 이미지들이다.

포장지에 실린 제품의 사진에 따라 해당 제품의 매출이 크게
좌우될 수 있다는 점에서 '푸드스타일리스트'의 역할이 날로 중
요해 지고 있다. 또한 요즘에는 파티나 런칭쇼 등이 대중화 되
면서 거기에서 사용되는 간단한 다과 등도 푸드스타일리스트가
참여하고 있고, TV 오락프로그램, 드라마, 영화 쪽에서도 푸드
스타일링 의뢰가 들어오고 있다. 심지어 메뉴판에 쓰이는 사진
을 스타일링 하기를 원하는 곳도 늘고 있다. 따라서 푸드스타일
리스트의 활동영역은 계속 확장할 것이라 볼 수 있다.

푸드스타일리스트는 요리와 스타일링 등 다방면에서의 전문
가가 되어야 한다. 밤샘 촬영 등 높은 업무 강도, 지속적인 자기
계발의 필요성, 프리랜서로 활동하면서 생길 수 있는 생활 및
소득의 불안정 등 푸드스타일리스트로서 활동하는 것에는 어려
움도 많지만, 이 분야의 활용범위가 점차 넓어지고 있고, 전문
교육기관 및 회사들도 생겨나고 있어 앞으로의 전망은 밝다고
할 수 있다.

## 푸드스타일리스트가 되기까지

나는 대학에서 요리와 무관한 유아교육을 전공한데다가 졸업할 당시 '푸드스타일리스트'나 '푸드코디네이터'라는 단어 자체가 세간에 전혀 알려지지 않았던 터라 장차 이 길을 걷게 될 줄은 꿈에도 몰랐다. 하지만 요리에 대한 관심과 열정은 꾸준히 있었다.

식구들 모두 맛있는 음식집 찾아다니는 것을 즐기는데, 나는 항상 맛있는 음식을 먹고 나면 먹는 것으로 끝내지 않고 집에 돌아와 다시 만들어 가족이나 친구들에게 선을 보이곤 했다. 결혼한 후에는 아이들 때문에 낮에는 시간이 여의치 않아 주로 밤에 만들고 싶은 요리를 하곤 했다. 한번은 요리에 빠져 새벽까지 시간 가는 줄 모르고 부엌에 서 있던 적도 있었다.

평소에 요리에 관심이 많았던 데다 맛있는 것을 제대로 해 먹고 싶어, 결혼 후 정식으로 요리를 배우기 시작했는데 열심히 배운 뒤 집에 돌아와 배운 대로 만들었다. 요리하는 것 자체가 즐거움이고 행복이었다. 내가 정성껏 조리한 요리를 주변 사람들과 나누어 먹고 얘기도 나누다 보니 이왕이면 요리뿐 아니라 테이블도 제대로 꾸미고 싶은 마음이 들었고, 자연스레 테이블 세팅과 푸드스타일링 과정까지 공부했다.

워낙 요리하고 한껏 멋을 내 담아 내는 것을 즐기던 터라 푸드스타일링 과정을 마치고서도 끊임없이 요리와 스타일링에 매진했고, 테이블플라워 같은 분야도 자연스레 접하게 됐다. 그러던 어느 날 내 요리를 지켜본 지인 한 분이 잡지사에 나를 소개했고, 이후 잡지의 '애독자 요리 코너'의 의뢰를 맡아 일을 시작했다. 매번 최선을 다해 요리와 스타일링을 하다 보니 어느 새

푸드스타일리스트로 어느 정도 입지를 굳혔다.

실력을 인정받으면서 대학에서 강의도 시작했는데, 강의하다
보니 제자들의 취업에 대해서도 고민하게 됐다. 이 분야에서 일
하는 사람들은 보통 프리랜서로 활동하고 있어 학교를 졸업한
학생들이 취업하기에는 어려움이 많다. 학생들이 능력을 펼치
고 경력을 쌓을 수 있는 공간을 마련해 주고 싶었다. 그것이 제
이즈리빙을 창립하게 된 이유다.

## 푸드스타일리스트로서 느끼는 어려움

단순 취미나 부업 정도가 아니라 전문 푸드스타일리스트로서
자신의 스튜디오를 운영하며 일을 하려면 우선 정식 사업자로
등록해야한다. 왜냐하면 대부분 푸드스타일링 작업을 의뢰하는
광고주들은 식료품을 생산하고 있는 대기업들이기 때문. 이들
과 거래 관계를 맺으려면 개인자격만으로는 거의 불가능하다.
따라서 푸드스트타일리스트 자신이 개인사업자로 등록하거나
아니면 법인사업체를 세워야한다.

사업자등록을 한 후 정기적으로 부가가치세나 종합소득세를 비롯한 각종 납세의 의무가 있는데, 푸드스타일리스트로서 첫 발을 내딛는 이들은 대개 이러한 방면에 대한 지식과 경험이 없기 때문에 이를 간과해 세금계산서나 영수증 관리, 자금 운용 등에 미숙한 점을 보일 수 있다. 이로 인해 실제 일을 열심히 많이 하였음에도 결산 결과 적자를 면치 못하는 경우를 심심찮게 볼 수 있다.

따라서 전문 푸드스타일리스트로서의 업을 영위하려는 이들은 반드시 이에 대해 꼼꼼히 학습하여 익혀 직접 처리하거나(요즘은 홈택스 등의 서비스가 잘 구축되어 있다) 혹은 일정 규모 이상이 될 경우 세무사 등에게 의뢰하는 것도 좋은 방법이다.

또한 예술적 특성이 필요한 분야다 보니 다른 분야에 비해 개성이 강한 사람들이 많다. 일을 하다 보면 의견이 충돌하는 경우가 생기는데, 서로 자기주장만 내세우면 일이 진행되지 않을 수도 있다. 이럴 때는 자기 욕심을 내세우지 않고 서로의 문화와 의견을 존중하는 자세가 필요하다. 나는 의견 충돌이 발생했을 때 "이렇게 하세요, 이렇게 해야 돼요"라고 말하기보다 "이렇게 하는 건 어떨까요"라고 상대방의 의견을 먼저 묻는다. 자기의 주장을 내세우는 것도 중요하지만 같이 작업 하는 팀과의 협력 속에서 최고의 결과를 얻어낼 수 있기 때문이다.

## 일의 보람과 즐거움

푸드스타일리스트로서 어느 정도 성가를 얻은 후, 지방의 모 대학으로부터 푸드스타일리스트학과의 교과과정을 구성하고 강의도 맡아 달라는 연락을 받았다. 그간 푸드스타일링 작업에 필요한 여러 지식들을 배웠고 이를 활용해 실제 작업을 해 왔던 터라 선뜻 그 제안을 받아들였다.

그 동안 쌓은 지식과 경험을 체계적으로 정리해 보는 것도 좋을 거란 생각에 밤잠을 설쳐가며 교과과정을 구성했다. 지금도 학생들에게 강의를 하고 있는데, 푸드스타일리스트의 꿈을 꾸는 풋풋한 새내기들의 참신한 감각을 돋워 주는 일은 무척 재미있고 흥미롭다. 요리의 맛뿐 아니라 스타일도 중시되는 경향에 맞춰 학생들이 취업 후 활발하게 제 역량을 발휘하는 모습을 볼 땐 자못 뿌듯하기도 하다.

전문 푸드스타일리스트로서 꾸준히 성과를 쌓다 보면 자연스레 TV에 출연하기도 하고 자신이 연출한 요리 사진이 실린 제품이 시장의 반응이 좋아 감사인사를 받기도 한다. 더 나아가 국가적인 중요한 행사의 메뉴 구성과 스타일링을 담당할 때도 있다. 이 일들을 성공리에 마쳤을 때 물론 기쁘고 보람 있지만 진정 푸드스타일리스트로서의 가장 큰 보람을 느낄 때는 따로 있다. 바로 작은 피자집이나 치킨집을 운영하며 열심히 살아가

시는 분들이 매출 부진 등으로 힘든 가운데 어렵게 내게 의뢰한 메뉴 개발 및 컨설팅을 정성껏 해드린 뒤 많은 성과를 거둬 감사의 인사를 받을 때다. 요리가 소비자의 닫힌 마음을 열게 하는 푸드스타일리스트의 가치를 절감하는 순간이기도 하다.

## 푸드스타일리스트가 되고 싶어 하는 학생들에게…

전문 푸드스타일리스트로 입문하기 위해서는 많은 물적, 시간적 투자가 필요하다. 생각보다 많은 지식과 경험이 필요한 직업이므로 단순히 조리 실력이나 막연한 환상만 갖고 쉽게 결정하면 중도에 포기하기가 십상이다.

국내 현실을 말하자면 전문 푸드스타일리스트로만 활동하여 삶을 영위할 수 있는 이는 많지 않다. 그만큼 전문 푸드스타일리스트에 대한 수요가 아직 활성화 되진 않은 상황이다. 하지만 미래 유망 직업 중에 푸드스타일리스트가 상위에 위치하는 것은 나름의 이유가 있다.

국내에서는 푸드스타일리스트들의 주 영역이 요리와 음식에 국한되고 있지만 사실상 푸드스타일리스트들의 주 활동 영역은 광고 분야라고 말할 수 있다. 외국의 사례처럼 음식 관련 광고에서만 활동하는 것이 아니라 음식이 나오는 모든 광고 분야에 푸드스타일리스트들이 참여하는 시대로의 흐름이 점점 빨라지고 있다. 따라서 젊고 참신한 감각을 지니고 있고 일에 대한 열정과 패기를 지닌 이들이 끈기 있게 도전한다면 반드시 빛나는 성과를 이뤄 낼 것이다.

# 이런 사람들에게 이 직업을 추천한다!

미국의 저명한 푸드스타일리스트이자 현재 최고의 컬리너리 아티스트와 푸드스타일리스트 양성기관으로 평가받고 있는 C.I.A.에서 푸드스타일링 강의를 하고 있는 커스터(Delores Custer) 교수는 푸드스타일리스트로서 성공하려는 사람은 다음과 같은 자질을 갖추어야 한다고 말한다.

- 뛰어난 요리와 제빵 실력(Good cooking and baking skills)
- 두서없이 일하지 않는 계획성(Well-organized)
- 매력적인 용모, 단정하고 우아함(Personable)
- 체력은 국력? 실력!(Good physical health)
- 현장의 촬영 스태프들과의 협력(A team player)
- 창의적인 사고, 발상의 전환(Creative)
- 미적 감각(Artistic)
- 원하는 컷이 나올 때까지 지속하는 인내력(Patient)
- 유머 감각(Sense of humor)
- 자기 영역에 대한 당당함(Confident), 자신만만-O, 자만-X
- 촬영 시 늘 예상치 못한 돌발 변수가 있는데 이를 능동적으로 해결 할 수 있어야 함(Problem solver)
- 광고주나 모델 등으로부터의 스트레스도 이겨 내야 함(Can deal with stress)

밤샘 촬영이 많은 일정과 이를 위한 음식 재료 및 요리, 그리고 그 외 스타일링에 필요한 부재료들을 모두 직접 준비해야 하기 때문에 푸드스타일리스트는 업무 강도가 높은 편이다.

십여 년 동안 푸드스타일리스트로 일해 온 나의 경험으로 미뤄볼 때도 위의 사항은 반드시 가져야할 덕목이다. 밤샘 촬영이 많은 일정과 이를 위한 음식 재료 및 요리, 그리고 그 외 스타일링에 필요한 부재료들을 모두 직접 준비해야 하기 때문에 푸드스타일리스트는 업무 강도가 높은 편이다. 때문에 뛰어난 감각 다음으로 중요한 것은 체력이라고 생각한다.

푸드스타일리스트에게 있어 조리 자격증이 필수적인 것은 아니지만 요리 실력은 많은 도움이 된다. 가능하면 조리학원 같은 곳을 다니면서 다양한 조리기능사 자격증을 취득하는 것이 좋다. 공부하고 실습하는 과정에서 요리와 음식에 대해 많은 것을 배울 수 있기 때문에 요리 공부를 소홀히 해서는 안 된다.

위의 12가지 자질은 푸드스타일리스트로서의 꿈을 펼치고 싶은 이들은 마음속에 깊이 새겨 둘 문구들이다. 나도 이런 자질을 갖춘 후배들과 어서 함께 일하고 싶다.

## 푸드스타일리스트로서 나의 철칙과 여가

우아한 자태를 잃지 않기 위해서 백조는 물 속에서 열심히 다리를 저어야 한다. 보기에 먹음직스러운 음식을 만들고 연출하는 일을 하는 사람이 정작 자신은 끼니도 거르고 일을 한다면 다들 웃겠지만 실제로 촬영이나 일정이 바쁘다 보면 몇 끼를 건너뛰거나 김밥으로 해결하고 때로는 잠 잘 시간까지 줄일 때가 많다.

맛있는 요리, 멋있는 테이블, 근사한 공간을 연출하는 일은 늘 멋지고 흥분되는 일이지만 근사한 연출이 나오기까지 들이는 수고와 노력을 아는 사람은 많지 않다. 며칠 밤을 새고 끼니를 걸러도 마냥 행복한 것은 내가 하고 싶은 일, 내가 사랑하는 일을 하고 있기 때문이라고 생각한다.

푸드스타일리스트로서의 삶을 시작하면서부터 항상 지켜 온 원칙은 투자에 인색하지 말자는 것이다. 투자란 물질적인 것만을 의미하는 것은 아니다. 바쁜 일상 속에서 잠시 주어지는 여가 시간에도 그냥 하릴없이 쉬기보다는 각 분야의 전시회나 서점, 영화관 등에 들러 끊임없이 새로운 감각과 스타일을 익히는 것, 새로운 메뉴나 유행하는 요리가 있으면 찾아가서 맛보는 것 등으로 유용하게 시간을 투자하자는 의미다.

쉬면서도 일과 연관짓는 나를 보고 '일중독'이라 여길 이들도 있겠지만 어떡하겠는가. 그 일이 즐거운 것을!

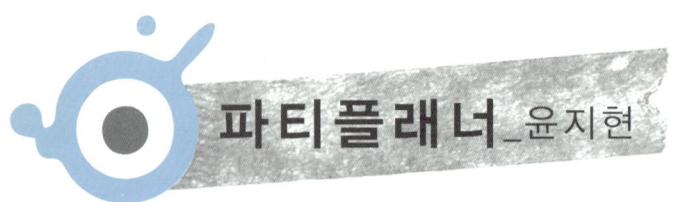

# 파티플래너_윤지현

## 행복을 전하는 마법사

---

### 직업개요 | 파티플래너

파티플래너는 파티의 기획에서부터 연출, 운영, 홍보 등 파티의 모든 것을 관리하는 사람이다. 적절한 테마를 잡는 것에서부터 내부 연출과 음악, 음식, 홍보, 그리고 파티 당일 진행까지 총괄한다.

공간 연출, 음악, 음식 등을 모두 관리하므로 그에 걸맞은 센스와 지식이 필요하고, 예산에 맞추어 파티를 준비해야 하므로 적절한 관리능력도 필수적으로 갖춰야한다. 또한 손님초대와 파티홍보에 필요한 마케팅 기술, 파티 진행 시 발생할 수 있는 다양한 상황에 대한 대처능력, 그리고 파티를 의뢰한 고객과 손님들을 위한 커뮤니케이션 능력과 사교성, 배려, 매너 역시 필요하다.

아직 국내에는 파티 문화가 많이 활성화 되지 않아 파티플래너가 완전하게 자리 잡았다고 할 수는 없다. 그러나 최근 들어 대학에 파티플래너 학과가 생겨나고 있고 홍보 관련 학과에서 관련 교육을 받을 수도 있고, 사설 학원도 많이 들어서고 있어 전망이 밝다.

앞에서 언급했듯이 감각이 필요한 직업이므로 미술 분야를 전공한 사람들도 많이 활동하고 있다. 파티나 이벤트 회사에서 인턴 등을 통해 미리 경험을 쌓을 수 있으며, 필수적이진 않지만 플로리스트, 레크리에이션, 컬러리스트, 풍선아트, 요리 관련 자격증 등이 있으면 파티플래너로서 센스를 갖추고 성장해 나가는데 도움이 될 수 있다.

2007년 기준으로 파티플래너 종사자의 평균 임금은 연봉 3,000만원 정도. 한국고용정보원 조사 결과 현재 파티플래너 종사자의 약 82%가 앞으로 이 분야의 일자리가 증가할 것이라고 응답했다. 주5일제 근무로 인해 여가 시간이 증가하고, 점차 파티 문화가 대중화 되고 있는 점으로 볼 때 앞으로 이 분야는 성장할 것으로 보인다.


## 윤지현 파티플래너는요?

국내 파티플래너 1호이자 (주)파티센타 대표인 윤지현 파티플래너는 1973년 출생으로 성신여자대학교 보건체육학과를 졸업한 뒤 성균관대학교 경영대학원 프랜차이즈 전문과정과 숙명여자대학교 미래산업/문화산업 최고경영자과정을 수료했다. 모교인 성신여자대학교 문화산업대학원 웨딩문화산업학 외래교수, 한국여성경제인협회 파티플래너 창업과정 책임교수로 재직 중이며, 제24회, 25회, 26회 청룡영화제 리셉션 파티와 제8회, 11회 부천 국제 판타스틱 영화제 개막식·폐막식 파티 등 3백여 회의 국내주요행사에서 활약했다.

## 🔍 파티플래너는 어떤 일을 하는가?

'파티플래너'. 요즘 들어 젊은이들 사이에서 많은 각광을 받고 있는 나의 직업이다.

파티플래너는 파티를 기획하고 연출하는 사람을 일컫는 말로, 작은 모임부터 대규모의 연회 까지 파티플래너의 능력에 따라 그 연출범위가 매우 다양하다. 경제 수준이 높아짐에 따라 문화적 욕구가 상승하는 한편 재미있고 특별한 것을 추구하는 젊은 세대들에 의해 파티플래너는 새로운 인기직종으로 떠올랐다. 사람과 어울리는 분위기를 좋아하고, 사람에 대한 정성과 세심한 배려가 몸에 배어 있으며 특별한 이벤트에 필요한 계획을 세우는데 남다른 능력과 관심이 있는 사람이라면 꼭 한번 도전해 볼만한 매력적인 직업이다.

파티플래너가 하는 일을 한 마디로 정의하기 어렵다. 언제, 어디서, 어떻게, 누구를 상대로 파티를 열 것인지를 결정하는 것부터 시작해서 파티장 장식과 음악, 음식, 선물을 준비하고, 파티가 열렸을 때 행사를 연출·감독하면서 초대된 손님들이 파티를 즐길 수 있도록 도와준다. 파티가 끝날 때까지 긴장을 늦추지 말고 있다가 잘 마무리해야 하는데, 이 모든 과정이 파티플래너의 가장 기본적인 역할이라고 할 수 있다.

나는 나만의 파티센타를 통해 이러한 기본적인 룰이 적용되는 일반적인 파티의 형태에서부터 파티를 좀 더 전문적인 비즈니스의 영역으로 발전시키고자 노력하고 있다. 내가 운영하고 있는 파티센타는 국내 최초로 설립된 파티마케팅&서비스 전문회사다.

파티플래너의 일이라고 생각하는 기업의 홍보파티, 제품의

런칭과 연말파티 외에 영화와 드라마, 화보촬영, VIP마케팅에 이르기까지 감성마케팅을 바탕으로 다양한 장르의 비즈니스에서 활약하고 있다. 파티가 일상화되기 전에는 이벤트 기획자가 수행했던 일이지만, 파티가 일상생활의 한 부분이 되면서 이벤트와 파티의 구분이 명확해졌고, 파티플래너라는 신종직업이 생겼다.

파티플래너는 그 이미지 때문에 화려하고 사치스러운 직업이라는 선입견을 갖게 되기가 쉽지만 사실 어찌 보면 우아한 막노동에 가깝다. 파티플래너의 생활을 들여다보면 전문적인 지식과 창조적인 아이디어, 그리고 이를 파티로 기획하는 기획력, 폭넓은 인맥, 튼튼한 체력을 고루 갖춰야할 필수적인 전문직업이라는 사실을 알 수 있다.

지금까지 청룡영화상의 리셉션파티와 부천 판타스틱 영화제의 개·폐막식, 드라마 로비스트의 파티장면, 외국계 기업의 시상식 등 내가 기획하고 연출한 크고 작은 파티가 약 300회가 넘는다.

## 파티플래너가 되기까지

내가 국내 1호 파티플래너라는 수식어를 갖게 된 이유는 단 한가지이다. 나는 오래 전부터 파티와 관련된 일을 하고 싶었는데 안타깝게도 그 길을 찾는 건 어려웠다. 그러나 포기하지 않았다. 지

파티플래너의 생활을 들여다보면 전문적인 지식과 창조적인 아이디어, 그리고 이를 파티로 기획하는 기획력, 폭넓은 인맥, 튼튼한 체력을 고루 갖춰야할 필수적인 전문직업이라는 사실을 알 수 있다.

금도 내 좌우명 중의 하나가 "길이 없으면 내가 만든다"이다.

처음 "파티를 기획하는 일을 하면 좋겠다"고 생각한 건 대학교 2학년 때 대학 동아리 활동으로 스포츠댄스를 하면서부터. 무용과 교수님께서 우리 동아리를 지도해주셨는데 동아리 활동을 하던 어느 날 교수님을 도와 대사관 자녀들의 성년식 댄스파티 스텝으로 일하게 된 것이다. 그때 처음 파티문화를 접하게 됐는데, '친밀하고 상대방에 대한 배려심이 깃든 편안하고 즐거운 자리'라는 점이 나에게는 매우 신선한 충격이었던 같다. 그 당시 막연하게나마 '만약 이런 일을 하는 직업이 있다면, 나의 천직이 될 것 같다'는 생각을 하게 됐다.

그 후 대학졸업을 앞두고 파티와 관련된 일을 할 수 있는 직장을 찾아보았지만 쉽지 않았다. 그 당시 파티란 특정 계층의 전유물이었다. 직장을 다니는 선배들에게 조언을 구하고 학교 취업보도실을 통해 도움도 받아 보았지만 내가 하고 싶은 일을 할 수 있는 길이 없었다.

그렇게 어려움을 겪다가 나는 지금하고 있는 일과 비슷한 광고홍보대행사에서 신상품 론칭과 이벤트를 담당하는 프로모션 일을 하게 되었다. 여전히 내 마음속에는 파티에 대한 꿈과 열망이 가득했다. 대행사에서의 다양한 일들은 지금 파티플래너의 업무 영역과 비슷했다. 간단하게 말하면 기획력과 창의력을 바탕으로 제안서를 작성하고 설득력을 바탕으로 수주하는 것이다. 이 시기를 통해 지금 파티플래너로 활동하는데 필요한 지식과 경험을 많이 얻을 수 있었던 것 같다.

그러나 이후 IMF로 인해 회사가 어려워졌고, 인원 감축도 진행되었다. 모두에게 어려운 시기였으나, 나는 그 때가 새로운 도전을 할 수 있는 좋은 기회라는 생각이 들었다. 바로 국내 최초의 파티컨설팅&서비스 회사인 '파티센타'를 열기로 한 것. 어려운 시기였지만 '지성이면 감천', '하늘은 스스로 돕는 자는 돕는다'는 말을 믿고, 내 길을 찾는 모험을 떠나기로 했다. 나는 회사를 다니면서 틈틈이 인터넷 검색을 하고, 주말에 시장조사를 다니면서 창업을 준비했다.

파티플래너라는 기존에 존재하지 않던 길을 개척하다 보니 여러 가지로 제약조건이 많았다. 적은 창업자금으로 좋은 사무실을 얻는 일은 어려웠다. 대다수의 사람들이 신기한 연구대상을 보듯 색안경을 쓰고 나를 바라보기도 했다. 파티에 대한 인식이 부족한 우리나라에서 과연 어떤 사람들이 나에게 파티를 맡겨달라고 할까 싶은 생각도 들었다. 그러나 준비된 사람만이 기회를 잡는다는 말을 난 곧 체험하게 됐다.

2000년 한국여성경제인협회에서 중소기업청의 후원으로 유망창업 아이템 사업을 발굴 지원해주는 프로젝트가 시행됐다. 그때 나는 당당히 사업계획과 파티시장전망을 피력했고, 그 결과 그 프로젝트에서 1등을 해 3년간 내가 원하던 지역에서 사무실을 비롯한 필요한 시설물을 정부로부터 지원받게 된 것이다.

이때의 경험으로 나는 "하루아침에 스타가 되었다거나, 하루

아침에 성공 했다"는 말을 믿지 않는다. 누구에게나 기회는 올 수 있지만, 철저하게 노력으로 준비한 사람만이 그 기회를 잡을 수 있다고 믿기 때문이다. 어쨌든 이 프로젝트에서의 수상을 발판삼아 국내 최초의 파티서비스&마케팅회사인 파티센타를 열었고, 지금까지 다양한 파티를 플래닝했고, 파티플래너의 영역을 마케팅과 접목시켜 확장시키기 위해 노력하고 있다.

그런데 파티플래너가 종합적으로 파티를 기획, 운영, 홍보 하는 사람이다 보니 많은 관련 지식이 필요했다. 지금은 관련 교육기관들이 꽤 생겨났지만 내가 준비를 하던 시기에는 이런 분야를 위한 학교나 학원이 없어 스스로 공부할 수밖에 없었다. 주로 해외의, 미국이나 일본 등의 파티, 꽃, 인테리어 관련 서적을 구매하여 스타일과 분위기를 스크랩하고, 영화에 나온 파티 장면 등과 아이디어 등을 모아 노트를 만들었다. '파티는 다른 사람 또는 기업의 상상 및 기대를 실현해 주는 과정이므로 긍정적인 마음가짐을 갖는 것이 중요하다'는 생각에 자기개발서를 많이 읽었는데 이것 역시 큰 도움이 됐다.

음식에도 관심이 많았다. 나는 요리 관련 자격증을 취득하기 위해 학원 새벽반을 다녔고, 여러 개 자격증을 취득했다. 직접적으로 파티플래닝에 필요한 것은 아니지만 음식 역시 파티에 중요한 한 요소이므로 기본지식과 관련자료를 알아두는 것이 도움이 된다.

나는 항상 아이디어를 아이디어에서 끝내지 않고 실

현하는 것을 목표로 삼는다. 또 직접 크고 작은 파티를 만들어
보면서 반응을 체크하고 개선점을 찾아내어 다음번 파티에 반
영하도록 하는 것도 중요하다고 생각한다.

## 파티플래너로서 겪는 보람과 어려움

내가 파티플래너란 이름을 본격적으로 알리기 시작한 것은
2001년 MBC의 인기 프로그램 '목표달성 토요일' 중 가수 god와
재민이의 육아일기라는 코너에서 크리스마스 파티 장면을 연출
하면서부터다. 그 후 서서히 파티플래너란 직업이 언론에 소개
되면서 이색 직업이었던 파티플래너가 지금의 인기직업으로 인
식되기 시작했다.

가장 기억에 남는 파티는 무엇일까. 사람들이 가장 궁금해 하
는 질문 중 하나다. 많은 사람들은 아마도 몇 년간 연출한 청룡
영화상 리셉션파티나 주로 화려한 파티의 한 장면들을 기억에
떠올리는 것 같다. 물론 당대의 스타들이 함께하는 그 파티도
좋았지만, 온 몸에 소름이 끼치도록 행복하고 가슴이 터질 듯한
순간은 정작 화려했던 그 파티들이 아니
었다.

꽤 오래 전 모 금융그룹 회장님의 미수
연에서 그분의 인생을 드라마틱한 영상과
함께 정성으로 준비했는데, 인사말을 전
하던 도중 목이 메고 눈가에 눈물이 고이
시는 것을 발견했다. 그 순간 내가 한 사
람의 소중한 기념일에 감동과 추억을 연

출할 수 있고, 그 감동의 순간에 함께 한다는 점이 뿌듯하고 감사했다.

또 하나 기억나는 순간은 절망에 빠진 시한부 인생의 엄마에게 새 삶의 용기를 주려고 가족들이 연 파티이다. 이 파티에서 나도 감정이 복받쳐 많은 눈물을 흘렸다. 왕따 어린이에게 친구 만들어 준 사연도 잊을 수 없다. 밖에서는 파티플래너지만 집에서는 아이의 엄마인 나에게 부모의 마음을 이해하고 체험할 수 있는 기회였다.

이런 일련의 순간이 파티플래너로 살아가는 나를 행복하게 하고 가슴 벅차게 한다. 이런 파티들을 거칠 때마다 나는 언제나 파티플래너라는 직업이 내 인생의 마지막 직업이길 희망한다.

나는 본격적인 파티플래너로 활동하기 전부터 '우리나라에 파티문화가 도입되면 처음으로 그것을 시작하는 파티플래너로서 나는 굉장한 자긍심을 얻게 될 것'이라며 상상의 나래를 폈다. 하지만 파티문화도 없고 파티플래너도 존재하지 않던 시기에 일을 하는 것은 생각보다 어려웠다.

처음 파티플래너로 일을 하게 되었을 때 많은 사람들은 나를 출장요리사로 오해했다. 아마도 모임자체의 성격이 식사접대가 많은 우리나라의 문화로 보면 당연한 인식이었을 수 있다. 출장요리사라고 생각돼도 일이라도 많으면 좋으련만, 한 달 수입은 고작 30만원. 오히려 빚이 수입보다 더 많았던 시절도 있었다.

고객에게 거절당하거나 파티에 호감을 갖는 기업고객을 만나도 "아직 파티를 열기는 무리"라는 이야기를 들을 때마다 이 어려움이 끝나지 않을 것 같다는 부정적인 생각도 들었다. 그 때마다 '닭모가지 비틀어도 새벽은 온다'는 말을 되뇌었다. 지금 단순히 시간이 지나기를 기다리며 견뎌낸 것이 아니라 파티에 대한 나의 끼와 깡과 꼴을 더 단단히 무장하고 만들어내면서 꿈을 현실로 만드는 노력을 이어갔다.

어두운 밤이지만, 아침을 여는 새벽은 반드시 올 것이라고 생각했다. 긴 겨울에 오로지 봄이 오기를 기다리는 아이처럼 그렇게 그 시간을 견뎌냈다. 단순히 시간이 지나기를 기다리며 견뎌낸 것이 아니라 파티에 대한 나의 끼와 깡과 꼴을 더 단단히 무장하고 만들어내면서 꿈을 현실로 만드는 노력을 이어갔다.

## 파티플래너가 되고 싶어 하는 학생들에게…

파티는 사람들의 마음을 사로잡는 매력적인 마케팅 방법이다. 앞으로 파티플래너들의 역할은 무수히 커지고 또한 세분화 될 것이다.

파티플래너에게 무엇보다 중요한 가치관은 '사람'이다. 사람을 즐겁게 해 주는 것이 파티플래너의 가장 기본적인 요소이기 때문에 사람들이 행복하게 하는 일이 무엇인지를 파악하는 것이 가장 중요하다. 평소에 가족이나 친구들과 파티를 기획하고 준비하면서 주위의 사람들을 즐겁게 해주는 법을 먼저 익히고 다양한 경험을 쌓는 것이 파티플래너의 첫 걸음이라고 할 수 있다.

또 한 가지는 인생을 긍정적인 마인드로 무장해야한다는 것.

'고객이 OK 할 때까지가 아닌 고객이 KO할 때까지.'
이것이 고객 만족에 대한 나의 원칙이다.

파티플래너는 행복을 주는 사람이다. 그러다 보니 고객과 만날 때 "이 사람은 에너지와 열정이 있는 기분 좋은 사람이구나"라는 이미지를 심어 줘야한다.

## 파티플래너로서의 철칙과 여가 시간

'고객이 OK 할 때까지가 아닌 고객이 KO할 때까지'. 이것이 고객 만족에 대한 나의 원칙이다. 그래서 파티가 끝나도 고객과 프랜드쉽을 유지하거나 일회성의 파티가 아닌 지속적인 개인 혹은 기업문화를 상담하는 일이 종종 있다.

또한 프로젝트를 맡게 된 순간부터 그 기업은 나의 직장이고, 그 기업의 브랜드는 내가 가장 사랑하는 브랜드로 만든다. 마치 연애하듯이…. 또한 내가 최선을 다할 수 있는 분야에만 집중하여 최고의 효율로 최선의 성과를 낼 수 있도록 노력한다.

마지막으로 클라이언트가 나를 선택할 수 있듯이 나도 클라이언트를 선택할 수 있다는 자신감으로 일한다. 갑-을 관계를 떠나 양쪽이 서로를 선택한 만큼 최선을 다해 존중하며, 최상의 효과를 위해 노력하게 되면 그 프로젝트에 애정이 쌓이게 되고 그것이 곧 시너지 효과를 발산해 좋은 결과가 나온다.

파티플래너가 되고자 하는 사람들에게 하고 싶은 말은 "최고가 되는 것이 아니라 최선을 다하는 것이 무엇인지 알고, 내가 어떤 일에 능한지 어떤 일에 행복을 느끼는지 그리고 그 일들의 공통점은 무엇인지 찾아보라"는 것이다. 그리고 그 일을 찾으면 평생 직업이라는 이름으로 자리 잡도록 노력해야 한다.

자기가 좋아하는 일을 할 때, 그 일은 더 이상 일이 아니기 때문이다. 성공으로 한발자국 다가서려면 당장의 금전적인 이익보다 본인의 가치실현에 주력해야한다. 자기가 좋아하는 일을 하며 산다는 것. 그것이 곧 파티 같은 인생의 주인공으로 사는 방법이다.

나는 오늘도 회사에 출근하면서 오늘 내가 만나는 고객이, 우리 회사에 걸려온 전화가 나의 마지막 고객이라는 생각으로 최선을 다한다. 그리고 그 고객이 OK 할 때까지가 아닌 고객이 KO 할 때까지 나의 모든 에너지를 털어낸다.

사람들은 나를 '파티로 돈 버는 여자'라고 부른다. 나는 이 말이 무척 자랑스럽다. 내가 하고 싶은 일로, 내가 좋아하는 일로 돈을 번다는 것은 누구에게나 주어지는 것이 아니기 때문이다. 그것은 소수 사람만이 얻고 있는 특권이다.

Partycenter, There for You.

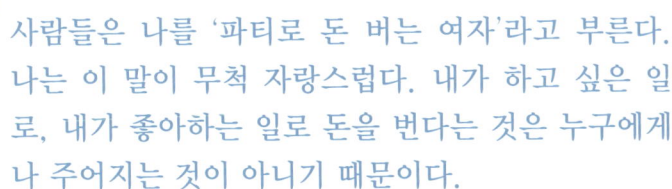

사람들은 나를 '파티로 돈 버는 여자'라고 부른다. 나는 이 말이 무척 자랑스럽다. 내가 하고 싶은 일로, 내가 좋아하는 일로 돈을 번다는 것은 누구에게나 주어지는 것이 아니기 때문이다.

# 광고인 _ 김윤호

## 눈길 사로잡는
## 유혹의 메시지 메이커

### 직업개요 | 광고인

일반적으로 상품이나 서비스에 대해 적절한 광고를 제안하고, 계획하며, 실행하는 일을 하는 사람을 광고전문가라고 부른다. 이들은 광고회사에 소속돼 고객을 위한 광고를 기획하고 제작·조정 하거나 일반기업의 마케팅이나 홍보 부서에서 자사 제품을 위한 광고를 만든다.

　광고전문가에는 다양한 세부 영역이 있는데, 크게 기획단계에는 광고기획자(AE, Account Executive), 미디어 플래너, 광고마케터 등이 있고, 제작 단계에는 카피라이터, 아트 디렉터 등이 있다. 광고 기획자는 광고주와의 계약에서부터 기획, 제작 등 전 단계를 관리감독하고, 미디어 플래너는 광고가 가장 효과적으로 이루어질 수 있는 매체를 조사하고 매체 계획을 수립하며, 마케터는 광고시장(소비자와 제품 시장)을 분석하고 광고의 효과를 사후 조사하기도 한다. 제작 단계에서 카피라이터는 광고에 들어갈 텍스트적인 측면을, 아트 디렉터는 시각적인 측면을 담당한다.

회사에 따라 차이가 있지만 주로 대졸자 위주로 채용이 이루어지고 있고, 전공은 신문방송학, 언론정보학, 광고(홍보)학, 매스컴학을 비롯해 경영학, 심리학, 사회학 계열이 주로 많다. 하지만 대부분 신입사원 채용 시 전공 제한을 두지 않기 때문에 비전공자들도 다양한 방법을 통해 관련 지식을 쌓는다면 도전해 볼 수 있다. 광고회사에서 실시하는 인턴이나 공모전에 입상한 경력이 있으면 취업 시 도움이 되고, 최근에는 사설 광고학원에서도 정보를 얻을 수 있다.

항상 새로운 아이디어로 참신한 광고를 만들어야 한다는 것과 광고주의 요구가 소비자에게 적절하게 전달돼야 한다는 부담감, 끊임없이 변하는 소비자의 선호와 트렌드를 파악해야 하는 점, 다른 제품이나 서비스에 대해서도 완벽하게 이해해야 한다는 점 등 고된 순간이 많다. 일정치 않은 업무 시간도 힘들다. 하지만 이 어려움이 곧 광고 및 홍보전문가만이 가지는 매력이다. 프로젝트마다 광고 대상과 환경 등이 다르므로 항상 새로운 업무를 할 수 있다는 장점도 있다.

평균임금은 2007년 한국고용정보원이 발표한 통계 기준으로 약 4,300만 원 정도며, 새로운 매체의 증가와 더불어 기업이나 제품 자체에 대한 이미지 관리가 중시되면서 고용 또한 앞으로 증가할 것으로 기대한다.

## 김윤호 국장은요?

홍보 업무를 담당하고 있는 제일기획 홍보팀 김윤호 국장은 1968년에 출생하여 서강대학교 경영학과를 졸업한 뒤 금성사(현 LG전자)에 입사했고, 1996년 제일기획 홍보팀에 자리를 잡았다. 홈페이지 제작 및 운영을 기본으로 광고 공모전, 브로슈어 등의 홍보업무를 담당하다가 프로모션제작팀으로 자리를 옮겨 사보, 브로슈어, 웹진 등을 제작했고 4년 후 다시 홍보팀으로 돌아와 사보, 홍보영화 등의 업무를 추가로 맡고 있다. 최근에는 해외 광고제 관련 업무를 담당하고 있으며, 제일기획 브로슈어로 머큐리어워드에서 금상, 은상, 동상을 받았다.

# 광고인은 어떤 일을 하는가?

나는 광고회사에서 홍보를 담당하고 있다. 나는 내가 하고 있는 일이 무척 만족스럽다. 하루하루 즐겁게 회사에 다니고 있고, 만나는 사람들에게 내 일이 재미있다고 힘주어 얘기한다. 개성 만점 고집불통 광고쟁이들과 그 틈바구니에서 살아가는 홍보쟁이의 모습을 살짝 들쳐보자.

## 친근하지만 복잡한 광고 세상

우리는 많은 광고 속에서 살고 있다. 아침에 배달되는 신문에서, 버스를 기다리는 정류장에서, 지나가는 버스들의 외벽에서, 그리고 지하철 안에서 많은 광고를 만난다. 버스 안에서 들려오는 라디오에도, 매월 눈길을 끄는 기사로 채워지는 잡지 안에도 어김없이 광고는 자리 잡고 있다.

도로를 달리다 보면 곳곳에 있는 대형 광고판들이 눈길을 끌기 위해 저마다 경쟁하고 있고, 과제를 위해 뒤지는 인터넷에도, 깔깔대며 배꼽을 잡게 하는 TV 개그 프로그램의 앞뒤에도 어김없이 광고는 붙는다. 산소탱크 박지성 선수의 가슴에도, 점수 발표를 기다리는 피겨 여왕 김연아의 가슴에도, 홈런타자 이승엽의 헬멧에도 소비자의 눈길을 기다리는 브랜드가 박혀 있다. 이 뿐만이 아니다. 소비자들의 생활 곳곳에 조금이라도 틈이 있는 곳에는 어김없이 광고가 끼어든다.

어느 곳에서든 광고를 만날 수 있다 보니 광고 자체에 관심을 가지고 그것에 열광하는 사람도 늘어난다. 광고인이 되기 위해

애쓰는 광고인 지망생들도 예전에 비해 눈에 띄게 많아졌다.

하지만, 광고가 어떻게 기획되고 만들어져서 소비자와 만나는지 제대로 알고 있는 경우는 많지 않다. 광고는 대부분 '광고주'가 광고를 의뢰하고 '광고회사'가 광고 전략을 세워 광고주에게 허락 받은 후에 '광고제작사'가 광고를 제작한 뒤 소비자를 대상으로 광고를 어떤 '매체'에 집행하는 과정을 거친다. 소비자를 대상으로 광고를 기획하고 제작하는 광고주, 광고회사, 광고제작사, 매체는 모두 '광고를 한다'고 이야기할 수 있다. 이 중 광고회사에 한정해 조금 더 들여다보자.

### • 소비자와 '커뮤니케이션'하다

광고란 무엇일까? 많은 사람들이 내린 광고에 대한 정의는 제쳐 두고 좀 더 쉽게 생각해 보기로 하자. 질문을 다시 하자. 광고는 어떤 때 만드는 걸까?

A라는 회사가 중고생들에게 인기가 있을 만한 새로운 제품을 하나 만든다고 가정하자. 이 제품을 중고생들에게 많이 알려야 할 텐데 어떻게 해야 할지 막막하다. 그래서 B라는 광고회사에게 어찌 해야 할지 물었더니, B는 요즘 중고생들이 좋아하는 트렌드와 장소 등을 조사하여 효과적으로 알릴 수 있는 방법을 제

안했다. A는 이 방법이 맘에 들어 얼마 정도의 돈을 들여 실행했고, B는 C 광고제작사를 선정해 광고를 제작했다. 또 B는 적당한 비용으로 효과를 높이기 위해 제작된 광고를 중고생이 좋아하는 D 매체를 중심으로 실행했다.

이렇게 어떤 회사나 단체가 소비자들에게 판매하고자 하는 제품이나 서비스에 대해 소비자와 커뮤니케이션하는 것이 바로 광고다. 흔히 광고라 하면 TV · 라디오 · 신문 · 잡지광고에 옥외광고, 그리고 요즘은 인터넷광고 정도를 더 떠올리지만, 소비자와 커뮤니케이션 한다는 관점으로 본다면 이보다 훨씬 폭이 넓어진다.

올림픽이나 월드컵 등의 대규모 스포츠 이벤트, 잉글랜드 프리미어 리그 같은 유명 리그 팀에 대한 스폰서십 활동은 이미 많이 알려져 있다. 이 스폰서십도 단순히 로고 하나 넣는 대가로 막대한 비용을 지불하는 것은 아니다. 올림픽 스폰서십의 예를 들면, 올림픽을 전후한 기간에만도 성화 봉송, 홍보관 운영, 호스피탤러티 등을 비롯해 수십 가지의 프로젝트가 진행된다.

이 안에는 종합적인 마케팅 커뮤니케이션 활동이 들어 있다. 각종 대형 이벤트와 해외 전시회, CI와 홍보영상, PR 출판 등과 길거리 이벤트도 열린다. 광고회사는 소비자와 효과적인 커뮤니케이션을 하는 활동이라면 일의 영역을 구분짓지 않는다.

## • 하는 일만큼이나 많은 직종들

여러 영역의 많은 일들을 어떤 사람들이 어떻게 맡는 걸까. 사실, 광고회사에서 일하는 사람을 만난다면 어떤 일을 하는지 정확하게 물어보기 전에는 괜히 아는 척 하지 않는 것이 좋다. 광고회사에는 많은 직종들이 있고 각 직종들이 하는 일들이 매우 다르기 때문이다.

기본적으로 광고회사에는 AE(Account Executive), AP(Account Planner), 카피라이터, 아트 디렉터, 미디어 플래너 등의 직종이 있고, 경우에 따라 PR, 이벤트, 스포츠 마케팅, 스페이스 기획, 인터랙티브 기획 및 제작 등의 부서들을 갖추고 있기도 한다. 이 직종과 부서들은 각기 전문 영역이 달라 각 부서에서 일하는 사람들은 다른 부서로 이동하기가 매우 어렵다.(이 외에도 사실 여러 직종들이 더 있다. 나처럼 광고회사를 홍보하는 직종은 '홍보' 직종으로 따로 분류돼 있다.)

AE는 광고주와 광고회사를 연결하는 기획자로, 광고의 기획과 제작 전반에 대한 조정자 역할을 한다. AP는 광고 전략을 세우는 일을 하는데 주로 소비자 측면에서 전략 수립의 기초를 찾는다. 카피라이터는 광고의 텍스트 측면을 책임지는 사람이고, 아트 디렉터는 광고의 시각적 측면을 책임지는 사람이다. 미디어 플래너는 제작된 광고를 어떠한 매체에 얼만큼 집행하는 것이 효과적인지 파악하고 집행하는 사람이다.

### • 광고 회사에 들어가려면 어떻게 해야 할까?

AE와 AP는 어느 정도 서로 이동할 수가 있으나 그 외 직종은 전문적인 분야가 많이 다르고 그것들을 모두 아우를 수 있는 '멀티 플레이어'가 되기가 매우 어렵다. 상황이 이렇다 보니 "광고회사에 가려면 어떻게 준비해야 해요?"라는 질문을 받으면 머릿속에 온갖 생각이 지나갈 수밖에 없게 된다. "어떤 직종을 하고 싶으신데요?"하고 물으면 "어떤 직종이 있는데요?"라는 답이 나오기가 십상인데, 이런 경우 어디서부터 어디까지 설명을 해야 할지 막막해지곤 한다.

어떤 사람들은 막연히 "체력을 키워두세요"라는 대답을 한다. 광고회사에는 야근이 많으니 꼭 필요한 부분이기도 하다. 또 "여행을 많이 다니세요"라는 대답도 한다. 책에서 배우는 지식만으로 광고회사에서 한 몫을 하기란 쉽지 않으니 이것도 방법이 될 수 있다. 하지만, 지금 내가 어떠한 대답을 내놓는다 하더라도 그것은 정답은 될 수 없다. 다른 직업들에 비해 그 대답의 정확도는 매우 낮을 것이기 때문이다.

그럼에도 불구하고 아주 실질적인 것부터 조금 살펴보면, 아트 디렉터는 거의 대학에서 디자인을 전공한 사람들이 하게 된다. 기획 직종(AE, AP)에는 주로 신문방송, 경영, 광고홍보 학과를 중심으로 사회과학 계열 전공자들이 많이 진출한다. 카피라이터는 어문계열 출신들이 조금 많은 듯하다. 그 외에는 광고회사에 다니고 있는 나도 파악하기 힘들 정도로 많은 학과 출신들이 있는데, 다만 이공계보다는 인문계 쪽이 수적으로 훨씬 우세하다.

## 광고인, 홍보인이 되기까지

내가 광고, 그 중에서도 홍보팀에 몸을 담게 된 것은 아주 우연한 기회였다. 직장생활을 하던 나는 "제일기획 홍보팀에서 사람을 구하는데 면접을 보겠냐"는 제의를 지인으로부터 받게 되었고, 새로운 일을 해보고 싶던 차에 좋은 기회라는 생각이 들어 면접을 보고 입사했다. 처음부터 '홍보'라는 특정 분야에 관심을 가지고 준비했던 것은 아니었으나 관련 일을 하면서 차근차근 이 일에 매력을 느끼게 되었고 그 이후 지금까지 항상 즐거움을 느끼며 일을 해 오고 있다.

광고회사에서 홍보를 하건 어느 회사에서 홍보를 하건, '홍보'라는 업무 안에는 다양한 업무가 포함된다. 주로 홍보팀에서는 언론 관계부터 시작해서, 사보와 사내방송 등의 사내 커뮤니케이션 업무, 브로슈어와 홍보영화 등의 홍보제작물, 대표 홈페이지의 운영, 광고의 제작과 집행에 이르기까지 다양한 업무를 한다.

이러한 홍보 업무들의 공통적인 특성을 하나 꼽으라면 언제나 무대 뒤에 숨어 있다는 것이다. 그래서 보람을 느껴도 남들 모르게 슬쩍 미소를 짓는 경우가 많다. 사내방송이 나오는 모니터 앞에 모여 앉아 깔깔거리며 방송을 보는 직원들의 모습을 볼 때, 방문객들에게 홍보영화를 보여줬는데 끝나자마자 자연스럽게 박수가 터져 나올 때 등 열심히 일한 결과를 즐기는 이들을 볼 때 슬며시 입가에 웃음이 떠오르곤 한다.

여기에 더해 나에게 커다란 자부심을 느끼게 해주는 일이 하나 생겼다. 지난 6월 프랑스 칸에서 열린, 자타가 공인하는 세계 최고의 광고 축제 칸 국제광고제를 준비한 것. 일주일간 열리는 광고제 기간에서 세계 각국의 광고 관련 권위자들이 펼치는 40여 개의 세미나가 열리는데, 그 중 하나를 준비하게 된 것이다. 아시아권에서는 단일 광고회사로는 세계에서 가장 큰 일본의 '덴츠', 그리고 대한민국의 '제일기획' 두 곳만 세미나를 개최했다.

이 세미나를 위해 사내 관련 팀에서 발표 자료를 준비할 수 있도록 지원했고, 현장에서 발간되는 매체에 광고를 게재하고, 많은 광고인들이 참석할 수 있도록 포스터를 붙이고 초청장을 나눠줬다. 칸 국제광고제의 공식 홈페이지에 세미나 관련 내용이 정확하게 올라갈 수 있도록 지속적인 협의를 하는 것도 중요한 일 중 하나였다.

매년 5월 열리는 칸 국제영화제는 작품을 초청받는 것 자체가 화제가 되고, 영화인들은 칸의 레드 카펫을 한 번 밟는 것을 영광스럽게 생각한다. 산업의 특성상 대중적으로 화제가 되지는 못하지만, 광고인으로서 칸의 무대에 선다는 것은 영화인들의 그 영광 못지않게 크다. 회사를 대표해 준비했지만 대한민국을, 또한 아시아를 대표한다고 해도 과언이 아니었다. 10여 년 전 칸 국제광고제를 다녀온 선배가 사보에 기고한 참관기에서 "언젠가 우리가 칸의 무대에 설 날을 꿈꾼다"고 말했었다. 그 꿈을 이루는 데 일조했다는 사실이 나의 가슴을 더욱 뛰게 만들었다. 한편으로는 더 큰 꿈의 실현을 위해 후배들에게 조금이나마 더 탄탄한 길을 만들어 줘야 한다는 생각에 어깨가 더욱 무거워졌다.


## 광고인으로서의 보람과 어려움

한 후배가 이런 이야기를 했다. 꽤 큰 프로젝트의 TV 광고를 런칭하고 나서 지하철을 타고 가는데 앞에 서 있는 학생들이 그 광고가 재미있다며 신나게 이야기하는 모습을 보고 보람을 느꼈다는 것이다. 늘 뒤에 숨어 하는 일이지만 이렇게 내가 한 일의 결과를 뜻하지 않은 곳에서 맞닥뜨릴 수 있다는 것은 광고업의 큰 매력 중의 하나다.

하지만, 이것을 다른 측면에서도 봐야 한다. 하나의 광고를 만들면 그 광고를 보고 영향을 받는 사람들의 수는 이루 헤아릴 수 없다. 따라서 이들에게 영향을 미치는 주체로서 하나의 광고를 만드는 데 대한 막중한 책임감을 가져야 한다. 나로 인해 세상이 조금이라도 더 살 만한 곳으로 만들어진다면 그보다 더 큰 보람이 어디 있을까.

하지만 광고회사라고 멋지고 품 나는 일만 있는 것은 아니다. 광고회사에는 잡다한 일들도 많다. 여느 일도 다 그렇겠지만, 광고업에도 '허드렛일'이 반드시 존재한다. 그리고 이 일은 통상 후배의 몫이 된다. 이 때문에 멋진 정장을 갖춰 입고 광고주 앞에서 캠페인 계획을 멋지게 프레젠테이션하고, 온갖 어려움을 헤쳐 나가며 진두지휘하는 모습을 머릿속에 그려왔던 광고인 지망생들이 쉽게 광고를 포기하기도 한다.

연예인을 만나는 등 재미있을 것 같아 광고회사에 들어온 이들도 다른 회사보다 복장이 자유롭긴 하지만 그저 그렇게 책상에 앉아 일하는 광고회사의 모습에 쉽게 싫증내기도 한다. 이는 갖은 고생 끝에 말로만 듣던 무술의 고수를 찾아내서는 어렵게 제자로 받아들여져 좋아하다가 청소와 빨래만 시키는 사부님의 모습에 실망해 무술을 배우기도 전 하산하는 제자의 모습과 다르지 않다. 다른 어떤 일을 하더라도 필요한 것이지만, 광고업에서도 끈기는 꼭 필요한 덕목이다.

## 🔍 광고 분야에서 일을 하고 싶어 하는 사람들에게…

어떤 학과를 전공하든지 광고회사에서 일을 하고 싶다면 기본적인 마케팅 과목들은 들어 두는 것이 좋다. 대화 중 오가는 많은 마케팅 용어를 낯설어 하면 업무하기가 쉽지 않기 때문이다. 그리고 심리학이나 역사학 쪽의 과목들도 권하고 싶다. 사람들을 파악하고 통찰력을 갖는 것이 그들과 잘 커뮤니케이션 하는 데 도움이 될 것은 당연한 일이기 때문이다.

여기에 덧붙여, 내가 학생들에게 많이 해 주는 얘기가 있다. 학교 다닐 때 뭔가 하나에 미쳐보라는 것이다. 그것이 음악이 됐든, 여행이 됐든, 영화, 연극, 혹은 공부가 됐든, 무언가 하나에 깊이 빠져보면 그 안에서 많은 것을 느끼고 배울 수 있다. 진심으로 무언가에 푹 빠져본다면 세상 어떤 것을 맞닥뜨리더라도 두려워하지 않을 통찰력이 길러진다는 것이 내 생각이다. 어느 한 분야에 대해 깊이 있는 전문가임과 동시에 여러 분야를 아우를 수 있는 'T자형 인재'가 광고회사에서 원하는 인재라면 어느 것 하나에 미쳐 보는 것이 큰 도움이 될 것이라는 점은 당연한 일이다.

## 🔍 이런 사람에게 이 직업을 추천한다!

광고회사에 다니는 사람들은 대체로 남들 앞에서 이야기하기를 좋아한다. 그러다 보니 어느 자리에서나 나서기 좋아하고 발표하기 좋아하는 사람들이 많은 것이 사실이다. 흔히 PT라고 불

> 광고회사의 기본적인 업무 특성은 '대행업'이다. 광고주가 소비자와 커뮤니케이션 하는 데 있어 좀 더 효율적이고 효과적인 방법을 찾아 기획하고 집행하는 일을 대행하는 것이다.

리는 '프레젠테이션'이 광고회사가 광고주에게 전략을 승인 받는, 좀 더 직접적으로 표현하자면 전략을 판매하는 현장이기 때문이다. 하지만 단순히 말을 잘 하기보다는 자신의 주장하는 바를 명쾌히 설득할 수 있어야 한다. 그래서 조곤조곤 스스로의 논리를 자기 방식대로 풀어내는 사람들이 광고회사에서 중추적인 역할을 하는 경우도 많다.

PT 현장에 준비해 가는 광고안을 기획하고 만드는 데에는 많은 사람들이 관여한다. 성공한 광고 캠페인이 있다면 '내가 그거 만들었어'라고 하는 사람이 100명은 있다는 얘기도 있다. 사실, 그보다 더 많은 사람들이 관여하는 경우도 종종 있다. 결코 혼자 할 수 있는 일이 아니라는 것이다. 그래서 광고하는 사람들은 자기 자신의 전문 영역에서는 철저히 전문가가 돼야하고 한편으로는 함께 일하는 사람들을 인정해 주고 믿어야 한다. 혼자만 고집을 부리고 다른 사람을 믿지 못한다면 광고 업무가 진행될 수 없다.

광고회사의 기본적인 업무 특성은 '대행업'이다. 광고주가 소비자와 커뮤니케이션 하는 데 있어 좀 더 효율적이고 효과적인 방법을 찾아 기획하고 집행하는 일을 대행하는 것이다. 따라서 광고주가 정하는 캠페인의 범위에 따라 업무의 범위가 결정되고, 광고주의 예산 규모에 따라 프로젝트의 규모가 결정되며, 스스로 투자하고 결정하는 것이 아니라 결국 모든 것을 광고주의 최종 결정에 따라야 한다.

어찌 보면 스스로의 욕심대로 할 수 없는 것이 큰 제한점이라고 할 수 있겠지만, 다른 관점에서 보면 다양한 일을 해볼 수 있는 기회 요인이라고 할 수 있다. 제조회사에 다니는 많은 사람은 그 회사에서 제조하는 제품을 좀 더 좋게 만들거나 좀 더 빨리 만들거나 좀 더 싸게 만드는 일에 집중해야 할 것이다. 즉, 동일하거나 중심 제품 계열의 몇 개 제품을 중심으로 업무가 진행된다는 것이다.

그런데 광고회사에서는 광고주별, 프로젝트별로 별개의 일이 발생하는 경우가 많다. 작게는 수백 만 원이 소요되는 소형 프로젝트를 몇 명의 스태프가 진행해야 하는 경우가 있는가 하면, 수백 명의 스태프가 수백 억 원이 소요되는 대형 프로젝트를 숨가쁘게 진행하는 경우도 있다. 날마다 새로운 아이디어를 내야 하고 새로운 상황이 기다리고 있으니 끊임없이 새로움을 추구하는 사람이라면 광고회사가 딱 어울린다고 할 수 있을 것이다.

날마다 새로움을 맞아들이기 위해서는 스스로도 날마다 새로워져야 한다. 새로운 것을 익히고 배워 가는 것에 즐거움을 느끼고 행할 수 있는 사람이어야 좋은 광고인으로서 자리 잡을 수 있을 것이다.

## 광고인으로서 신념

세상 사람들이 가는 길 중에 서로 같은 길은 하나도 없다. 이전에 세상을 살았던 사람들도 나와 같은 길을 갔던 사람은 아무도 없다. 나와 똑같은 환경에서 나와 같은 성격을 가지고 나와 같은 조건을 가지고 살았던 사람 또는 살고 있는 사람은 아무도 없기 때문이다. 닮고 싶은 사람이 있다 해도 그저 조금 닮을 수 있을 뿐이지 그 사람과 똑같이 살아갈 수는 없는 일이다.

내가 어떤 길을 가더라도 그것이 다른 사람과 다르기 때문에 불안해 할 필요는 없다. 내가 스스로 열심이지 못하거나 행복하지 못하기 때문이라면 그 이유를 다시 고민해 봐야겠지만 말이다. 남들이 어떠한 이유를 가지고 직업을 선택한다 하더라도 그 많은 이유들보다 더 중요한 것은 나 스스로 어떤 이유를 가지고 일하는지 묻는 것이다. 그것이 다른 사람들에게 조금 우스워 보인다 할지라도 대수롭게 여기지 말자. 결국 내 인생은 내가 사는 것이기 때문이다.

난 '진심이면 통한다'는 말을 믿는다. 누군가 나를 오해하거나 폄훼하더라도 진심으로 다가간다면 결국은 통한다는 것이다. 통하지 않는다면 진심이 부족한 것이 아닐까 생각한다. 어쩌면 진심으로 사는 사람들이 진정으로 잘 살 수 있는 세상을 아들에게 물려주고 싶은 생각이 더 큰 것인지도 모르겠다.

## ◕ 나의 여가 시간

지난 주말, 큰 아들과 축구를 했다. 보통 공 몇 번 차고 흙장난을 하고는 음료수 사달라고 칭얼거리던 둘째 아이도 이제는 자전거에 재미를 붙여서 혼자 열심히 트랙을 돌았다. 두 시간여

뛰다 보니 온 몸이 땀에 흠뻑 젖었다. 발그레한 볼에 생글거리는 아들들의 모습을 보는 것은 세상 어떤 것을 보는 것보다 즐겁다. 함께 뛰어야 볼 수 있는 모습이기 때문에 난 시간이 날 때마다 아이들과 뛰어 논다. 좀 더 크고 징그러워지면서 내 품을 떠나려 할 아이들과 조금이라도 더 즐거운 시간을 보내는 것이 지금 나의 과제다.

나는 나의 직장이, 나의 직업이 자랑스럽다. 개성 많고 말 많은 '광고쟁이' 속에서 살아가는 것이 즐겁다. 날마다 새로운 것들을 쏟아내고, 끊임없이 많은 보고와 프레젠테이션으로 연일 이어지는 야근 속에서도 끝없는 열정으로 도전하는 그들이 존경스럽다. 이것이 대한민국에 몇 안 되는, 광고회사를 홍보하는 이 자리를 행복하게 지킬 수 있는 이유다.

# 게임 프로그래머 _최진

## 가상 공간을
## 현실 공간처럼 만든다

직업개요 | 게임 프로그래머

게임을 개발하는 일은 단순하지 않다. 게임 개발 과정에는 기획자에서부터, 그래픽 디자이너, 사운드 디자이너, 프로그래머 등 다양한 사람들이 참여하게 되는데 이 중 프로그래머는 사람들이 기획하고 디자인한 것들이 게임 환경에서 실제로 구현되도록 프로그램을 만든다.

프로그래머들도 매우 다양한 업무를 하고 있기 때문에 구분을 하기 어렵지만, 일반적으로 클라이언트 프로그래머와 서버 프로그래머로 크게 구분지을 수 있다. 클라이언트 프로그래머는 사람들이 흔히 생각하는 게임 프로그래머의 역할과 가장 비슷한 형태인데, 게임 화면에 나타나는 그래픽과 사운드 등을 구현하고, 사용자가 게임을 조작할 수 있도록 만드는 일을 한다. 서버프로그래머는 최근 온라인 게임이 활성화 되면서 더욱 두드러지게 되었는데 서버 관리를 통해 서버와 게이머, 게이머와 게이머를 연결해 주는 역할을 한다.

게임 프로그래머 관련 자격증은 한국산업인력공단에서 주관하는 '게임프로그래밍전문가' 자격증이 있고, 그 외에 자바 프로그래밍 관련 자격증인 SCJP도 있다. 그러나 현장에서는 이런 자격증을 가진 사람보다 프로그래밍 실력이 훌륭한 사람을 더 높이 평가한다. 그러므로 무엇보다도 프로그램 언어에 대한 이해와 높은 프로그래밍 실력을 쌓는 것이 게임 프로그래머가 되고자 하는 사람에게 가장 중요하다고 할 수 있다.

지금까지 가장 기본적이고 널리 사용되어온 컴퓨터 언어는 C, C++. 그런데 게임 플랫폼이 다양해지면서 어떤 플랫폼에서 개발하느냐에 따라 필요한 언어가 달라지고 있다. 기본 PC용 패키지 게임의 경우 여전히 C, C++이 주로 사용되고 그 외에 LUA 같은 스크립트도 같이 사용된다.

컴퓨터 언어에 대한 이해와 함께 수학적인 지식도 갖추는 것이 좋고, 새로운 기술의 습득이나 해외 프로그래머 또는 게이머들과의 정보 공유나 트렌드를 읽기 위해서 영어를 어느 정도 할 수 있는 것도 좋다.

성장속도가 줄어들 가능성은 있겠지만 많은 전문가들은 게임관련 업계의 지속적인 성장을 예상하고 있다. 워낙 급속도로 성장한 분야라 필요한 인력이 충분히 공급되고 있지도 않기 때문에 직업 시장 전망도 꽤 밝은 편이다. 2008년 금융감독원이 조사한 자료에 의하면 우리나라 15개 주요 게임업체 직원의 평균 연봉은 3,900만원. 그러나 업체에 따라 차이가 크다. 대형 게임개발 업체는 연 4,000만원 초반에서 5,000만원 초반, 중견 게임업체가 약 2,500에서 3,000 만원 정도. 중소 개발사들의 경우에는 2,000~3,000만원 정도다.

# 게임 프로그래머는 어떤 일을 하는가?

## • 게임의 발전

게임은 오락실에서 하는 게임, 집에서 TV에 연결하는 비디오게임기(Playstation, xbox같은)로 하는 게임, 컴퓨터로 즐기는 게임, 지하철이나 버스에서 시간을 때울 수 있는 핸드폰으로 하는 모바일 게임과 NDSL, PSP같은 휴대용 게임기 등으로 나뉜다. 이런 것들을 '게임 플랫폼(기반)'이라고 하는데 예전에 비하면 게임을 접할 수 있는 플랫폼이 다양해 졌다. 이러한 플랫폼을 바탕으로 혼자서 즐기는 오프라인 패키지 게임과, 인터넷을 통해 여럿이 즐기는 온라인 게임으로 다시 나눌 수 있다.

게임을 즐길 수 있는 환경도 예전에 비해 다양해졌지만, 게임에서의 표현 능력도 과거에 비하면 월등히 발전했다. 앞에서 이야기했듯이 초기 게임들은 흑백 화면에서 네모난 공을 가지고 주고받는 단순한 규칙을 즐겼지만, 지금은 인터넷을 통해 서로 잘 알지도 못하는 여러 지역의 사람들이 모여 화려한 갑옷을 입고 칼과 방패를 들고 용을 잡으러 가는 등 현실과 같은 복잡한 규칙을 바탕으로 현실에서 할 수 없는 것들을 게임을 통해 경험하고 있다.

게임의 발전에는 기술적인 부분뿐 아니라 게임에 대한 인식의 전환도 큰 역할을 했다. 네트워크를 통한 게임 시합을 e스포츠라 부르고, 매년 각 나라의 대표 선수들이 모여 시합하고 기업은 e스포츠 선수들을 육성하고 매체를 통해 홍보한다. 게임을 아이들의 놀이가 아닌 대다수의 사람들이 즐기는 문화의 일부로 인식하고 게임 개발을 산업으로 인식하게 된 것이다.

실제로도 게임 산업은 문화산업의 핵심 분야로 성장했다. 출판, 게임, 방송, 광고, 영화, 캐릭터, 음악 규모 순의 시장으로 볼 때 게임이 출판 다음으로 큰 문화산업으로 발전했음을 알 수 있다(2005년도 기준 시장 규모: 출판 35.9%, 게임 16.1%, 방송 16.0%, 광고 15.6%, 영화 6.1%, 캐릭터 3.9%, 음악 3.3% - 2007년도 게임백서 참고). 게임을 개발하는 환경이 예전에 비해 나아졌고 앞으로 더 좋아질 가능성이 있다는 것을 예측할 수 있다.

10년 전만 해도 게임 개발 현실은 불투명했다. 국내에 게임을 개발하는 회사도 많지 않았고, 출시되는 게임들은 불법 복제돼 개발회사나 개발자들의 피해가 속출했다. 그러던 중 인터넷이 활성화 되면서 온라인 게임이 나왔는데, 이는 게임을 혼자서 컴퓨터를 상대로 즐기는 단조로운 것이 아니라 여러 사람들이 게임 속에서 경쟁하고 협력하는, 다양한 재미를 즐길 수 있는 방식으로 바꿔 놓았다. 또한 게임을 돈 주고 사는 것이 아니라 한 달 단위로 돈을 지불하고 게임을 회원제로 이용 하는 방식으로 온라인 게임 개발사들이 자리를 잡으면서 게임 개발 산업도 커졌다. 인터넷을 이용한 게임은 '온라인 게임'이라는 본격적인 장르로 자리를 잡았고 아직까지도 온라인 게임 개발 기술력만큼은 한국이 세계 최고라고 평가를 받고 있다.

바뀌어, 이전까지의 국내에서 게임을 개발해 성공하기 힘들다는 인식을 무너뜨리게 됐다.

이로써 초기 온라인 게임 개발사들이 자리를 잡으면서 게임 개발 산업도 커졌다. 인터넷을 이용한 게임은 '온라인 게임'이라는 본격적인 장르로 자리를 잡았고 아직까지도 온라인 게임 개발 기술력만큼은 한국이 세계 최고라고 평가를 받고 있다.

### • 게임을 만드는 사람들

게임은 아름다운 그래픽과 음악, 이야기가 있는 가상의 세상을 유저가 경험하는 것이다. 그렇기 때문에 게임을 만드는 일은 여러 직업을 가진 사람들이 팀을 이루어 작업한다.

게임 속의 세상을 구상해 내고 이야기를 만드는 일을 게임 기획이라고 한다. 기획일은 다시 가상의 세계를 구성하는 시스템 기획과 이야기를 만드는 시나리오 또는 컨셉 기획, 시나리오나 컨셉을 바탕으로 구체적인 사건이나 이벤트들을 만드는 컨텐츠 기획으로 나누어진다.

기획자나 기획팀이 구상해낸 가상의 세상을 눈으로 직접 볼 수 있도록 하는 일을 그래픽 작업이라 하고 이런 일을 하는 사람들을 그래픽 아티스트라고 부른다. 일반적인 게임의 경우 제작 인원 중 절반 또는 그 이상이 그래픽 아티스트로 구성되기도 할 정도로 대규모의 팀을 이루어 작업하는 경우가 많다.

그래픽팀 안에서도 기획팀의 생각들을 가장 먼저 그림으로 표현하는 원화가 또는 팀이 있다. 이 원화를 바탕으로 게임에 들어갈 이미지로 만드는 사람들도 있다. 요즘 대부분의 게임들이 3D(입체적 이미지)로 돼 있다. 2D(평면적 이미지)로 되어 있는 게임도 있지만, 게임을 만드는 중간 과정에서는 대부분 3D로 먼저 만들고 이것을 바탕으로 다양한 각도에서의 2D 이미지로 만들어 낸다. 3D 게임의 경우 2D 이미지로 변환하는 작업 없이 바로 게임 상에서도 3D로 구현한다. 여기에 캐릭터의 움직임을 좀 더 과장하거나 화려하게 꾸미기 위한 특수 효과를 제작하는 이펙트 작업을 가한다.

화면에서 좀 더 실감나는 이미지들이 보여주기 위해서 소리도 필요하고, 분위기를 잡기 위한 배경 음악도 필요한데, 이런 일을 담당하는 사람을 사운드 아티스트 또는 사운드 크리에이터라고 한다.

## -게임의 틀을 만드는 프로그램팀

지금까지 작업된 것들-이야기, 그래픽, 사운드를 게임 데이터라고 부른다. 이 게임 데이터를 컴퓨터 또는 가정용 게임기, 휴대용 게임기에서 작동되도록 하는 일을 프로그래머가 담당한다. 다시 말하면 프로그래머는 컴퓨터가 인식할 수 있는 명령

문들로 프로그램 코드를 작성해 컴퓨터에서 게임이 작동하도록 하는 것이다.

집을 지을 때 초반에 바닥을 다지고 기둥을 세우듯이, 프로그램도 마찬가지로 게임의 기초(엔진)를 만드는 엔진 프로그래머가 있다. 엔진 부분은 그래픽을 처리하는 부분과 사운드를 처리하는 부분, 인공지능 처리부분 등으로 나누어진다. 또 엔진을 바탕으로 게임을 만드는 메인 프로그래머 또는 컨텐츠 프로그래머가 있는데, 이들은 기획팀에서 생각하는 것들을 실제의 게임으로 구현하는 일을 한다.

앞에서 언급했던 그래픽 작업자나 사운드 작업자, 기획자가 만들어낸 데이터는 게임에서 사용하기 위한 형태로 가공돼야 한다. 예를 들면 그래픽 작업자가 만든 집이나 나무들을 가지고 하나의 마을을 꾸밀 수 있는데, 이러한 가공 작업을 위한 프로그램도 만들어야 한다. 이를 툴이라 하고 앞에서 말한 마을을 만드는 툴을 맵(map)툴이라 한다. 여러 가지의 툴을 만드는 툴 프로그래머도 필요하다.

요즘 다수의 게임은 인터넷상에서 작동하는데, 이를 위해서는 네트워크 프로그래머 또는 온라인 게임에서는 서버 프로그래머가 있어야 한다. 온라인 게임의 경우 서버에 게임의 내용이나 룰 등이 들어가기 때문에 서버 프로그래머도 게임의 규모에 따라 여러 분야로 나누어질 수 있다. 클라이언트 프로그래머와 마찬가지로 엔진이라고 하기엔 의미가 약할 수 있으나 네트워크 부분과 데이터베이스 처리 부분, 전체 구조를 담당하는 메인 프로그래머와 게임 컨텐츠를 담당하는 컨텐츠 프로그래머, 툴 프로그래머 등으로 나뉜다.

마지막으로 이러한 작업자들의 최종 결과물을 관리하는 디렉터가 있는데, 영화에서 감독과 같은 역할이라 생각하면 된다.

## • 프로그래머가 되기 위해서 – 프로그래밍의 기초

게임을 만드는데 필요한 직업군과 이들의 세부 분류를 알아보았는데, 이중에서 프로그래머가 되기 위해서 어떠한 지식이 필요한지, 어떠한 과정을 거쳐야 하는지에 대해서 알아보겠다.

우선 기본적인 프로그래밍(프로그램을 작성하는 것)을 할 줄 알아야 하는데 여기에 쓰이는 컴퓨터 언어의 종류도 다양하다. 대부분 게임을 만들 때 언어는 C, C++을 사용한다. 다른 언어를 사용하기도 하지만 대부분의 게임 개발을 위해 참고해야 할 서적이나 자료들이 C++로 돼 있다. 여기에서 C와 C++의 차이는 이름에서도 알 수 있듯이 C라는 언어에 좀 더 기능이 추가되어 발전한 형태가 C++이라고 생각하면 된다.

처음부터 C언어를 공부하는 것이 어려울 수도 있다. 나는 컴퓨터를 처음 접했던 초등학교 6학년 무렵 basic이라는 언어를 먼저 익혔는데, 책에 나온 내용들을 따라서 입력해보고 결과를 확인 해 보는 정도였다. 프로그래밍을 할 순 없었지만 돌아가는 원리를 이해할 순 있었다. 프로그래밍을 본격적으로 공부한 것은 대학교 때부터다.

컴퓨터 언어를 공부하기 위한 책들은 매우 많고, 수준에 따라 체계적으로 공부할 수 있도록 다양한 자료들이 있으며 주변 사람들에게 도움을 얻을 수도 있다. 그렇지만 컴퓨터에 대한 전반적인 지식을 얻기 위해서는 오랜 시간과 관심을 가지고 꾸준히 지식을 쌓아야 한다.

이 외에도 개발하는 게임의 플랫폼(PC, 비디오게임기, 모바일, 휴대용 게임기)에 따라 또는 세부직종에 따라 추가적으로 알아야 할 것들이 있다. 예를 들어 윈도우 기반 PC 게임의 클라이언트 프로그래머라면 DirectX라는 것과 3D 프로그래밍에 대한 지식이 필요하고, 서버 프로그래머라면 네트워크와 데이터베이스에 대한 지식이 필요하다.

이런 지식을 배우기 위한 방법은 크게 3가지다. 첫 번째는 대학에서 전공을 하는 것이고, 두 번째는 학원을 통해 프로그래밍 또는 게임 프로그래밍을 배우는 것, 세 번째가 혼자서 공부하는 것이다.

대학에서 전공하면 일반적으로 공학 계열에서 주로 프로그래밍이나 컴퓨터에 대한 전반적인 것들을 배운다. 하지만 게임에 특화된 것은 스스로 공부를 해야 한다. 최근 게임 관련 전공도 여러 곳에서 생겼는데 이 경우에는 게임 프로그래밍에 대해서도 배울 수 있다. 요즘에는 실업, 공업 고등학교에서도 게임 관련 전공이 있다.

학원은 대학에 비해 교육 기간이 6개월에서 1년가량으로 짧기 때문에 전반적인 지식보다는 현업에서 바로 사용할 수 있는 응용 지식을 위주로 배울 수 있다. 대체로 프로그래밍에 대해 기본 지식이 있는 경우 학원을 통해 응용 지식을 배워서 게임 개발사에 취업을 할 수 있다.

독학은 스스로 프로그래밍과 컴퓨터 전반적인 것에 대해 공부하고 게임 프로그래밍을 연습하는 방법. 인터넷을 찾아보면 많은 정보들이 공개되어 있지만 체계적인 지식을 쌓기 위해서는 책을 보는 게 우선이다. 공부하다 모르는 것이 생기면 게임 개발자 커뮤니티 같은 곳에 질문을 하거나 찾으면 도움이 된다.

조사 자료에 의하면, 게임 개발 회사에서 신규 프로그래머 채용 시 학력에 관해서는 절반가량이 대졸 이상을 선호하고 그 다음으로는 학력을 구별하지 않는다고 한다. 전공의 경우도 전자/공학 계열을 가장 선호하고, 그 다음은 전공을 구분하지 않거나 게임 전문 학원을 졸업한 사람들을 선호한다고 나타났다(2007년도 게임백서).

추가적으로 게임 회사에서 인력을 채용하는 방법은 인력을 필요로 하는 실무팀에서 직접 채용을 하거나 채용을 담당하는 팀에서 확보한 인력을 실무팀에서 면접 후 채용을 확정하는 경우가 가장 많다. 채용 과정은 서류심사, 기술면접(실무 팀장급), 인성면접 (임원, 인사 담당자)이거나 서류심사, 인성면접, 기술면접 순으로 진행하는 경우가 일반적이다. 기술면접의 경우 프로그래밍 수준을 파악할 수 있는 것들과 개인 성품을 파악할 수 있는 것들을 질문하고 추가적으로 시험을 보거나, 과제를 내는 경우도 있다.

나도 몇 번의 채용면접을 본 경험이 있지만 선호 기준이 조사된 바와 크게 다르지 않다. 대부분의 경우 신입보다는 경력자를 채용하는 경우가 더 많은데, 이는 채용 인력을 조금이라도 빨리 실무에 투입할 수 있다는 이점이 있기 때문이다. 학생의 경우 졸업 전 게임 회사에서의 파트타임(아르바이트)이나 계약직 또는 병역특례로 일을 해본다면 좋은 경력이 될 수 있고, 컴퓨터 관련 경진 대회 수상이나 자격증 취득은 실력을 판단할 수 있는 좋은 자료가 될 수 있다.

## 🔍 게임 프로그래머가 되기까지

초등학교 들어가기 전이었던 것 같다. 어느 날 나보다 세 살 많은 형이 학교 다녀오는 길에 신기한 곳을 봤다며 나를 데리고 갔다. 일명 오락실(아케이드 게임장)이었는데, 그때가 내가 게임을 처음 접했을 때가 아닌가 싶다. 그때의 광경이 아직도 머릿속에 생생하다. 그곳에는 장난감 공기총을 쏴 인형을 맞춰 떨어뜨리면 상품을 주는 게임과 흑백 브라운관 속에서 네모난 공과 기다란 막대기로 벽돌들을 깨는 게임, 둘이서 서로 기다란 막대기로 공을 주고받는 게임이 있었다.

지금의 게임과 비교를 하면 정말 단순하고 멋이라곤 찾아볼 수 없지만 그 당시 사람들이 그런 시끌벅적한 기계 앞에서 게임에 열중했다. 그것을 구경하는 사람들의 모습은 호기심 많던 어린 나에게 상당히 매력적으로 다가왔다. 그래서인지 그 후로 꾸준히 오락실을 들락거렸고, 그로 인해 어머니께 야단도 많이 맞았다. 그렇지만 그 덕분에 초창기 게임의 모습부터 지금까지 게임의 변화된 모습을 자연스럽게 접했다.

어렸을 때 오락실에서 동전을 넣으면 매번 처음부터 다시 시작하는 것이(게임이 끝난 후 10초 안에 다시 동전을 넣으면 이어서 할 수도 있지만) 불만이었고, 여러 사람이 같이 편을 짜서 게임을 하면 더 재밌겠다는 생각을 한 적도 있었다. 당시가 80년도 초반이었으니까 아마도 그때 나처럼 생각한 사람들이 자라서 지금의 온라인 게임을 만든 건 아닐까.

그리고 형을 통해 또 한 가지 중요한 경험을 했다. 바로 컴퓨터를 접한 것. 내가 초등학교 4~5학년생, 형은 중학생이었는데, 국내에 처음 가정용 컴퓨터가 들어오면서 오락실에서 즐기던 게임을 컴퓨터로 즐길 수 있었다. 오락실 게임을 흉내낼 수 있을지 몰라도 비슷하게라도 만들지는 못하는 정도였는데, 그 정도라도 컴퓨터로 할 수 있다는 건 꿈같은 일이었다. 컴퓨터를 자연스럽게 접하면서 나는 책을 보고 Basic이라는 기초적인 프로그래밍을 공부했고, 새로운 게임을 하면서 나름대로 전략을 분석했다. 게임 회사에서 주최하는 공모전에 게임기획서도 써 보면서 막연하게나마 게임을 만들고 싶어 했다.

하지만 당시 게임이라는 것에 대한 사회적 시각이 곱지 않았고, 게임 개발자는 버젓한 직업으로 인정받지 못했다. 나 스스로도 게임 만드는 일을 직업으로 삼겠다는 확신이 서기 않았기 때문에 물리학과에 진학했  다. 하지만 게임을 만들고 싶다는 막연한 꿈은 잃지 않았다. 게임 개발자가 되기 위한 교육 과정이나 게임을 개발하기 위한 방법들이 잘 알려져 있지 않았기 때문에 게임을 하면서 분석적인 시각으로 바라보고, 책을 통해 컴퓨터에 대한 지식을 습득했다. 컴퓨터 그래픽 학원을 다니고, 프로그래밍 공부도 하면서 지식을 쌓았다.

본격적으로 프로그래밍을 공부하기 시작한 것은 군 제대 이후. 주변에 가르쳐 주는 사람이 없다 보니 어떤 책을 봐야 할지 몰라 C프로그래밍의 기본을 익히는데도 많이 헤맸다. 폭 넓은 이해를 쌓기 위해서는 같은 내용이라도 한 권의 책을 보는 것보다는 다른 책도 함께 보는 게 좋은데 이해하기 쉽게 접근한 책이 드물었다. 대부분 1,500~2,000 페이지 분량의 전문 서적을 혼자서 보면서 공부하는 게 전부였다.

전공자들이 어떤 식으로 공부하는지 궁금해 컴퓨터 관련 학과의 수업이나 그래픽 관련된 수업도 신청해 듣기도 했다. 당시 게임 관련 학과는 없었기 때문에 프로그래밍은 전자공학과, 컴퓨터 그래픽은 산업디자인과에 가서 들었는데, 신선한 자극이 됐다. 프로그래밍의 이론만 혼자 공부하던 나는 팀을 짜 화상통신 프로그램을 만드는 친구들을 보며 실제로 쓰일 만한 프로그램을 팀 작업으로 만들어보는 게 중요하다고 느꼈다. 산업디자인과에서 컴퓨터 그래픽스를 배우면서도 팀 단위로 프로젝트를 하는 것은 물론 창의적 발상하는 친구들을 보며 많은 것을 배웠다.

나는 수업을 들으면서 혼자 공부하는 것보다 가급적 빨리 실무를 접하는 게 좋겠다고 생각했고, 4학년 여름방학 때부터 교육용 소프트웨어를 만드는 멀티미디어 관련 회사에 인턴사원으로 들어가 일을 배웠다. 하지만 그 회사는 게임 회사가 아니었다. 교육용 미니 게임을 만드는 것을 교육용 소프트웨어도 만들고 게임도 만드는 줄 알고 들어간 것이다. 하지만 그곳에서 약 1년 정도 일하면서 내가 만든 프로그램이 제품으로 출시되기 위해서 얼마나 많은 노력과 집중이 필요한지 그리고 스스로가 얼마나 부족한지 깨달았다.

퇴사 후 나는 알고리즘이나 논리 훈련을 주로 하는 프로그래밍 학원을 다니면서 부족한 부분을 채웠고, 현재 근무하고 있는 온라인 게임 회사에 입사했다.

입사할 때 온라인 게임이란 것에 대해 잘 알지 못했지만, 면접관이 '열심히 하겠구나' 하며 내 자질을 평가해 채용한 게 아

닌가 싶다. 게임을 만드는 일에는 팀워크가 무엇보다 중요하다
보니 10년 가까이 남아서 일하게 됐고 지금의 훌륭한 팀원을 만
날 수 있었다. 일하면서 이직할 생각도 들고, 주변에서 좋은 조
건으로 스카우트 제의도 받았지만 그때마다 예전에 내가 했던
다짐을 떠올렸다.


## 🔍 게임개발자의 생활 그리고 어려운 점

게임개발자는 20대 중후반에서 30대 초반의 대체로 젊은 사람
들로 구성된 경우가 많다. 그렇기 때문에 게임 개발하는 회사도
다른 직종의 회사에 비해 젊고, 분위기도 세련되고, 사람마다의
개성도 뚜렷하다. 머리나 복장뿐만 아니라, 사고방식, 팀 내부
의 사람들 간의 분위기 또한 딱딱하지 않고 친근하다.

　하나의 게임을 개발하는 동안 20~30명 정도에서 대규모의
경우 100명 이상까지도 하나의 팀을 이뤄 게임을 개발한다. 팀
규모에 상관없이 업무적으로 관련된 대략 20명 정도. 그들과 적
게는 1~2년에서 길게는 3~4년 동안 하루 8시간 이상을 함께
일하고, 야근이나 철야까지 한다. 그렇기 때문에 하루 24시간

중 팀원들과 지내는 시간이 가족들과 지내는 시간보다 많아져 팀 분위기가 저절로 편안해진다.

이는 장점이면서도 치명적인 단점이기도 하다. 서로에 대해 잘 아는 만큼 배려도 할 수 있지만 쉽게 상처를 줄 수도 있기 때문이다. 서로에게 익숙해지면서 생활이 나태해질 때 이를 객관적으로 보고 바로 잡기 어려울 수 있다. 사무적으로 대하기보다 창조적인 일을 하고 있다고 인식하기 때문인데, 규정보다 자율을 우선시 하면 팀워크가 깨지는 경우도 있다.

게임 개발하는 일이 규격화된 공산품을 생산하는 일이 아닌 창의적인 문화 콘텐츠를 생산하는 일이므로 객관적이기보다는 주관적 기준에 의해 결정되는 경우가 많다. 사람마다 재미있다고 느끼는 기준이 다를 수 있는데, 이럴 경우 회의 중 의견 대립이 발생할 수 있다. 만약 상대방을 존중하고 배려하는 마음이 부족하면 불필요한 논쟁으로 발전해 서로에게 상처를 주게 된다. 때문에 게임을 개발하는 기술적인 능력도 중요하지만 인성적인 면도 매우 중요하다. 이렇듯 생활에서 겪는 어려움과 함께 개발자로서의 미래에 대한 고민도 이 분야에서 일 하는 사람들이 겪는 어려움 중의 하나일 것이다.

나도 처음 일을 시작할 때 '내 나이가 서른셋이 되어도 게임 개발하는 일을 계속 할 수 있을까? 외국 게임 개발자들은 우리보다 나이가 더 들어도 하던데 우리도 어떻게 하면 그렇게 될 수 있을까?' 하고 고민했다. 게임 개발자들의 연령이 대체로 낮고, 트렌드와 기술에 민감한 직업이다 보니 나이가 들면서 이 분야에서 계속 일을 하기가 어려운 경우도 생기기 때문이다.

그때 우연히 음악가 호로비츠(Vladimir Horowitz)의 피아노 연주 동영상을 보게 됐다. 나이든 피아노 연주가가 혼신을 다해 건반을 두드리고 청중이 감동의 눈물을 흘리는 모습을 보면서 '피아노를 연주하는 일은 나이 들어서도 할 수 있으니 얼마나 좋을까' 하고 부러워했다. 하지만 곧 '사람은 나이가 들수록 기억력이 나빠지고, 체력도 약해지고, 손도 떨리게 돼 피아노 연주하는 일이 불가능할 텐데 그런 어려움을 극복하기 위해 얼마나 자기 관리를 열심히 했을까' 하고 생각했다.

게임도 마찬가지다. 부지런히 연구하고 자기관리에 힘쓰면 더 많은 경험과 지식들을 자신이 만드는 게임에 담을 수 있을 것이다. 다행스럽게도 선배 게임개발자들의 노력으로 게임 개발 가능한 사람의 나이가 예전에 비해 상당히 높아졌고, 활동영역도 국내에 한정되지 않고 미국이나 일본 등 외국의 유명 개발사로 넓어지고 있다.


## 🔍 일의 즐거움과 행복

게임개발자들이 가진 공통점은 게임을 좋아하고, 자신이 게임을 좋아하게 된 경험을 다른 사람에게 전하고 싶어한다는 점이다. 자기가 하는 일을 좋아하고 즐긴다는 것은 가장 큰 장점이다. 내가 좋아하는 게임을 만들면서 나 역시 내가 만든 게임을 즐기는 사람들 중 한 명의 유저가 되는 것만큼 기쁜 일이 없다. 나는 게임을 개발할 때 늘 사람들을 즐겁게 해 주겠다는 마음을 가진다.

게임 만드는 일 중 가장 설레는 순간은 내가 만든 게임을 사람들에게 처음 선보일 때가 아닐까. 현재 온라인 게임을 만들고

> 내가 좋아하는 게임을 만들면서 나 역시 내가 만든
> 게임을 즐기는 사람들 중 한 명의 유저가 되는 것만
> 큼 기쁜 일이 없다. 나는 게임을 개발할 때 늘 사람
> 들을 즐겁게 해 주겠다는 마음을 가진다.

있는데, 매번 팀이 만든 게임을 유저들에게 공개되기 전 "우리
에게 5분 뒤 무슨 일이 벌어질까?"라는 말을 하곤 한다. 아마도
시합을 앞둔 권투선수나, 전쟁에서 격렬한 전투를 앞둔 군인에
게도 이런 생각이 들지 않을까 싶다.

## 게임 프로그래머가 되고 싶어 하는 학생들에게…

남을 배려하는 마음, 게임을 즐기는 자세 등 게임 개발자에게
필요한 여러 자질 중 가장 중요한 것은 얼마나 기술적인 능력을
갖추었는가 하는 점이다. 앞 글에서 게임 프로그래머에게 필요
한 여러 가지 기초 지식을 설명했는데, 게임 프로그래머가 되고
자 하는 사람들에게 프로그래밍과 관련된 다양한 기술적 지식
을 습득하기를 권한다.

자기개발이 필요한 분야가 기술만은 아니다. 궁극적으로 게
임은 유저에게 재미를 줘야 한다. 그러기 위해서는 시대를 관통
하는 문화적 트랜드를 읽을 줄 알아야 한다. 또 다른 분야에 대
한 지식과 경험들이 있어야 재미있는 게임을 만들 수 있다. 예
를 들면 비행기를 조종하는 게임을 만들기 위해서는 비행기 조

종에 대해 잘 알아야 하고, 축구 게임을 만들려면 축구에 대한 많은 전문적 지식들이 필요하다.

게임을 만드는 사람으로서 당연히 새로 나오는 게임들도 많이 해 봐야 한다. 미처 알지 못한 기술이나 트랜드가 반영되었을 수도 있기 때문이다. 그리고 항상 새로운 시도와 새로운 소재를 찾기 위해서 평소 다양한 취미 생활을 갖는 것도 필요하다.

프로그래밍에 필요한 능력은 논리적인 사고력, 수학적 지식(이해도 또는 계산능력), 그리고 고도의 집중력과 끈기다. 프로그램 코드를 작성하기 전 먼저 어떻게 작성을 할지 설계를 해야 하는데, 이때 논리적인 사고력이 필요하다. 이를테면 스도쿠 같은 퍼즐 문제의 구조를 파악하고 답을 찾아내는 능력을 키운다면 프로그램 설계를 하는데 있어 간접적으로 많은 도움이 될 수 있다.

수학적 지식은 프로그래머마다 필요로 하는 정도가 다른데, 대학 수준까지는 아니더라도 고등학교 수준의 수학적 계산 능력이 대체로 필요하다. 클라이언트 프로그래머, 특히 엔진 프로그래머는 수학적 지식이 뛰어나야 한다. 이런 점에서 수학이나 물리학 전공도 프로그래밍에 유용하다고 볼 수 있다. 하나의 게임을 만들어내기 위해 길게는 3~4년 까지 장시간의 과정을 거치게 되므로 고도의 집중력과 끈기는 필수적이다.

## 🐾 게임 프로그래머로서 나의 신념과 생활

프로그래머는 빠르게 발전하는 기술을 이해하고 문화적 트랜드를 따라가는 등 자기관리를 성실히 해야 한다. 컴퓨터와 관련된 기술은 하루가 다르게 발전하고 있다. 특히 게임의 경우 발전

속도가 더욱 빠르다. 현재 능력을 인정받고 있더라도, 아무런 자기개발 없이 2년을 보낸다면 그 동안 발전한 기술에 비해 뒤쳐지게 되므로 꾸준히 공부를 해서 남들보다 앞서가야 한다. 나는 꾸준히 새로운 게임들을 접함으로써 문화적 트랜드를 따라가려는 노력을 계속 하고 있다.

게임을 개발하는 데 하루 일과가 부족한 경우도 많다. 그럴수록 시간 활용을 잘해야 한다. 나는 자기개발을 하기 위한 별도의 시간을 만드는 등 자기관리에 신경을 곤두세우고 있다.

대부분 회사들이 주5일 근무를 하기 때문에 주중에는 바쁜 편이다. 나는 주말을 이용해 휴식을 취하고 취미 생활을 즐긴다. 주말 내내 잠을 자는 사람들도 있지만 게임을 개발하는데 있어 체력은 필수 요소이기 때문에 야구나 농구, 축구 같은 사회인 스포츠 동호회를 하는 사람도 많이 있다.

나의 취미는 여행과 사진촬영이다. 사진촬영은 요즘 많은 사람들이 즐기는 취미인데, 트렌드를 읽을 수 있고, 틈나는 시간에 충분히 즐길 수 있으며 세상을 다르게 보는 시각을 갖게 해주기 때문에 좋다. 회사 내에 사진 동호회가 있어 동호회 사람들끼리 정기적인 모임도 갖고 있다. 규모가 있는 게임 회사 대부분은 다양한 사내 동호회가 있고 동호회 활동에 필요한 경비 지원을 회사에서 지원하기 때문에 개발자들이 동호회를 통해 다양한 경험을 할 수 있다.

때로는 개발을 하면서 폭풍 같은 일들(흔히 말하는 크런치모드)을 치르는데, 그 후에는 가족과 여행을 떠나 머리도 식히고 마음의 여유도 찾는다. 여행지에서는 다시 다가 올 큰일들을 치루기 위한 용기를 얻을 수 있어 좋다.

앞에서 언급했지만 게임 산업은 과거에 비해 규모가 매우 커졌다. 이는 게임개발자나 게임을 즐기는 유저들에게 더 나은 환경을 제공한다. 하지만 빠른 시간에 급격하게 성장한 게임 산업은 미비한 정책으로 인해 유저들에게 적지 않은 피해를 주기도 했고, 게임중독증 같은 좋지 않은 결과로 좋지 않은 시선이 게임개발회사나 개발자들에게 돌아가기도 했다. 게임개발회사와 개발자들이 앞장서 이런 일들이 발생하지 않도록 올바른 게임 문화를 정착시키고 게임 산업을 키워 나가야 할 것이다.

# 게임 캐스터_임동석

## 빠르고 박진감 넘치는
## 게임 속으로

### 직업개요 | 게임 캐스터

일반적으로 아나운서는 시청자들에게 각종 매체를 통하여 정보를 전하고 프로그램을 진행하는 사람을 말한다. 최근에는 활동영역이 넓어져 뉴스 진행은 물론 스포츠 캐스터, 교양오락프로그램 사회자, 리포터 등의 역할을 모두 포괄하고 있다.

아나운서의 한 부류라고 할 수 있는 게임 캐스터는 게임의 진행 상황과 그 외 각종 정보를 시청자에게 전달하는 사람이다. 재치 있는 언변으로 게임 방송의 재미를 높이고, 게임 진행 상황을 정확하게 시청자에게 전달하며, 시청자 입장에서 궁금해 할 만한 점들을 해설자에게 질문함으로써 시청자가 필요한 정보를 얻을 수 있도록 한다.

게임 캐스터로 채용되는데 있어서 특별한 전공제한은 없으며 특별한 입문경로도 없다. 일반적인 아나운서의 경우 보통 방송사 공개채용을 통해 입사하는데, 게임 캐스터의 경우 공개채용을 통해 입사할 수도 있지만 게임에 대해 잘 파악하고 있어야 한다는 특수성 때문에 다양한 경로를 통해 입문하고 있다.

기본적으로 내용을 정확하게 전달해야 하는 점은 같기 때문에 표준어 구사, 발성, 호흡 등 기본적인 능력을 갖추는 것이 필요하다. 특히 게임은 주로 생방송으로 진행되기 때문에 돌발 상황에 대처할 수 있는 순발력과 시청자의 흥미를 유발시킬 수 있는 재치, 즉석에서 스토리 구성 능력도 겸비해야 한다.

게임 시장이 많이 활성화 되고 있으나, 게임 캐스터에 대한 수요에는 제한이 있어 경쟁이 매우 치열하다. 때문에 비교적 안정적이지 못하다는 문제점을 갖고 있으나, 게임 중계 방송 이 속속들이 생겨나고 있고 게임 시장이 점차 활성화 되고 있으므로 장기적으로 게임 캐스터의 수요는 증가할 것으로 보인다.

## 임동석 게임 캐스터는요?

경제전문 방송국인 서울경제TV 메인 앵커로 활약하고 있는 임동석 게임 캐스터는 1970년 출생으로 성균관대 법학과를 졸업하고, 1996년 부산방송 공채 아나운서로 입사했다. 1997년 iTV의 개국과 함께 iTV로 옮겨서 아나운서를 하다 2000년 게임 캐스터를 맡게 되었다. 2000년 iTV 〈게임월드 명승부 베스트〉, 〈게임 스페셜〉, 2005년 온게임넷의 〈4대 천왕전〉, 2006년 온게임넷의 〈스페셜 포스 리그〉, 〈길드워〉 등의 게임을 진행했다. iTV 게임 캐스터 당시 수많은 팬들을 보유하고, '임동석 어록'이라고 불릴 정도의 스타 게임 캐스터로 활약했고, 현재 서울경제 TV에서 경제 전문 프로그램들을 진행하고 있다.

# 게임 캐스터는 어떤 일을 하는가?

청소년 시기는 진로를 결정하는 매우 중요한 시기이다. 인생의 기반을 닦는 때라는 점에서 건물로 비유하면 설계도를 그리고, 기초 공사를 하는 시기라고 볼 수 있다. 외관이 멋진 건물을 짓는다 할지라도 기반이 약한 경우 오래도록 그 멋을 유지할 수 없으며, 설계 단계에서 제대로 방향을 잡지 못하고 올라간 건축물은 그 방향성과 치밀함에서 결코 우수할 수 없다. 때문에 청소년 시기의 가장 중요한 일은 내가 앞으로 할 일에 대한 방향을 잡고 그 준비를 탄탄히 하는 것이라고 할 수 있다. 시대의 변화를 정확히 읽어 내고자 하는 노력은 물론 그 앞길에 대한 정확한 예측까지 해야 후에 겪을 크고 작은 실패를 줄일 수 있고 탄탄한 앞길을 열 수 있는 것이다.

지난 10년 여 간 우리는 게임이라는 시장이 새롭게 열리는 것을 지켜봤다. 단순히 오락실에서 동전 넣고 즐기던 게임이 인터넷과 컴퓨터의 발달에 발맞춰 이제는 내 책상에 편히 앉아 몰두해 즐길 수 있는 것은 물론 전 세계의 유저들과 함께 만나 승부를 벌이는 시대가 된 것이다.

과거에는 꿈도 못 꾸던 국제적인 게임 경기가 한국은 물론 중국 등 해외 각 국에서 개최되며, 하루 24시간 게임만을 중계하는 방송국들도 생겨났다. 게임 실력만으로 적지 않은 몸값을 받는 '프로게이머'라는 신종 직업이 생겨났는데, 프로게이머는 한때 청소년들의 선망하는 최고 직업으로 꼽히기도 했다. 이렇듯 새로운 시대, 새로운 시장이 열리면 그에 따라 과거에 없던 신종 직업들도 함께 생겨난다는 점에서 청소년들은 시대와 시장의 변화에 늘 주목해야 한다.

과거에는 공부를 잘 하는 이가 각광받고 성공하는 시대였지만 이제는 그렇지 않다. 무엇이든 한 분야에 두각을 나타내면 최고의 위치에 오를 수 있다. 물론 시장에서 요구되는 일의 경우에 한정된 것이지만, 앞으로 시장의 요구가 계속될 것이라 생각되면 내 자신의 능력과 자질을 냉철히 판단해 과감히 진로를 결정하는 한편 하고자 하는 직업에 포커스를 맞춰 준비해 나아갈 것을 권하고 싶다.

게임이나 방송에 관심과 재미를 느끼고, 열정이 있다면 내가 활약했던 게임 캐스터라는 직업에 관심을 갖는 것도 좋다. 하지만 현실적으로 방송 출연자란 직업은 하고자 하는 분들의 수요에 비해 일자리가 턱없이 부족하다. 또한 지원자의 욕심과 열정 이상의 것들이 요구되기에 많은 지원자들에게 실패만을 안겨 주는 경우가 대부분이다. 그러므로 게임 캐스터가 되기 전 많은 정보 수집은 물론 내 자신에 대한 철저한 객관적인 검증이 함께 필요하다는 점은 잊지 말아야한다.

게임 중계방송을 한번쯤이라도 접한 청소년이 많을 것이다. 방송을 통해서, 또 대회 현장에서 이미 게임 캐스터를 숱하게 접해 친숙함을 느끼는 청소년도 있을 것이다. 게임 중계진은 캐스터와 해설자로 나뉘어 자신의 역할을 수행한다. 게임 캐스터와 해설자는 어떻게 다를까?

해설자는 시합 중 게임의 진행 상황에 대한 분석과 예측, 선수의 심리 상태 등 전문가적인 시각과 지식으로 시청자들의 지적 욕구를 채워 주는 역할을 담당한다. 그런데 전문적인 말이 계속된다면 이를 지켜보는 이들은 지루함을 느낄 수도 있고, 방송이 매끄럽게 흘러가지 못해 결국 재미없는 게임 중계가 될 가능성이 클 것이다.

게임 캐스터는 이런 점을 보완하는 존재다. 방송 전반적인 흐름을 맡아 진행하며, 프로그램의 재미를 더 해 줄 수 있는 재치 있는 언변으로 해설자를 이끈다. 현재 벌어지고 있는 승부 상황을 긴장감 있고 생생하게 중계함으로써 보는 이로 하여금 경기 상황을 정확히 알 수 있게 돕는다. 게임 캐스터는 시청자 입장을 고려해 궁금한 점들을 재빨리 뽑고, 해설자에게 적절한 질문을 던져 대답을 이끌어 내기도 한다.

> 현재 벌어지고 있는 승부 상황을 긴장감 있고 생생하게 중계함으로써 보는 이로 하여금 경기 상황을 정확히 알 수 있게 돕는다. 게임 캐스터는 시청자 입장을 고려해 궁금한 점들을 재빨리 뽑고, 해설자에게 적절한 질문을 던져 대답을 이끌어 내기도 한다.

## 게임 캐스터가 되기까지

많은 사람들이 "게임 캐스터가 되고 싶은데 어찌하면 될 수 있느냐"고 묻는다. 그럴 때마다 난감하기도 하고 때로는 아쉽다. 왜냐하면 아직까지 뚜렷한 경로가 마련되지 않았기 때문이다. 지금 활동하는 캐스터와 해설자들 역시 입문경로가 제각각이다.

공중파 아나운서 공채 시험을 통해 처음 방
송계에 입문한 나는 뉴스, 교양·오락프로그램
등 많은 프로그램을 진행하다가 게임 중계를
시작했다. 나는 1996년 부산방송에 아나운서
로 입사했고 이듬해 iTV가 개국하면서 그곳으
로 자리를 옮겼다. 뉴스나 경제 전문 프로그램
등을 주로 맡아 왔던 어느 날 게임 중계 프로그램을 맡게 됐다.

한때 온 국민이 열광하던 스타크래프트 게임 중계였다. 나는
무슨 종족이 존재하는 지도 모를 만큼 게임에 문외한이었다. 하
지만 중계를 맡게 된 이상 넋 놓고 있을 수만은 없었다. 나는 약
1주일 정도 스타크래프트에 대해 공부한 이후 2000년 1월 처음
게임 중계를 시작했다.

1주일 동안 게임의 전체적인 내용을 파악하는 것은 무리였을
까. 처음에는 게임이 어떻게 진행되고 있는지 전혀 파악하지 못
한 채 중계를 할 수 밖에 없었다. 승패를 바꿔 말하는 실수를 저
지른 적도 있었다. 시청자들의 호된 비판을 받으면서 마음고생
도 했지만 포기하지 않았다. 꾸준히 게임을 공부하고 어떻게 하
면 보다 박진감 넘치는 게임 중계를 할 수 있을지 고민했다. 그
렇게 몇 달이 지나자 점차 시청자들이 나의 게임 중계에 호응했
다. 방송국 사정으로 잠시 게임 중계를 쉬기도 했지만, 게임 중
계의 매력에 빠진 나는 이후 프리랜서 게임 캐스터로 온게임넷
에서 일을 시작했다.

다른 게임 캐스터들은 어떨까? 게이머 출신, 게임 전문가나
게임단 감독, 방송인 출신 등 방송입문과정이 다양하다. 어떻게
보면 누구나 할 수 있다는 장점이 있을 수 있으나, 공채와 같은

뚜렷한 입문의 경로가 정해지지 않다는 점에서 이 직업을 꿈꾸는 이들을 힘들게 한다. 그리고 하고자 하는 이들에 비해 그 자리가 너무 적다는 점도 어려움이다.

다행히 요즘은 게임 전문 케이블 채널 이외에도 인터넷 매체들이 생겨나면서 자신이 홀로 중계를 할 수 있는 공간이 많이 생겼다. 이를 통해 실력을 갈고 닦을 수도 있고 또 방송 관계자들의 눈에 띌 수 있다는 점에서 참 다행스런 일이라고 할 수 있다. 비록 지금은 힘들겠지만 꿈을 갖고 꾸준히 준비한다면 분명 근무여건을 좋아질 것이라고 생각한다.

## ● 게임 캐스터로서 겪는 어려움

나는 미래에 대해 고민하는 청소년들에게 "네가 정말 좋아하는 일을 하라!"는 말을 많이 한다. 물론 그 일을 좋아한다는 것만으로 그 일이 직업으로서의 가치를 지닌다고는 말할 수 없다. 직업이 되기 위해서는 최소한의 생활과 미래를 위한 축적이 가능할 정도의 수입이 주어져야 하며, 최소한의 안정성 및 발전 가능성이 필수로 갖춰져야만 한다. 그런 점에서 볼 때 게임 캐스터가 보편적인 직업으로 자리잡았다고 평하기에는 시기상조라 생각한다.

물론 이미 자리를 잡고 왕성한 활동을 펼치는 중계진들은 많은 수입을 올리고 있지만 그런 이들은 손가락에 꼽을 정도라는 점을 간과해서는 안 된다. 아직까지도 많은 중계진들은 많은 소득을 올리고 있지는 못하고 있다. 직업의 안정성을 볼 때 프리랜서로 일해야하므로 좋은 환경이라고는 볼 수 없다.

수요가 적어 자연스럽게 엄청난 경쟁에 노출되는데, 이에 따르는 스트레스도 무척 크다. 따라서 게임 캐스터가 되고자 하는 사람들은 이런 현실을 명확히 인식하고 자신의 꿈을 좇아야 한다. 이런 미성숙한 여건들을 보다 완성된 여건으로 변화시키려면 그 누구보다 더 열심히 해야 한다.

## ✎ 게임 캐스터가 되고 싶어 하는 사람들에게…

게임 캐스터라 생각하고 실제로 중계를 해보자. 아마도 열 중 아홉은 제대로 해 내기 힘들 것이다. 그만큼 복잡한 상황을 단순화 시켜 정리해 말로 바꿔 전달한다는 것은 굉장한 노력과 훈련을 하지 않고서는 해내기 힘들다.

게다가 친한 친구들 앞에서 하는 것이 아니라 전혀 모르는 사람들, 그것도 수많은 사람들 앞에서 예행연습도 없고 미리 짜여진 대본도 없이 즉석에서 상황을 조리있게 설명한다는 것은 매우 어렵다. 그래서 나는 게임 캐스터가 되고자 하는 사람들에게 꾸준하게 다음의 자질을 갖추도록 노력할 것을 조언하고 싶다.

### • 훌륭한 말솜씨

정확한 발음과 큰 목소리를 갖추는 것은 방송인의 기본이다. 상대가 내 말을 정확히 알아들어야하기 때문이다. 발음과 풍부한 성량을 바탕으로 가급적 빨리, 조리있게 말하는 능력이 있어야 한다. 대개 경기 상황은 숨 가쁘게 빠른 속도로 진행되는데 여느 말솜씨로는 그 속도를 따라잡기 힘들다.

말을 잘할 수 있는 방법으로 나는 가장 먼저 독서를 추천한다. 책뿐만 아니라 신문을 소리 내어 많이 읽어 보는 것도 좋다. 군더더기 없고 정돈된 글들을 자꾸 소리 내어 읽다 보면 그 말투가 내 입에 배어나 나도 모르는 사이에 훌륭한 언변을 갖출 수 있다. 나 또한 그런 과정을 통해 지금의 능력을 지니게 됐다. 평소 격조 있고 조리 있는 말을 의식적으로 쓰려는 것도 중요하다.

## • 대중을 이끄는 자신감과 재미

많은 이들 앞에 홀로 선다는 것은 누구에게나 어렵고, 때로는 공포에 가깝게 느껴진다. 캐스터는 대중 앞에 직접 서거나 카메라를 통해 간접적으로 정보를 계속 전달해야 하는 직업이다. 대중을 두려워하거나 어려워해서는 안 된다. 대중 앞에서 능숙하고 자연스럽게 말과 행동을 해야 하고 때로는 그들의 심리 상태를 자신이 원하는 방향으로 이끌어 내야한다.

결코 쉽지 않은 일이다. 게임 캐스터를 꿈꾸고 있다면 기회를 일부러 만들어서라도 사람들 앞에 자주 서야 한다. 그들에게 내 생각을 큰 소리로 말하고 그들의 반응을 이끌어 내며, 내 의견이나 분위기에 그들을 동화시키는 연습을 많이 해야 한다.

처음부터 성공할 수는 없다. 실패하고 망신을 당하겠지만 언젠가 반드시 성공 할 것이고, 그때 큰 희열을 느껴 남들 앞에 서는 일에 큰 재미를 붙이게 될 것이다. 기억을 되살려보면 나는 초등학교 때부터 사람들 앞에서 뭔가 발표하고, 이야기로 상대

> 게임 캐스터를 꿈꾸고 있다면 기회를 일부러 만들어서라도 사람들 앞에 자주 서야 한다. 그들에게 내 생각을 큰 소리로 말하고 그들의 반응을 이끌어 내며, 내 의견이나 분위기에 그들을 동화시키는 연습을 많이 해야 한다.

방을 즐겁게 해 주려는 시도를 많이 했다. 그 경험이 지금 내게 기름진 토양이 되고 있다고 생각한다.


## • 게임에 대한 이해

위에 요구한 조건들은 방송인에게 가장 기본적으로 필요한 공통으로 요구되는 사항들이다. 게임 캐스터에게만 특별히 필요한 조건들은 무엇일까? 그 중 첫째는 게임에 대한 이해이다. 게임 시장 전반의 흐름을 꿰뚫고 있음은 물론 주요 게임의 플레이에 능통하다면 더욱 좋다.

하지만 게이머가 아니기에 일반인이 상상하는 것만큼 훌륭한 게임 실력을 갖출 필요는 없다. 그보다는 게임의 내용에 정통하고 경기의 흐름을 정확히 짚고 예측해내는 것이 더욱 필요하다. 재미있게 풀어 낼 줄 아는 능력은 무엇보다 중요하다.

둘째는 게임은 사람이 하는 것이니 경기를 치르는 팀과 선수들에 대한 많은 자료를 수집하는 것이다. 수집한 자료를 방송 중계에 적절하게 활용하는 부지런함과 재치를 지녀야만 한다.

## ✎ 게임 캐스터로서의 나의 철칙

아나운서 일을 하던 당시 전혀 생소한 게임 중계를 맡아 진행하란 지시를 회사로부터 받았을 때 당황했던 기억이 난다. 게임에 대한 관심도 흥미도 없었고, 게임 중계에 대한 이해가 전혀 없었기 때문이다. 하지만 일을 시작한 후 얼마 지나지 않아 큰 가능성을 어렵지 않게 발견했고, 게임에 빠져들어 일에 집중하게 됐다. 게임 캐스터라는 직업이 생소했기에 마치 '주인 없는 땅'이 눈앞에 펼쳐진 것 같았다. 게임 캐스터라는 틀이 완전히 만들어지지 않았기에 나만의 색깔을 입힐 여지가 참 많았기 때문이다.

9~10년이 흐른 지금은 어떨까. 게임 캐스터가 많아지면서 입지가 줄어들기는 했지만 아직까지도 남은 땅들은 많아 보인다. 깃발을 들고 그 곳에 도달하기에는 힘들고 험한 길을 거쳐야한다. 하지만 진정 내 것으로 만들고야 말겠다는 열망이 있다면, 준비하고 도전하고, 많은 실패도 경험하며 노력하길 바란다. 늘 많은 실패 후 작은 성공은 겨우겨우 찾아오게 마련이기 때문이다.

# 정보시스템감리사_서희명

## 안정된 시스템 구축의
## 선구자

### 직업개요 | 정보시스템감리사

현대 사회는 '정보화사회'라고 불릴 만큼 정보의 중요성이 크다. 그만큼 그 정보를 마련하고 전달해 주는 정보시스템 또한 강조되고 있다. 정보시스템을 만드는 사람들이 있는 반면, 만들어진 정보 시스템이 실제로 편하게 사용될 수 있는 것인지, 갑작스레 다운될 것에 대한 대비는 잘 되어 있는지, 해킹 같은 사이버 범죄로부터 안전한지와 같은 사항 등을 체크하고 문제점이 있을 경우 정보 시스템을 만든 사람들이 고칠 수 있도록 점검하는 사람도 있다. 후자의 역할을 하는 사람이 바로 정보시스템감리사이다.

정보시스템감리사가 되고자 하는 사람들에게 정보시스템감리사 자격증은 필수적이다. 매년 1회 한국정보화진흥원에서 시행하는 감리사 자격시험은 필기, 면접, 이론 및 실무 교육, 그리고 현장 업무 체험으로 구성되고, 이 모든 과정을 마쳐야 자격증을 수여받는다. 정보시스템감리사 자격증 취득이 어려운 이유는 1차 필기시험에 응시하기 위해서 정보처리 분야의 실무 경력이 필요하기 때문이다.

시험에 응시하는데 전공 제한은 없지만 대부분이 대학에서 정보통신 계통이나 컴퓨터 공학을 전공한 사람이고, 4년제 대학을 졸업한 경우 9년 이상의 실무 경력이, 석사 과정을 졸업한 경우에도 6년 이상의 경력이 있어야 시험에 응시할 수 있다.

정보시스템감리사는 안정적인 정보시스템 구축에 기여한다는 보람과 함께 높은 보수를 받는 것으로 알려져 있지만, 비슷한 경력을 지닌 다른 대기업의 직장인들과 비교해 보면 높은 수준은 아니라고 한다. 하지만 본인의 노력 여하에 따라 더 큰 성과를 얻을 수도 있고, 앞으로 IT 시장의 성장과 정보에 대한 수요 증가로 정보시스템감리사에 대한 수요는 크게 늘어날 전망이다. 현재 감리사의 수는 많지 않아 앞으로 더 많은 기회를 얻을 수 있을 것이 분명하다.

## 서희명 정보시스템감리사는요?

정보시스템 감리법인인 (주)시소컨설팅 대표 서희명 정보시스템감리사는 1968년에 태어나 부산대학교 컴퓨터공학과를 졸업한 뒤 연세대학교와 건국대학교에서 컴퓨터공학과 석·박사 과정을 밟았다. 정보시스템감리사가 자리 잡지 않았을 무렵인 1994년 (주)현대정보기술에 입사해 시스템 개발을 시작했고, (주)데이콤, (주)싸이버텍홀딩스, (주)한국전산감리원을 거치며 안정적인 정보시스템 구축에 기여해왔다.

# 정보시스템 감리란 어떤 일을 하는가?

정보시스템 감리(ISA: Information Systems Audit)는 정보시스템의 효율성을 향상시키고 안전성을 확보하기 위해 정보시스템 구축에 관한 사항을 종합적으로 점검하고, 문제점을 개선하는 일이다. 건설 현장에서 안전한 건물을 만들도록 감리를 하듯이, 정보시스템을 규정에 맞게 잘 만드는지 점검하고, 보다 나은 개발 방안을 찾아 전달하는 것이 감리하는 사람의 역할이다.

해를 거듭할수록 공공기관이나 대규모 기업 등 조직의 성공적인 업무수행에 있어 정보시스템의 영향력이 커지고 있다. 정보시스템의 규모가 커짐에 따라 이를 체계적으로 구축하고, 효과적으로 관리해야 하는 필요성도 나타났다. 정보시스템의 도입과 함께 정보시스템 위험요소를 사전에 식별하고 평가하여 대응책을 마련하는 것이 중요한데, 감리를 통해 대규모 정보시스템 구축을 함에 있어서 발생할 수 있는 부적절한 의사결정과 개발일정의 지연 및 추가 비용 발생, 사용자 요구기능을 충족하지 못하는 시스템 개발, 프로그램 오류, 데이터 오류, 프로그램 성능 미충족, 관련법규·기준·표준의 미준수 등의 위험요소를 개선할 수 있다.

또한 감리를 통해 기밀성(Confidentiality), 무결성(Integrity), 가용성(Availability)으로 정의되는 정보시스템의 안전성과 투입된 자원의 효율적인 이용, 사전에 설정된 정보시스템 목적의 효과적 달성과 프로젝트 관리 수준의 향상, 프로젝트 품질관리 체계의 향상, 프로젝트 표준의 준수 및 표준설정의 완성도 향상, 데이터(베이스)의 일관성·독립성·통합성 및 유연성 향상,

정보시스템 감리는 감리분야, 대상, 사업단계 별로 분류되는데, 분야별로 기술감리 / 비용감리 / 성과감리, 대상별로 사업감리 / 운영감리, 단계별로 사전감리 / 진행감리 / 사후감리로 세분할 수 있다.

응용시스템의 유지보수성 향상 등을 기대할 수 있다. 감리의 중요성이 커지면서 대국민 서비스를 위한 행정업무 또는 민원업무 처리를 위한 정보시스템의 경우에는 감리를 의무적으로 하도록 법에서 명시하고 있다.

정보시스템 감리는 감리분야, 대상, 사업단계 별로 분류되는데, 분야별로 기술감리 / 비용감리 / 성과감리, 대상별로 사업감리 / 운영감리, 단계별로 사전감리 / 진행감리 / 사후감리로 세분할 수 있다. 각 유형별로 정보시스템의 기술적 타당성, 계획과 집행비용의 타당성, 정보시스템의 공헌도, 시스템 운영, 신규 사업 착수 전 계획평가, 개발과정 평가, 종류 후 전반적인 결과 평가 등을 진행한다.

정보시스템 감리라는 직업은 1990년대 후반 생겼다. 초기에는 한국정보화진흥원(옛 한국전산원)에서 주요 공공기관 정보시스템 구축 프로젝트를 대상으로 자체적으로 수행하던 것을 민간으로 이양하면서 현재와 같이 민간 감리법인을 중심으로 감리가 이루어짐에 따라 감리원이라는 직업이 생겨났다.

감리 직무를 수행하는 사람들과 관련한 통계자료에 따르면, 현재 감리 직무 수행자의 평균 연령은 46.5세, 감리분야 입사 전 학력 연수는 약 15.9년으로 타 직업군에 비해 평균연령과 학점점 복잡해지는 업무와 정보시스템의 안전성과 효율·효과성 향상을 위해서는 정보시스템감리사에 대한 수요가 크게 늘어날 수밖에 없다.

력이 높은 편이며, 임금 수준은 3,000만~1억 원(평균 4,577만 원)으로 나타난다. 대학교 관련학과는 컴퓨터공학, 전산학, 산업공학, 경영정보, 정보통신학, 경영학, 경제학, 응용전자학과 등이며, 대부분 4년제 대학을 졸업한 자이고, 일부 관련학과 대학원 과정의 수료자 및 졸업자도 있다.

감리를 하기 전 과거 재직하였던 기업체의 산업분야는 'IT 분야 컨설팅, 품질관리(34.4%)', 'SW 개발 및 구현(31.1%)'이 다수를 차지하고, 'IT 분야 서비스(20.0%)' 분야도 높은 비율을 나타내고 있다. 기업형태의 경우에는 대기업(50.5%)이 반수 이상을 차지했으며, 중소기업(37.6%)도 많은 비중을 차지했다.

정보시스템감리사의 전망은 매우 밝다. 앞서 이야기 한 것처럼, 공공기관이나 기업체 등 조직의 운영과 업무수행에 있어서 정부시스템에 대한 의존도가 점점 높아지고 있기 때문이다. 점점 복잡해지는 업무와 정보시스  템의 안전성과 효율·효과성 향상을 위해서는 정보시스템감리사에 대한 수요가 크게 늘어날 수밖에 없다.

정보시스템 감리와 관련된 자격증으로는 정보시스템감리사, 정보관리 기술사, 전자계산조직응용 기술사, 정보처리기사, 정보시스템감사사(CISA: Certified Information Systems Auditor), 정보보호전문가(SIS: Specialist for Information Security) 등이 있는데, 정보시스템 감리와 가장 직접적으로 연관되어 있는 것은 정보시스템감리사 자격증이다. 국가공인 정보시스템감리사(ISA: Information Systems Auditor)는 한국정보화진흥원에서 주관하는 것으로, 일정한 자격요건을 갖춘 사람들에게 부여하는 정보시스템 통제와 소프트웨어 품질보증의 국가공인전문자격증이다.

정보시스템감리사 자격시험은 필기전형, 면접, 이론교육, 현장실무교육으로 구성돼 있다. 감리 및 사업관리, 소프트웨어 공학, 데이터베이스, 시스템 구조, 보안 등 다섯 과목의 필기시험을 마치면, 필기시험과 면접 합격자들은 2주간 이론교육을 받는다.

이 때 정보시스템 감리가 무엇이고 어떻게 수행하는지, 보고서 작성은 어떻게 하는지 등을 배우게 된다. 그리고 1주일간의 감리현장 실습을 하게 되는데, 이 때 보조 감리원으로 참여하면 감리 프로세스를 똑같이 경험하게 되면서 감리라는 직업에 익숙해 질 수 있다. 이런 과정을 모두 거치고 난 뒤 정보시스템감리사 자격증을 취득한다.

정보시스템감리사는 학위가 있다고 해서 바로 취득할 수 있는 것은 아니다. 보통 장기간의 경력이 있어야 지원이 가능하다. 한국정보화진흥원에서 응시자격으로 인정하는 사람은 다음과 같다.

- 해당분야 기술사
- 해당분야 기사자격을 가진 자로서 정보처리분야의 실무경력 7년 이상인 자
- 해당분야 산업기사자격을 가진 자로서 정보처리분야 실무경력 10년 이상인 자
- 박사학위를 가진 자 (정보처리분야 학위소지자)
- 석사학위를 가진 자로서 정보처리분야의 실무경력 6년 이상인 자
- 학사학위를 가진 자로서 정보처리분야의 실무경력 9년 이상인 자
- 전문대학을 졸업한 자로서 정보처리분야의 실무 경력 12년 이상인 자
- 고등학교를 졸업한 자로서 정보처리분야의 실무경력 15년 이상인 자

## 정보시스템감리사 되기

나는 1987년 대학교에서 컴퓨터공학을 전공한 이후 줄곧 IT 분야의 시스템 개발과 운영, 컨설팅 등의 업무를 수행해 왔다. 컴퓨터·정보통신 분야의 실무와 이론을 겸비한 전문가가 되는 것이 목표였고, 이를 위해 틈틈이 관련 분야의 자격증을 취득하고, 학습활동도 해왔다.

2003년도에는 컴퓨터공학과 대학원 과정에 진학하여 석사학위를 취득했고, 2004년도에 IT 분야의 최고 자격인이라는 주변

의 권유에 의해 정보시스템감리사와 전자계산조직응용기술사 시험에 응시하여 합격했다.

정보시스템감리사는 내가 대학교를 다닐 때나 졸업할 즈음에는 없었던 직업이다. 자격증을 취득할 당시에만 해도 아직 정보시스템 감리가 활성화 되어 있지 않은 상태라 감리사가 되면 구체적으로 무슨 일을 하는지에 대해 잘 알지 못했다. 하지만 IT 분야의 학습을 많이 해 놓은 상태라, 기술적인 지식에 대해서는 자신이 있었다. 향후 업무에 활용할 수도 있을 것이라는 생각이 들어 시험에 응시했는데, 다행히 합격한 것이다. 자격증을 취득한 이후 나는 자연스레 정보시스템 감리에 관심을 갖게 됐다.

자격증을 취득할 즈음 나는 그 동안 해오던 업무와는 다른 새로운 일을 찾고 있었는데, 이후 현장 경험을 통해 감리에 대한 매력을 느끼게 됐다. IT 기술이 실제로 적용되는 생생한 현장을 경험하면서, 책에서 이론상으로만 알았던 기술이 실제 어떻게 적용되어 사람들의 생활에 활용되는지, 시스템 구축상의 문제점은 어떤 것들이 있는지를 직접 볼 수 있다는 점과 자신의 기술력을 접목하여 문제점을 해결하는 과정에 보람을 느낀 것이다. 현재까지 6년 넘게 감리를 하고 있으며, 그 간의 감리 업무 경험을 바탕으로 2007년 하반기에는 ㈜시소컨설팅이라는 정보시스템 감리법인을 설립했다.

2005년 12월, 공공기관에서 정보시스템 구축 시 감리를 의무적으로 수행하도록 법제화 하면서 현재는 정보시스템 감리가 어느 정도 보편화 돼 있고, 직업 환경도 처음 감리사를 시작할 당시보다는 더 좋은 편이다. 정보시스템감리사에게는 급변하는 IT 지식의 계속적인 습득이 매우 중요하기 때문에 나는 2007년 하반기부터 컴퓨터 공학 박사과정에 진학하여 학업을 계속하고 있다.

## ✏ 일을 하면서 느끼는 어려움

정보시스템 감리 업무는 IT시스템 개발 기간의 중간 과정에 짧은 기간(통상 1주~2주)동안 개발 현장의 상황을 파악해 문제점을 찾아내고 개선방향을 제시하는 단기 프로젝트에 해당한다. 작은 규모의 사업인 경우, 4명의 감리원이 팀을 이루어 1주일 동안 현장 감리를 수행한 후, 감리보고서를 제출하게 되는데 이때 보고서 작성 시간을 제외한 실제 현장 업무를 파악하는 기간은 3일 정도에 불과하다(큰 규모의 사업의 경우 참여감리원이 늘어나기는 하지만, 각자 맡아서 수행하는 업무의 양과 시간은 비슷하다).

이 기간 동안 문제점을 찾아내고 개선방향을 제시하기 위해서는 감리 기간 동안 해당 프로젝트에 몰입해야하고, 해당 업무와 기술에 대한 사전 지식을 보유하고 있어야 한다. 특히, 변화 속도가 빠른 IT 분야의 신기술에 대해 기본적인 이해 및 기술 적용상의 문제점, 시스템 구축 시 고려사항 등 심도 깊은 기술적 이해를 필요로 하므로, 정보시스템 감리를 하는 감리원은 항상 신기술 습득을 게을리 하지 않아야 한다.

간혹 해당 사업에 대한 충분한 사전 지식 없이 감리를 수행하게 될 때는 감리 기간 중 많은 어려움을 겪게 된다. 한번은 국방부 등의 군사정보시스템 개발 관련 감리를 수행한 적이 있다. 군사 정보시스템은 소프트웨어 개발에 있어서 그 어떤 시스템

보다 가장 체계가 잘 갖춰져 있지만, 처음 이를 대할 때는 용어가 낯설어 개념 파악이 어려웠다.

체계규격서, 체계설계기술서, 운용개념기술서, 소요제기문서, 체계요구사항 등, 첫 번째 감리 수행 때는 감리보고서를 작성할 시점에 와서야 겨우 이에 대한 이해를 할 수 있었다. 다행히 군 전산장교 출신의 동료선배에게 많은 도움을 받았지만, 보통 이런 경우 발주기관 담당자 및 개발자와 많은 시간 면담을 해 업무파악을 철저히 해야 한다.

## 일의 즐거움과 행복

감리를 잘 수행함으로서 국가 정보화 사업에 일조를 한다는 자부심을 느낀다. 주로 대국민서비스와 관련한 정보시스템 구축사업에 대하여 안전성, 효과성, 효율성 확보 차원의 감리를 하기 때문에 자신이 맡은 역할이 중요한 의미를 가진다는 책임의식을 갖고 있다.

특히 당시 이슈가 되고 있는 IT 정보화 사업에 대한 감리를 수행할 때는 다른 때보다 더 중압감을 가지고, 꼼꼼하게 점검을 하게 되지만, 사업이 잘 진행되어 시스템이 안정적으로 시행될 때 더 큰 보람을 느끼게 된다.

또 인터넷으로 주민등록등본 등을 발급하는 전자민원서비스(G4C) 사업에 대한 감리, 4대사회보험 적용 일원화와 관련된 사업에 대한 감리, 디지털예산회계시스템 운영사업에 대한 감리, 온라인 국정관리시스템 구축 감리, 국민연금관리공단의 DW

보유하고 있는 IT 지식과 경험의 활용, 공공기관의 정보시스템 구축에 대한 개선방향을 제시하여 국가 정보화에 일조를 한다는 자부심, 타 IT 업무에 비해 다소 낮은 업무 스트레스 강도 등이 이 직업의 장점이다.

구축사업 감리, 국민건강보험공단의 IP컨텍센터 구축사업 감리 등에 참여한 적이 있다. 이를 통해 각 시스템 들이 어떻게 구축되는지, 업무들은 어떻게 구성되어 운영되는지, 적용되는 최신 기술들은 무엇이고 문제점들은 없는지에 대해 잘 이해할 수 있었고, 이런 중요한 일에 참여한다는 데 보람을 느꼈다.

정보시스템감리사로 일하면서 다양한 SI(System Integration) 프로젝트에 대해 감리를 함으로써, 최신 IT 기술의 실제 적용 내역을 눈으로 확인할 수 있고 이 때 야기되는 문제점 및 해결방안에 대해 고민하고 의견을 제시할 수 있다. 1~2주 단위로 여러 SI 작업장을 돌아다니다 보면, 프로젝트를 잘 수행하는 개발현장도 만나게 되고, 잘 못하는 현장도 만나게 되는데, 이를 통해, 각각의 프로젝트 수행방식의 장단점을 나름대로 파악하게 되어 IT 전문가로서의 식견을 높일 수 있는 기회가 되기도 한다.

보유하고 있는 IT 지식과 경험의 활용, 공공기관의 정보시스템 구축에 대한 개선방향을 제시하여 국가 정보화에 일조를 한다는 자부심, 타 IT 업무에 비해 다소 낮은 업무 스트레스 강도 등이 이 직업의 장점이다. 예전에 하던 IT 관리자 업무에 비해, 직접 자신의 기술 영역을 맡아 연구하고, 인터뷰하고, 보고서를 작성하는 일련의 과정은 성취감을 느끼게 한다. 전체 감리영역 중 자신이 맡은 분야에 대해 제 몫을 할 수 있다면, 누구의 통제를 받을 필요도 없고, 일과 시간 이후에는 충분한 자기 시간을 가질 수 있다.

## 🔍 정보시스템감리사가 되고자 하는 학생들에게…

정보시스템 감리를 하고자 하는 사람에게 가장 중요한 것은 IT 분야에 대한 실무 경험이다. 개발 현장에서 응용시스템을 분석, 설계, 구축, 시험 등의 활동을 해 본 경험이 있으면서 IT 기술에 대한 풍부한 지식을 보유하면 감리분야의 업무를 수행하는 데 필요한 기본 자질을 갖추게 된다.

논리적인 글쓰기 능력도 기르면 좋다. 대부분의 IT 인력 종사자들이 프로그램 개발을 주로 해 왔거나, 시스템 운영을 해 왔기 때문에 문서를 작성하는 능력이 상대적으로 부족하다. 감리를 수행한 후에 고객에게 제출하는 것은 결국 감리보고서이므로, 이것의 품질이 높아야 한다. 즉 기술적인 식견뿐만 아니라 체계적이고 논리적인 문서 작성 능력이 좌우하게 된다.

그러므로 정보시스템 감리는 사회생활의 첫 직업으로 시작하기 보다는 IT 분야의 다른 업종의 실무를 충분히 수행한 이후에 이를 바탕으로 감리직으로 전환하는 것이 좋다.

마지막으로, 이 직업은 IT 분야에 대한 전문가적인 식견을 요구하고 있으므로, 감리를 직업으로 하고자 하는 사람은 평생교육의 차원에서 항시 IT 신기술에 대한 학습을 해야 한다.

성격상으로는 주의력이 깊고, 꼼꼼한 성격에 논리적이며 커뮤니케이션 능력이 있는 사람들이 정보시스템 감리 업무에 적합하다. 기본적으로 감리는 해당 프로젝트 수행 상의 문제점들을 차근차근 짚어보는 것에서 출발하므로, 체계적으로 하나하나 살필 줄 알고 여기서 발견되는 문제점과 개선사항을 논리적으로 연결시킬 수 있어야 한다. 각각의 독립된 영역에 대해 가능한 하나라도 누락되는 부분이 없이 점검하여야 좋은 감리결과를 도출할 수 있기 때문이다.

그리고 감리는 항상 다른 사람을 대면하는 직업이다. 매 1~2주마다 새로운 IT 개발자, 발주자와 만나게 되며, 이들과의 대화를 통해 사업에 대한 이해와 문제점 발견, 감리 의견 제시, 개선방향에 대한 합의 등을 하게 된다. 그러므로 훌륭한 인터뷰 기법을 가지고 있는 사람이 이 업무를 하기에 적합하다.

## ✎ 정보시스템감리사로서의 철칙과 여가 시간

나의 철칙은 "업무시간에 집중하자"이다. 짧은 감리 기간 동안 야근을 하지 않더라도 좋은 감리보고서를 작성하고자 한다면, 업무 시간에 최대한 집중적으로 근무해야 한다. 시간 관리를 통해 낭비되는 요소를 제거하고, 피감리인과의 효율적인 인터뷰를 수행하도록 사전 준비를 철저히 해야 한다. 또한 상투적인 감리보고서 작성을 지양하고, 항시 새로운 관점에서 감리를 수행하고자 하는 자세가 필요하다.

정보시스템 감리는 일반적으로 오전 9시 30분(또는 9시)~

오후 6시까지의 근무시간을 준용하고 있으며, 근무시간 이외의 시간이 각 감리원의 여가시간이 된다. 타 IT 분야에 비해 여가시간을 충분히 확보할 수 있는 장점이 있지만, 이 여가시간은 주로 IT 전문가로서의 역량 강화를 위한 IT 관련 세미나 참석이나, 대학원 진학을 통한 지속적인 학습 등에 사용하게 된다.

주말에는 가족과의 시간을 많이 가지려고 노력하고 있고, 건강관리를 위해 마라톤 대회에 참여하고 있다. 2006년, 2007년 동아마라톤에 참여해서 42.195Km 풀코스를 완주하였고, 2007년 춘천마라톤에도 참여해서 완주했다. 마라톤을 하기 이전에는 북한산 등산을 주말마다 하곤 했는데, 마라톤 대회에 참여하고 부터는 주중이나 주말에 불광천~한강 둔치구간에서 마라톤 연습을 하고 있다.

# 애널리스트_임진균

## 빠르고 정확한
## 금융시장 분석가

애널리스트는 부동산, 외환 등 여러 분야에서 활동하고 있지만, 요즘 가장 각광받는 분야는 증권분석 애널리스트다. 자신의 회사나 회사의 고객들에게 금융 및 투자 정보를 제공하기 위해 시장 상황 분석 및 예측과 회사의 재무 상태, 투자 수단의 장래 경향성 같은 금융시장정보를 수집하고 분석하는 사람이다. 증권분석 애널리스트도 시장평가를 주로 하는 경제 애널리스트(economist), 시황분석을 주로 하는 전략 애널리스트(strategist), 그리고 특정 산업/기업을 분석하는 기업 애널리스트(equity analyst)로 나눌 수 있다.

금융, 경영, 경제 관련 높은 수준의 지식이 기본적으로 요구되는 분야이다 보니 고학력자가 많고, 바로 애널리스트가 될 수 있는 경우도 매우 드물다. 아직은 직업 시장이 그리 넓지 않다는 점이 특징. 먼저 Research

Assistant로 몇 년간 일을 하거나, 경력을 쌓아 해당 업계에 대한 충분한 이해를 바탕으로 애널리스트가 되는 경우가 대부분이다.

금융연수원 등이 애널리스트 양성과정을 비상설로 두고 있으나 전문 교육기관은 없다. 경제, 회계, 통계, 금융 등의 관련학과를 나와서 애널리스트가 되는 경우가 가장 많은데, 전공 이외에도 재무관리, 투자론, 파생상품론, 재무제표 분석론, 회계학, 통계학, 경제학, 국제경제학 등 전문 지식의 폭넓은 공부가 필요하다. 각 산업별로 전문지식이 필요한 경우도 늘어나고 있어 최근에는 이공계열 전공자들도 애널리스트로 많이 활동하고 있고, 이런 추세와 더불어 현직 애널리스트들은 대학에서 이공계열 전공을 이수하고 대학원에서 경영학을 전공하거나 MBA 코스를 밟는 것을 추천한다. 전공 및 전문 지식 이외에 각종 영문 자료 분석이나 프레젠테이션을 위한 영어실력, 프레젠테이션 능력 등도 필요한 자질로 손꼽힌다.

애널리스트의 보수는 상당히 높은 편이다. 2007년 한국직업정보시스템이 30명의 재직자의 연봉을 조사한 결과 평균 임금은 약 5,867만원이었고, 약 70% 정도가 앞으로 이 분야의 일자리가 늘어날 것이라고 대답했다. 고연봉과 금융시장의 핵심에서 일 한다는 보람도 있지만, 철저하게 실적 위주의 평가기 때문에 실력을 인정받으면 더 높은 연봉과 더 좋은 조건의 회사를 선택하여 이직할 수 있고 그렇지 않은 경우엔 일자리를 보장받기 어렵다. 직업 선호도가 매우 높아 경쟁이 치열하며, 대규모의 채용 보다는 수시로 전문지식이 있는 경력직을 채용하는 경향이 뚜렷한 점도 알아둬야 한다.

## 임진균 애널리스트는요?

20년 가까이 애널리스트로서 활동한 IBK 투자증권 임진균 리서치센터장은 1965년 출생으로 고려대학교 경영학과를 거쳐 2002년 중앙대 의약식품대학원 산업약학전공 석사학위를 취득했다. 대우증권에서 사회에 첫발을 내딛었고, 대우경제연구소에서 경영컨설턴트로서 경력을 쌓은 뒤 1994년부터 기업분석 애널리스트를 시작했으며 지금은 IBK 투자증권으로 이직, 리서치센터장과 애널리스트로 활동하고 있다. 매경이코노미, 한경비즈니스, 조선일보 등이 선정한 베스트 애널리스트 제약/바이오부문에서 수십 회 1위에 올랐고, 월간 조선이 선정한 '한국증시를 움직이는 111명의 펀드매니저와 애널리스트'에 뽑혔다.

## 🔍 애널리스트는 어떤 일을 하는가?

젊은이들이 선호하는 직업은 시대에 따라 늘 변한다. 21세기 들어 미래 유망직업을 소개하는 글이나 방송에서 빠지지 않는 직업 중 하나가 바로 애널리스트(analyst)다. 애널리스트가 어떤 직업이기에 많은 사람들이 입을 모아 유망하다고 할까? 나는 지금까지 15년 이상 대우경제연구소와 대우증권에서 애널리스트로 근무하면서 제약/바이오기업, 에너지기업 등 많은 기업을 분석하고 그 가치를 평가하여 고객(주식투자자)에게 제공했다. 이러한 일을 하는 사람을 바로 '애널리스트', 그것도 '증권 애널리스트'라고 한다.

애널리스트란 '조사하고 분석하는 사람(분석자)', 즉 어떤 사물이나 현상을 조사하고 분석하여 가치를 평가하고 그것을 필요로 하는 사람에게 제공하는 직업 또는 사람을 말한다. 그렇다면 모든 애널리스트가 다 똑같은 일을 하는가? 분석하고 평가하는 기본적인 일은 같지만 부동산 애널리스트, 증권 애널리스트,

외환 애널리스트 등 분석대상에 따라 다양한 애널리스트가 있다. 이 중 유망직업을 꼽으라고 하면 대개 증권회사나 자산운용사 등에 근무하는 증권분석 애널리스트를 말한다.

증권 애널리스트는 경제를 분석하거나 주식시장을 예측하여 투자전략을 제시하는 투자분석 애널리스트(economist, strategist 등)와 개별기업의 가치를 분석하여 투자의견을 제시하는 기업분석 애널리스트로 나뉜다. 이 중에서 나는 지난 16년간 기업분석 애널리스트로서 살아왔다. 그렇다면 기업분석 애널리스트(이하 애널리스트)는 어떤 일을 하는가?

애널리스트의 하루를 살펴보면 해답을 얻을 수 있다. 나는 2008년 7월, 18년 반 동안 몸담았던 대우를 떠나 IBK투자증권으로 옮겨 현재 리서치센터장 직무와 제약/바이오 담당 애널리스트의 역할을 함께 맡고 있는데, 애널리스트의 삶으로 이전 직장인 대우증권에서의 하루를 소개할까 한다.

보통 아침 7시면 어김없이 출근해 신문이나 인터넷 검색, 유료정보사이트 등을 활용하여 국내외 증권시장과 담당섹터나 기업에 관한 정보를 검색하고 분석해 모닝미팅을 준비한다. 7시 30분에 모닝미팅에 참석하여 영업부서 직원들에게 투자정보를 제공·교환하고 당일 영업지원 스케줄을 점검한다.

30~40분 정도 미팅을 마치고 나면 전화, 메일, 메신저 등을 통해 고객에게 직접 마케팅활동을 전개하고 9시 정각에 장이 열리면 잠시 주식시장 상황을 점검한 후 영업지원활동을 계속하거나 다른 리서치활동을 시작한다. 낮 동안은 영업사원과 함께 투자자를 직접 방문하여 담당섹터의 주가전망과 투자유망종목을 제시하는 투자설명회(PT : Presentation)를 실시하거나 정보 수

집을 위해 담당기업을 직접 방문(단독 또는 고객과 동행)한다.

정규 근무시간(오전 8시부터 오후 5시까지)에는 영업지원과 정보수집 활동에 대부분 시간을 할애(割愛)하기 때문에 애널리스트의 가장 중요한 업무인 보고서 작성은 밤 시간이나 주말에 할 수 밖에 없게 된다. 때문에 거의 매일 야근을 하고 주말에도 적어도 이틀 중 하루는 회사에 나와 일을 해야 한다. 이런 과정을 거쳐 스타 애널리스트가 되면 두둑한 연봉과 명예로 충분히 보상받을 수 있다.

애널리스트는 펀드매니저, 일반투자자 등 고객의 투자수익률을 극대화하고 위험은 최소화하는데 도움을 주는 자료와 정보를 제공한다. 그럼으로써 소속회사의 이윤 창출에 도움을 줄 뿐 아니라 건전한 자본시장 육성에도 한 몫 거든다. 애널리스트는 이러한 역할을 수행하기 위해 필요한 정보를 수집하고 분석 가공하여 보고서를 발간한다.

여기서 분명히 짚고 넘어가야 할 것은 애널리스트는 직접 투자하는 사람이 아니라 투자하는 사람을 도와주는 조언자라는 점이다. 애널리스트는 객관적인 관점에서 기업의 가치를 분석하고 그 가치와 주가와의 차이를 밝혀 조언을 한다. 유명 애널리스트의 판단과 의견에 따라 주가가 요동치거나 투자자의 명

유명 애널리스트의 판단과 의견에 따라 주가가 요동치거나 투자자의 명암이 달라질 수 있기 때문에 분석력뿐 아니라 윤리성과 준법성 또한 매우 중요한 덕목이다.

암이 달라질 수 있기 때문에 분석력뿐 아니라 윤리성과 준법성 또한 매우 중요한 덕목이다.


## 애널리스트가 되기까지

사람들은 일생 동안 필연적으로 무수히 많은 선택을 해야 한다. 오늘 어떤 옷을 입을까, 오늘 점심으로 무엇을 먹을까 등 사소한 것부터 내 인생을 송두리째 바꾸어 놓을 수 있는 매우 중요한 것까지 이루 헤아릴 수 없을 정도로 많은 선택을 한다. 매 순간 순간이 선택이라고 보면 된다. 바닷가 모래알만큼이나 많아 보이는 선택 중에서 결코 가벼이 여길 수 없는 선택 중 하나가 바로 직업의 선택이다.

나는 대학을 졸업하고 1990년에 대우증권에 입사했다. 당시 삼성생명, 쌍용정유(현재 S-oil), 대우증권 등 3개 회사 중 하나를 골라야 했고 증권회사가 자본시장의 꽃이라는 지인(知人)의 말에 대우증권을 선택하기에 이르렀다. 처음 발령받은 곳은 구미지점이었는데, 이는 본사 주식운용부서(펀드매니저)를 원했던 내 선택에 반대되는 회사의 선택이었고 결과적으로 훗날 내가 애널리스트로 거듭날 수 있게 한 계기가 됐다.

내가 직장생활을 시작할 당시 상황은 지점영업사원에게는 최악이었다. 한국 주식시장이 1989년 4월 사상 최고치를 찍은 후 장기 하락국면에 들어가 있었고 과도한 신용이나 미수거래로 소위 깡통계좌(주가하락으로 원금이 마이너스[-])가 속출한 때였다.

적성에 맞지 않는데다 주식시장마저 좋지 않아 다른 일자리를 기웃거리고 있던 찰나에 희소식을 접하게 됐다. 세계경영을 기치로 급성장하던 대우그룹의 싱크탱크(Think tank) 기능을 담당하는 대우경제연구소가 대우증권 직원을 대상으로 연구원을 뽑는다는 공문이었다. 나는 망설임 없이 바로 지원했고 운 좋게도 막강한 경쟁률을 뚫고 탈출에 성공했다.

나는 대우경제연구소 산업조사실에 배치를 받아 (주)대우에 대한 컨설팅업무를 담당했다. 지점에서 1년 넘게 영업을 하다 왔음에도 불구하고 기업분석실에 근무하는 애널리스트가 어떤 일을 하는지 잘 몰랐다. 처음에는 '경영컨설턴트가 첨단직업이고 폼 나는 직업' 정도로 생각했다. 그런데 시간이 흐를수록 컨설턴트로서 한계를 느끼기 시작했다. 준비 없이 시작한데다 매킨지를 비롯한 다국적 거대 컨설팅그룹이 국내 컨설팅시장을 장악한 상태에서 대우그룹의 우산 속에서 안주하고 있다가는 미래가 없다고 판단했기 때문이다.

결국 또 다른 선택을 해야 했다. 컨설턴트로서 뜬구름을 잡던 2년 반 동안 애널리스트에 대해 알게 되었고 애널리스트에 매료되기에 이른 것. 호시탐탐 기회를 노리던 중 애널리스트 몇 명이 연구소를 떠나게 되는 절호의 기회를 맞았다. 이번에야말로 나는 내 의지대로 애널리스트를 선택했고 우여곡절 끝에 기업분석실로 이동해 제약업종(섹터)을 담당하는 애널리스트로서 새로운 인생을 살기 시작했다. 돌이켜보면 그 선택이 지금까지 내 인생에서 가장 중요한 선택 중 하나였던 것 같다.

애널리스트로서의 첫 출발이 그다지 순조롭지는 않았다. 제약섹터가 너무나 생소해 당황스럽기까지 했다. 대학에서 경영학을 전공해 약에 대한 지식이 전무한데다 의약품이나 정부정책과 관련된 용어는 영어사전에도 나오지 않는 경우가 많았다. 마땅히 물어볼 데도 없고 관련 문헌도 찾아볼 수 없어 일일이 제약회사를 찾아다니며 알아봤고 일본 문헌의 도움도 많이 받았다.

다행인지 불행인지 일본에는 잘 정리된 문헌이 많았고 우리나라 의료체계는 일본의 그것과 비슷했다. 지금은 웬만한 정보는 인터넷을 통해 모두 검색할 수 있고 이메일로 쉽게 주고받을 수 있지만 90년대에는 이렇게 하지 않으면 한발자국도 앞서 갈 수 없었다.

90년대가 거의 끝나갈 무렵에서야 애널리스트라는 직업이 부상하기 시작했고 동시에 전문지식과 경력을 갖춘 애널리스트에 대한 요구도 커지기 시작했다. 그 중심에 새로운 기술과 어려운 용어에 대한 이해가 필수적인 제약/바이오섹터와 정보기술(IT)섹터가 자리 잡고 있었다. 이때부터 약사나 제약회사 근무경력이 있는 사람이 제약섹터 애널리스트로 입문하는 사례가 급증했고 일부는 시장에서 호평을 받기도 했다.

애널리스트에 대한 대우가 좋아지기 시작한 만큼 애널리스트가 갖추어야 할 조건도 까다로워지고 있다. 천직으로 생각한 애널리스트로서의 자리를 지키는데 머물지 않고 한 단계 더 도약하기 위해 나는 배움을 병행하기로 결정했다. 한국에서는 유일하게 약학석사 학위를 주는 특수대학원인 중앙대 의약식품대학원에 진학해 산업약학을 전공하고 2002년에 약학석사 학위를 취득했다. 결코 쉬운 생활은 아니었지만 그곳에서 배운 전문지식과 인맥은 아직까지도 빼놓을 수 없는 나의 소중한 자산이다.

## ✎ 애널리스트로 사는 보람과 어려움

한국에서 애널리스트라는 말이 널리 쓰이기 시작한 지 10년 남짓. 그 전에는 증권회사 조사부 직원이거나 경제연구소 연구원으로 불렸다. 증권회사에 막 들어온 신입사원이 조사부를 미리 알고 지원하는 경우는 매우 드물었고, 회사의 배치에 따라 애널리스트로서 일했다.

따라서 애널리스트에 대한 대우도 다른 부서 직원과 특별히 다를 필요가 없었다. 그러나 IMF 외환위기를 겪고 난 후 강력한 구조조정과 함께 한국 금융시장이 변하기 시작했고 그 와중에 애널리스트라는 직업이 급부상했고 대우도 달라지기 시작했다.

앞에서 얘기한 것처럼 나는 스스로 애널리스트 길에 들어섰다. 내가 추천한 회사의 주가가 예상대로 올라 그 주식을 산 고객(투자자)이 수익을 낼 때 뿌듯함을 느낀다. 투자자로부터 직접 또는 영업직원을 통해 칭찬을 듣기도 하지만 평가기관이 실시하는 베스트 애널리스트로 선정될 때 더 큰 보람을 느낀다.

나는 애널리스트를 시작한 지 2년 만에 베스트 애널리스트로 선정되는 영광을 안았다. 주간 매일경제(현재 매경이코노미)가 1996년 1월에 처음으로 펀드매니저설문을 통해 베스트 애널리스트를 뽑았는데, 내가 제약/화장품섹터 1위를 차지한 것. 베스트 애널리스트로 선정되면 쉽게 스카우트의 대상으로 노출되고 연봉 등 대우도 많이 달라진다.

물론 베스트 애널리스트 랭킹이 애널리스트의 실력을 그대로 반영하는 것은 아니지만 상관관계가 높다는 점은 부정할 수 없다. 내가 IBK투자증권의 리서치센터장으로 부임하여 애널리스트를 채용할 때도 가장 먼저 베스트 애널리스트 랭킹을 참고하여 후보자를 고른 것에서도 알 수 있다.

애널리스트로서 살아온 짧지 않은 세월에서 가장 만족스러운 기억으로 뚜렷이 남아있는 때는 2004년 하반기부터 이듬해 말까지이다. 1년 반 만에 제약지수는 4배 가까이 올라 제약담당 애널리스트가 각광을 받은 시기이기도 했지만 무엇보다도 남보다 먼저 제약 산업의 큰 흐름(변곡점)을 읽고 앞서 갈 수 있었다는 점이다.

가파른 고령화와 저 성장기를 맞아 제약 산업이 GDP 성장률을 상회하기 시작하고 그에 힘입어 제약지수가 10여년 만에 사상최고치를 뚫을 것이라는 주장이었다. 그 이전까지는 보수적 성향으로 인해 '고춧가루(pepperfog)'라는 별명까지 얻었던 애널리스트가 갑자기 공격적으로 바뀌자 처음 반응은 다소 혼란스러웠다.

'얼마나 좋으면 저리 광분할까?', '마지

막으로 발악하는 거 아냐?'…. 1,100p 대에서 시작한 제약지수가 가파르게 상승하자 내 주장을 신뢰하는 투자자가 늘었고 그것이 제약주 상승을 가속시켜 급기야 1994년에 기록한 사상 최고치 2,070p를 가볍게 돌파하고 3,800p까지 질주하였다. 같은 기간에 주식시장은 약 50% 정도 상승하는데 그쳤다.

제약/바이오담당 애널리스트로서 자랑거리는 몇 가지 더 있다. 1996년 바이오라는 말조차 생소할 때 국내 최초의 바이오의약품관련 애널리스트 보고서를 발간했다. 너무 생소하고 마땅한 종목을 찾을 수 없어 투자자의 반응은 별로였다. IMF 직후에는 한국 제약업계의 M&A 가능성을 점검하는 보고서를 발간하였는데, 뜨거운 반응과 함께 강사로도 여러 군데 초청을 받은 바 있다.

2001년에는 역시 국내 최초로 라이프스타일의약품관련 보고서를 냈고 2006년부터 세 차례에 걸쳐 바이오산업의 개념을 정리한 베이직 보고서를 출간하기도 했다. 아직도 적지 않은 바이오기업이나 연구기관에서 참고자료로 활용하고 있다.

물론 애널리스트라는 직업의 밝은 면만 보면 안 된다. 애널리스트는 일확천금(一攫千金)을 노리는 이들과 같은 시장에서 숨쉬고 있기 때문에 금전적인 유혹에 노출될 수 있다. 드물긴 하지만 그런 유혹을 뿌리치지 못하고 주가조작 등에 가담하여 직업뿐 아니라 인생을 그르치는 경우도 있다. 소위 작전주의 중심에 서 있는 제약주와 바이오주를 15년 넘게 분석하면서 여러 차례 그런 유혹이 있었던 것으로 기억된다.

또한 객관적인 의견을 내는데 방해가 되어 애널리스트라는 직업에 염증을 느끼는 경우도 있다. 금전적 유혹보다 더 자주 나타나는 비애다. 대부분 주식투자자는 주가는 무조건 올라가야 하고 주가를 올리기 위해서 아니면 올라야 하는 주식을 찾아내기 위해서 애널리스트가 존재해야 한다고 생각한다.

따라서 분명히 고평가되어 있는 주식일지라도 매도 의견을 낼 경우 냉혹한 평가와 함께 심지어는 성난 투자자들로부터 협박을 당할 때도 있다. 또한 애널리스트의 의견은 영업사원의 영업방향과 맞지 않을 경우 먼저 소속회사의 영업직원으로부터 항의를 받게 된다.

90년대 중반으로 기억되는데 나도 비슷한 경험을 했다. 당시 K제약회사의 주가는 신약개발 루머를 타고 상한가 행진을 거듭하고 세 배 이상 급등하고 있을 때였다. 그 때 그 회사의 주력제품의 약가가 대폭 인하되고 그 영향을 분석한 내 보고서가 나간 날 주가가 하한가로 곤두박질 쳤다.

실제 보고서 내용이 부정적인 것은 사실이었으나 모 경제지 기자가 너무 부풀려 과잉 보도한 것이 주가폭락의 직접적 원인이었다. 하루 종일 일을 할 수 없을 정도로 항의 전화가 빗발쳤고 심지어는 "배에 철판을 깔았나?", "밤길 조심해라" 등 신변의 위협까지 받을 정도였다. 애널리스트로서 또 다른 고통은 아침 일찍 출근해 밤늦게까지 일하고 주말 출근도 매우 잦기 때문에 개인적인 여가나 가족과 함께 할 시간이 거의 없다는 점이다.

## ❝ 애널리스트로서의 나의 철칙

애널리스트로서 오랫동안 좋은 평가와 함께 경쟁력을 유지할 수 있었던 비결은 무엇일까? 나는 첫째 기본에 충실했고, 둘째 폭넓은 네트워크(Network)를 구축했으며, 셋째 성실과 도전정신을 잃지 않고, 넷째 준법정신 및 리스크 관리를 철저히 했다는 점을 들고 싶다. 짧은 기간의 주가움직임에 쉽게 흔들리지 않고 장기적 관점에서 회사의 가치를 분석하고, 투자판단을 하는 기본적 분석(Fundamental analysis)에 고집스럽게 집착한 것이 주효했다고 생각한다.

폭넓은 인맥도 애널리스트의 빼놓을 수 없는 매우 중요한 자산이다. 담당섹터나 기업에 쉽게 이해할 수 없는 어떤 일이 발생했을 때 네트워크(인맥)의 힘을 빌려 해답을 경쟁자보다 쉽고 빠르게 찾아낼 수 있다. 본인의 주장이나 투자권유가 주식시장에 더 잘 먹히도록 하는 것 또한 네트워크의 힘이다.

나는 30여 개 제약사를 구성원으로 하는 제약기획실협의회(약기회)의 특별회원으로서 10년 넘게 활동했고 국내외 제약회사, 제약협회 임직원과 관련 연구기관 연구원 등으로 구성된 제약산업경영연구회의 창립멤버로서 지금은 회장직을 맡고 있다. 또한 최근에는 국내 중견 제약사와 바이오기업의 CEO로 구성한 IBKS Bio-Pharm CEO Club을 설립 운영하고 있다. 네트워크의 중요성은 아무리 강조해도 지나치지 않는다. 성실함과 도전정신은 애널리스트뿐 아니라 모든 직업에 종사하는 사람에게 공통된 중요한 덕목이고 준법정신과 리스크 관리는 특히 금융기관 임직원에게 더 많이 강조된다.

## ✎ 애널리스트가 되고자 하는 학생들에게…

과거에는 자신의 의지보다 우연한 기회에 애널리스트가 되는 경우가 많았지만 최근에는 미리 준비된 애널리스트가 대세다. 학창시절부터 미리 증권분석사 등 각종 자격증을 취득하거나 증권연수원 등에서 애널리스트 양성과정을 수료하는 등 애널리스트가 되겠다는 일념으로 많은 투자를 아끼지 않고 있다. 이렇게 준비를 하고서도 2~3년 정도 RA(Research assistant, 애널리스트 보조) 업무를 하면서 인정을 받아야 하는데 RA의 기회조차 잡지 못하는 경우가 태반이다.

애널리스트가 되기 위해서는 무엇이 필요한가? 타고난 능력도 있어야 하고 후천적으로 습득해야 하는 지식도 있을 것이다. 2008년 봄 대우증권에 근무할 때 30여명의 기업분석 애널리스트를 대상으로 애널리스트에 관한 설문조사를 실시한 기억이 난다. 그 설문내용을 정리해보면 위의 질문에 대한 해답을 유추할 수 있을 것이다.

먼저 '애널리스트가 갖추어야 할 기본지식'에 대한 물음에서 담당업종 전문성과 재무지식이 가장 높은 점수를 얻었고 프레젠테이션 능력(발표력)과 회계지식도 비교적 중요한 것으로 나타났다. '가장 적합한 성격'이란 물음에서는 사교적인 성격과 분석적 성격이 압도적으로 높은 점수를 얻었다. 분석적 성격은 당연하지만 사교적 성격은 언뜻 이해하기 힘들 수도 있으나 앞에서 언급한 네트워크의 중요성을 생각하면 고개가 끄덕여 질 것이다.

애널리스트가 가장 중점을 두어야 할 업무에 관한 질문에서는 역시 분석보고서 작성이 가장 중요한 위치를 차지했고 기업탐방(방문)과 프레젠테이션이 뒤를 이었다. 기업탐방은 보고서 작성을 위한 정보수집 차원에서 PT는 작성한 보고서의 마케팅 차원에서 매우 중요한 리서치활동이다.

정리해보면 애널리스트는 일반적으로 재무, 회계, PT 능력 등을 골고루 갖추어야 하고 무엇보다도 담당섹터의 전문성이 필요하다. 그리고 사교적이고 분석적이며 꼼꼼함까지 갖춘 성격이라면 매우 좋은데 이 모든 것보다 더 중요한 것은 남보다 한발 앞서 트렌드를 읽고 미래를 예측하는 예지력(豫知力)이다.

일반적으로 증권 애널리스트는 경영학과나 경제학과, 통계학과 출신 등 주로 상경계열이나 숫자관련 학과의 전공자들에게 적합한 직업이라고 생각하지만 최근에는 다양한 전공과 경력을 가진 애널리스트도 많다. 특히 대학에서 담당섹터관련 공학을 공부하고 대학원에서 경영학을 전공하면 가장 좋은 학력이고 여기에 현업에서 근무한 경력까지 보태진다면 금상첨화(錦上添花)가 아닐까.

애널리스트는 분명히 도전해 볼 만한 유망직업이다. 잘 준비하여 성공에 이른다면 부와 명예를 한꺼번에 얻을 수도 있다. 아직 준비한 것이 없다고, 혹은 다른 방향으로 가고 있다고 낙담할 필요는 없다. 강력한 의지와 도전정신으로 무장한다면 못이룰 것은 없다.

# 항공교통관제사 _ 이영종

## 승객과 비행기의 안전을 책임진다

**직업개요** | 항공교통관제사

항공교통관제사는 할당된 관제공역 범위 내의 항공교통을 지휘하고 공항에서 이동하는 항공기와 서비스 차량을 통제하는 일을 한다. 보다 구체적으로는 항공 교통의 흐름을 조정하거나 항공기의 운항을 돕고, 운항 중인 항공기에 기상 정보, 가시거리, 사용할 활주로 등의 정보를 주어 안전한 운항과 이·착륙을 돕는다. 비행기에 비상사태가 발생했을 경우 빠르게 필요한 조치를 취하는 것도 항공교통관제사의 업무다.

항공교통관제사가 되기 위해서는 항공교통관제사 자격증이 필요한데, 응시자격은 다음과 같다.

• 만 18세 이상

- 국토해양부장관이 지정한 전문교육기관에서 항공교통관제에 필요한 교육과정을 이수한 사람(외국의 전문교육기관으로서 해당 외국정부가 인정한 전문교육기관에서 교육과정을 이수한 사람을 포함한다)으로서 3개월 이상의 관제실무를 수행한 경험(전문교육기관의 교육과정을 이수하기 전에 관제실무를 수행한 경험을 포함한다)이 있는 사람

- 자격증명이 있는 사람의 지휘·감독 하에 9개월 이상의 관제실무를 행한 경력이 있거나 민간항공에 사용되는 군의 관제시설에서 9개월 이상의 관제실무를 수행한 경력이 있는 사람

- 항공교통관제사 학과시험의 범위를 포함하는 각 과목을 이수한 사람으로서 6개월 이상의 관제실무경력이 있는 사람

- 외국정부가 발행한 항공교통관제사의 자격증명을 소지한 사람

항공교통관제사 자격증을 취득하기 위해서는 대학의 항공교통관제 관련 학과를 전공하거나 국토해양부 지정 전문교육기관 – 한국공항공사의 항공기술훈련원, 공군교육사령부의 항공교통관제사 전문교육원, 한국항공대의 항공교통관제교육원, 한서대의 항공교통관제교육원 – 에서 소정의 과정을 이수하는 것이 가장 용이하고, 또한 실무경력이 있어도 응시가능하다.

하지만 관제사 자격증을 소지했다고 해서 모두 관제사가 될 수 있는 것은 아니다. 관제사는 국토해양부 소속 공무원이기 때문에 관제사 자격 취득 이후에 다시 국토해양부의 지방항공청에서 시행하는 관제사 시험에 통과해야 정식 관제사가 될 수 있다. 시험은 서류심사, 필기시험, 면접으로 이루어져 있고, 시험 통과 후 비행장관제, 접근관제, 항로관제로 나뉘어져 각기 다른 근무지에서 관제업무를 하게 된다.

관제사로서 가장 기본적으로 필요한 능력 중 하나는 일정 수준 이상의 영어구사능력이다. 관제업무 수행 시에는 영어를 사용하게 되기 때문이다.

전문가들이 말하는 항공교통관제사의 일자리 전망은 밝다. 많은 전문가들이 항공교통관제사를 미래의 유망한 직업으로 보고 있고, 항공기 운항이 증가함에 따라 그 수요도 늘 것으로 전망하고 있다.

## 이영종 항공교통관제사는요?

이영종 항공교통관제사는 1969년 출생으로 1995년 한국항공대학교 항공물류학부(전 항공관리학과)를 졸업한 뒤 동 대학원에서 석사학위를 취득했다. 1997년 국토해양부 서울지방항공청 운항관제국에 항공교통관제사로 입사한 후 김포국제공항 관제탑, 접근관제소, 비행정보실 등지에서 항공교통업무에 종사해왔다. 현재 한국항공대학교 항공교통물류학부에서 항공교통관제실습(I),(II) 및 항공정보를 강의 중이다. 대표저서로는 『항공정보론』, 『항공교통관제실습(I),(II)』 등이 있다.

## 항공관제사는 어떤 일을 하는가?

"Korean 031 Good day!"

무전기로부터 울려 퍼지는 항공기의 조종사와 인천공항 관제탑의 항공교통관제사 사이에서의 이 마지막 교신으로 대한항공(KAL) 031편은 지구 반대편 미국으로 힘찬 날갯짓을 한다. 비행기가 푸른 하늘로 솟아오르면 마침내 대장정이 시작된다.

어린 시절 누구나 한번쯤은 하늘을 힘차게 나는 새를 보면서 "나도 하늘을 마음껏 날고 싶다"는 욕망을 가진다. 대부분 머릿

'항공교통관제사'는 항공교통의 안전을 최우선으로 생각하고, 항공교통의 흐름을 조절해 항공기 간의 충돌을 방지하며, 항공기의 안전한 이륙과 착륙 그리고 신속하고 정확하게 항공기 운항을 지원하는 업무 등을 수행하는 항공종사자를 말한다.

속으로 빠른 제트기를 생각하면서 그 항공기를 조종하는 조종사를 꿈꾸는데, 조종사 역시 하늘을 마음대로 비행하는 것은 아니다. 도로에서 자동차가 정해진 도로를 주행하듯이 하늘 역시 보이지는 않지만 정해진 길이 있다.

운전자들의 운전 상태 및 교통을 통제하는 교통경찰관처럼 항공기에 대한 안내 및 통제는 누가 할까? 그 답이 바로 '항공교통관제사'이다. '항공교통관제사'는 항

공교통의 안전을 최우선으로 생각하고, 항공교통의 흐름을 조절해 항공기 간의 충돌을 방지하며, 항공기의 안전한 이륙과 착륙 그리고 신속하고 정확하게 항공기 운항을 지원하는 업무 등을 수행하는 항공종사자를 말한다.

일반적으로 항공교통관제사를 말할 때 인천공항이나 김포공항의 관제탑에서 무선으로 항공기와 교신하는 것을 생각하지만 이것은 항공교통업무의 일부분일 뿐이다. 항공기가 지상 주기장에서 이동할 때 관제탑의 지상 항공교통관제사(Ground

Controller)의 지시에 따라 이륙을 위해 활주로 끝으로 이동하게 된다. 이동시에는 주위 항공기와 충돌 또는 조우하는 일이 없도록 빠른 시간 안에 이동해야한다.

활주로 끝에 이륙 준비를 완료한 항공기 조종사는 항공교통관제사(Local Controller)의 지시에 따라 엔진에 불을 내뿜으며 하늘로 비상하는데 이륙이 완료될 때까지 항공교통관제사는 조종사와 무선 교신을 계속 유지하며 항공기의 안전을 위한 조언을 한다. 이를 우리는'비행장관제업무'(Airport Control Service)라 한다.

항공교통관제사의 업무는 여기서 끝나지 않는다. 이륙한 항공기는 레이더 화면에 전시되어 항공교통관제사(RADAR Controller)에 의하여 지속적인 무선 교신을 하며, 항공기간에 충돌을 회피하기 위한 조언과 목적지 공항의 기상 정보 등 각종 안전 운항에 필요한 정보를 제공 받는다. 이를 '레이다관제업무(Rader Control Service)'라고 한다.

이렇게 지속적인 레이더 항공교통업무를 제공받은 항공기는 목적 공항의 관제탑의 항공교통관제사의 허가를 받아 안전하게 착륙 후 승객이 내릴 때까지 항공교통관제사의 모니터를 받는다. 이 모든 일이 끝나야 비로소 관제업무도 종료된다.

항공교통관제사가 되는 것은 조종사 되기 위한 신체적 조건보다 까다롭지 않다. 18세 이상의 신체 건강한 남녀는 누구나 일정교육을 이수하거나 경험을 체득한 후 자격시험에 응시하면 자격증을 취득할 수 있다.

현재 우리나라 민간에서는 한국항공대학교 부설 항공교통관제교육원과 한서대학교 부설 항공교통관제교육원, 그리고 한국

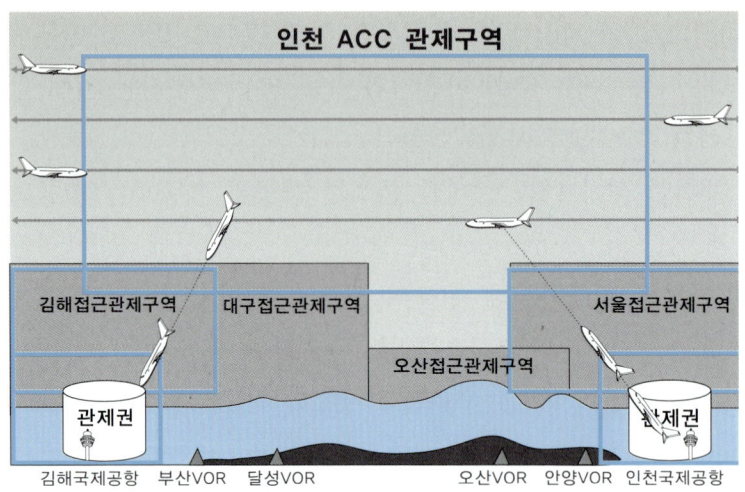

〈 항공교통관제의 흐름도 〉

공항공사 부설 항공인력개발원에서 항공교통관제사 교육을 담당하고 있다. 군에서는 항공과학고등학교(전 항공기술고등학교) 항공 관제과와 일반부사관을 통해 관제사를 선발한다. 선발된 항공교통관제사는 공군병과교육을 이수한 다음 군항공교통관제사로써의 업무를 수행 하게 된다.

항공대학교(항공·경영대학 항공교통물류학부 항공교통전공)와 한서대학교(항공학부 항공교통관리학과)는 일반적으로 대학 입시를 통하여 입학한 후, 1~2학년 동안 대학 일반교양과목 및 항공 일반 교과목을 이수한 후 2학년 말 부속기관인 항공교통관제교육원에 응시할 자격을 부여 받는다.

항공관제교육원은 입시절차에 따라 인원을 선정한다. 선발된 학생들은 국제민간항공기구(ICAO: International Civil aviation Organization)에서 정한 항공교통관제사 교육 기본 이론교육과 실기 교육을 이수하게 된다. 이 두 개 대학의 교육기관은 3~4

항공교통관제사는 국토해양부 소속의 공무원 신분이고 항공교통관제업무를 그 업무의 성격상 정부의 관리 감독 하에 있는 것이 대부분이다.

학년 학생에 한해 대학교육과정과 함께 병행된다. 교육을 이수한 학생들은 국토해양부가 교통안전공단에 위임해 치르는 항공교통관제시험(1년 4회)에 응시할 수 있다.

또한 한국공항공사 부설 항공인력개발원에서는 일반인으로 대상으로 항공교통관제사를 모집하는 경우가 있는데 이는 국토해양부에서 항공교통관제사를 대규모로 모집하는 경우에 일시적으로 모집하여 자체 일반시험(영어, 상식)을 치러 일정 인원을 선발한다. 선발된 사람들은 18주 동안 국제민간항공기구에서 요구하는 이론교육과 실기 교육을 마친 뒤 항공교통관제사 시험에 응시할 자격을 부여받는다.

항공교통관제사의 자격증은 항공교통관제업무를 하기 위한 가장 기초적인 업무를 할 수 있는 것을 의미할 뿐 자동차 운전면허증처럼 바로 운전대를 잡고 운전 할 수 있는 자격을 주는 건 아니다. 현재 우리나라의 항공교통관제사는 국토해양부 소속의 공무원 신분이고 항공교통관제업무를 그 업무의 성격상 정부의 관리 감독 하에 있는 것이 대부분이다. 따라서 항공교통관제사 자격증을 취득한 사람에 한하여 제한적 공개경쟁 선발(8급)에 응시 할 수 있는 자격을 가질 수 있다.

대개 일반회사에 입사한 경우 6개월~1년 정도의 수습기간이 지나면 한사람의 직원으로써 일을 할 수 있지만 항공교통관제사 경우는 그렇지 않다. 이제부터 독립된 항공교통관제사로써의 역할을 시작하는 새로운 교육이 시작되는 것이다.

항공공교통관제사는 자격증을 취득한 후 국토해양부에서 채용되어 관제탑이나 접근관제소, 항공교통센터에서 경험을 하면서 2~3년간 다시 실무 공부를 한다. 그 후 한정자격증명이라는 테스트를 합격한 후 한 사람의 항공교통관제사로서 독립적인 일을 하게 된다.

즉 지상에서 교통경찰관이 교통흐름을 좌지우지 하는 것과 동일하게 항공교통관제사는 국토해양부장관의 명을 받아 하늘을 나는 항공기에 항공교통서비스를 제공하며 상황에 따라서는 항공교통안전을 위하여 보다 강력한 어드바이스와 지시를 제공할 수 있는 권한(법적인 근거에 바탕을 둔)을 가진다.

그러나 이렇게 되기까지는 보통 4~5년 정도가 경과된다. 그 후에는 항공교통관제사는 주기적인 보수교육으로 신형 항공기에 대한 성능 정보 및 최신 항법 정보 등을 습득하여 항공교통 업무 제공시 항공기의 특성에 따라 서비스를 제공해야 한다.


## 항공교통관제사가 되기까지

내가 이 직업을 선택하게 된 계기는 하늘에 대한 자유, 동경과 열망으로 가득 찬 사춘기 시절의 영향이 컸다. 나의 고향은 충북 청주인데 우연하게도 공군사관학교가 충북에 위치하고 있었다. 그래서 인지 내가 다니는 고등학교 운동장의 하늘은 훈련비행기들이 자주 눈에 보였다. 나는 종종 학교 벤치에 누워 하늘을 마음껏 나는 항공기를 보면서 자유를 동경했고 고등학교 3학년이 되면서 친구들과 함께 항공기 조종사에 대한 본격적인 관심을 갖게 됐다.

그 당시(1987년) 공군사관학교 입시전형은 10월에 1차 필기시험과 간단한 체력·신체검사가 있었고 거기서 합격한 사람에 한하여 2차 적성검사와 정밀 신체검사 그 후 최종면접이 있었다. 나는 1차 필기시험에서 좋은 성적을 얻었지만 눈이 나쁜 게 걱정이었다. 1차 간단한 체력·신체검사에서 안과 테스트 당시 나는 검침용 안과 테스트 판을 암기해 합격했다. 하지만 후에 안과 테스트의 속임수가 발각돼 불합격 처리됐다. 불합격은 명약관하의 사실이었지만 나는 적지 않은 충격을 받았다.

그러던 중 우연히 고등학교 교무실 벽면에 붙어 있는 진학 게시판에 항공대학교라는 안내책자를 보았고, 그곳에서 항공대학교 항공관리학과(지금 항공·경영대학 항공교통물류학부 항공교통전공)에서 항공교통관제사에 대하여 알게 됐다.

떨어진 후유증이 깊어서 인지 그 해 학력고사 점수는 저조했다. 그래서 나는 재수를 결심 하였다. 이듬해에도 조종사에 대한 미련을 버리지 못하고 공군사관학교 입학전형에 또 다시 응시했지만 1차 합격하고 2차 불합격했다. 그때 '아 이것은 내 길이 아니구나! 하고 조종사의 꿈을 접었다. 그리고 항공대학교 항공관리학과에 입학해 관제사의 길을 걷게 됐다.

지금은 항공대학교 부설 항공교통관제교육원이 있어 교육과정(2년)을 이수하고 항공법 한과목만 시험에 응시하면 항공교통관제사 자격을 취득할 수 있지만, 내가 항공교통관제사를 시험에 응시할 당시는 '항공교통관제교육원'이라는 국토해양부가 인정한 전문교육기관이 없어 항공교통관제사의 6개 시험과목(항공법, 항행안전시설, 항공기상학, 항공교통업무, 레이다관제항공기) 모두 60점 이상(과락평균 40점 이상) 받아야만 했다.

시험 시기는 지금과 같이 분기별 1회(3, 6, 9, 12월)였으나, 당시 내가 응시 할 수 있는 첫 번째 시험 시기는 4학년 1학기인 6월이었다. 국토해양부의 항공교통관제사 채용 시기는 대개 9~10월, 따라서 필기시험 기회는 단 2번(6월과 9월)이었으며, 6과목 전 과목을 합격한 후 실기시험도 합격해야만 했다.

당시 시험을 치르는 학생들이 나를 포함해 20여명 가량 되었는데, 모두가 항공대학교 입학초기부터 항공교통관제사가 되기를 희망해 왔기에 그 시험에 모두 합격을 해야만 하는 절대 절명의 사명감을 가지고 있었다. 그래서 같은 마음으로 함께 시험을 준비했고, 시험보기 한 달 전부터 6과목을 6개 팀으로 나누어 학교강의실에 모여서 팀 합숙을 하면서 세미나를 열고 밤새워 공부했다.

그해 여름은 무척이나 더웠다. 하지만 사실 더위보다 더 힘들었던 것은 어떤 문제가 나올까? 하는 것, 정확한 시험범위가 있는 것이 아니라 전반적인 모든 내용을 준비해야 한다는 점으로 보면 무엇이든 암기하고 이해해야만 했다. 이러한 힘든 시험 준비 결과 2회(6월, 9월)의 항공교통관제사 시험에 모두 합격을 했고, 그해(1995년) 국토해양부의 항공교통관제사 임용시험에 모두 통과되었다.

이것은 항공대학교 항공관리학과가 생긴 이래 최초로 20여명의 많은 항공교통관제사가 탄생했던 기록이 되기도 했다. 그 이후 인천국제공항 개항으로 인한 대거 채용으로 1999년도에 27

명이 일시에 항공교통관제사가 되어 기록을 경신하게 되었다.

## 항공교통관제사로서 겪는 어려움과 보람

항공교통관제사는 24시간 주야간 3교대 방식으로 주간, 야간과 휴식으로 세 가지의 근무형태를 가지고 있다. 따라서 일반 공무원의 근무형태인 9시 출근, 6시 퇴근이 아니며, 월요일부터 금요일까지의 근무가 아닌 주간/주간/야간/야간/휴무/비번(또는 주간/야간/비번 등)의 형태가 항공교통관제사의 근무형태이다.

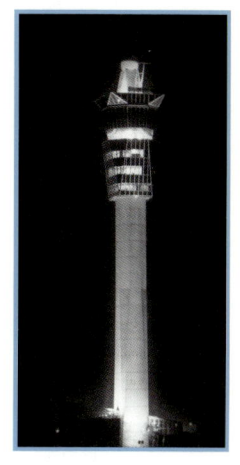

그러다 보니 사실 항공교통관제사에게는 일반사람들이 생각하는 연휴, 추석, 공휴일이란 존재할 수 없고, 사람들이 쉬는 공휴일에도 항공교통관제사는 그들의 근무일정에 따라 근무를 해야 한다. 따라서 가족과 친지가 함께 시간을 가질 수 있는 구정이나 추석 또는 휴일에 근무를 하는 경우가 발생하기 때문에 일반적인 사회통념상의 역할인, 아버지, 아들로써 이러한 시기에 가족과 시간을 함께 하는 일은 매우 드문 일이 된다.

사실 이런 날에는 '특별수송대책기간'이라 하여 항공기의 운항 횟수 증가되어 더욱 더 많은 업무량(workload)이 가중되며, 보다 안전한 항공교통을 확보하기 위해서 더 많은 신경을 쓰게 된다. 따라서 항공교통관제사로서의 사명감 없이는 힘든 직업이다.

나에게 그러한 사명감을 느끼게 해 주었던 한 가지 에피소드를 소개하고 싶다.

때는 3월 초순, 절기상으로는 봄소식을 전하는 강남 제비가 집을 짓는다는 시기에 갑자기 짧은 시간에 서울 전역을 중심으로 중부 지방에 엄청난 폭설이 내린 경우가 있었다. 이런 일이 발생하기 전날 나는 야간 근무를 하기 위해 공항에 들어오면서 흐린 하늘을 봤다.

초저녁에도 낮게 구름이 깔려 별이 보이지 않아 항공교통관제사들의 근심이 많았다. 시간이 차츰 지나서 밤 12시쯤 하얀 눈 싸라기가 하나 둘 휘날리기 시작했으면 온도가 급격히 떨어지기 시작했다. 어느덧 활주로에 휘날리던 눈발이 차곡차곡 쌓여가기 시작했다.

관제탑의 항공교통관제사는 공항공사 제설팀에 연락을 하여 즉시 제설차를 출동시켰고, 항공기에게 폭설에 대한 안전충고를 하였다. 그러나 눈은 삽시간에 활주로뿐만 아니라 공항일대를 완전히 삽시간에 하얀 세상으로 덮어 버렸다. 그 짧은 시간에 눈이 넓은 공항 전체를 완전히 덮어 버릴 수 있다는 것을 전에는 상상도 할 수 없었는데 말로만 듣던 그 상황이 거짓말처럼 눈앞에서 벌어졌다.

한쪽 방향의 활주로를 제설 장비로 이동하여 눈을 치우면, 다른 한쪽이 쌓이고, 반대쪽을 치우면 다른 쪽이 쌓이고 마치 아이들 장난하듯이 왔다 갔다 반복해야했다. 그러나 눈은 그칠 줄 몰랐고, 제설장비는 일부분은 과열 현상까지 나타났다. 일부 항공기가 계속해서 공중에서 체공하였고, 일부는 다른 공항으로 회항하였으며 일부의 항공기만이 착륙을 할 수 있었다.

그러나 문제는 또 발생했다. 착륙한 항공기가 주기할 공간이 없었기 때문이다. 이미 모든 주기장에는 항공기가 주기하였고 야간이기 때문에 많은 항공기가 공항에서 주기하고, 주변지역 기상악화로 인하여 출발 예정이던 항공기가 결항이 되어 공항에 주기하였다. 따라서 항공교통관제사는 보다 많은 항공기 주기를 확보하기 위하여 한 개 활주로를 폐쇄한 후 그 활주로에 항공기를 세워놓았다. 공항 개항 후 발생 되는 초유의 비상사태였다.

그렇게 밤을 하얗게 지새웠고, 눈은 새벽이 되어서야 잦아들었다. 관제탑에서 바라본 활주로는 활주로가 더 이상이 아닌 항공기 전시장을 연상하게 했다. 아침이 되자, 항공기는 터미널의 여객을 싣고 한 대씩 각자의 목적 공항을 향해 출발했고 다행히도 눈은 더 이상 내리지 않았다.

정상적인 공항 운영이 된 것은 그날 저녁 7시가 되어서 안정을 찾았다. 몸서리쳐질 정도로 긴장의 연속이었지만 내가 하고 있는 일이 얼마나 사람들의 안전에 중요한가에 대해서도 다시 한 번 느낀 순간이었다. 이러한 일을 경험할 때 마다 정말 대한민국의 관제사로써 자부심을 느낀다. 항공교통관제사는 항상 보이지 않는 음지에서 반복된 일이지만 긴장하고, 아무 탈 없이 하루하루 일을 처리해 나간다.


## ✎ 항공교통관제사가 되고 싶어 하는 학생들에게……

항공교통관제사의 업무는 겉으로는 무척이나 무게 있고 멋이 있는 직업처럼 보이지만 사실 개인적으로 그 내면에 많은 스트레스를 받는 직업이다. 보통 항공기의 조종사는 자신의 항공기만을 조종하지만 관제사는 한대의 항공기가 아닌 여러 항공기를 일정한 간격을 유지하여 원활한 교통의 흐름을 유지 시켜야 한다. 따라서 항공교통관제사는 각각의 항공기에 대한 운항 성능뿐만 아니라 항공기가 운항하는 지역의 기상상황을 수시 파악하고, 지속적인 유도를 해 주어야 한다.

또한 안개와 폭우가 심각한 날씨의 경우 항공교통관제사의 유도 임무는 항공기를 실제 조종하는 것과 다르지 않고, 이는 400여 명 승객의 안전을 책임지는 역할을 한다. 모든 일이 다 비슷하겠지만 이 일을 하는 사람은 책임감이 강하고 성격이 차분해야 한다. 비정상적 상황이 돌발하는 경우가 즉각적인 임기응변으로 상황을 잘 풀어 나가야 하기 때문이다.

항공교통관제사가 가장 중요하게 생각해야 할 것은 '승객의 안전'이다. 항공교통관제사의 작은 실수가 엄청난 대형 사고를 일으킬 수 있다는 것을 스스로 자각하고, 마이크를 잡을 때는 늘 긴장해야 한다.

항공교통관제사는 업무 특성상 고도의 정신 집중과 끈기, 융통성을 필요로 한다. 일반 회사는 1년 단위 또는 분기, 월 단위 등으로 하는 업무의 패턴이 규칙성을 가질 수 있지만 항공교통 업무는 한달, 일 년 모두 그 상황이 다르다.

따라서 항공교통관제사는 그날, 그 당시, 그 상황에 따라 항공기가 안전하게 목적지에 도달하게 하기 위하여 항공서비스를 제공해야 하기 때문에 응용력이 많이 필요하다. 상황에 따라 적절한 판단을 하고 대응하며 그러한 변화를 즐길 수 있는 사람이면 가장 적응하기 쉬울 것이다. 항공교통업무는 그 당시 주어진 상황에 슬기롭게 대처하고 나면 정말 홀가분한 마음으로 일터를 떠날 수 있다는 매력이 있다.

## 항공교통관제사로서의 나의 신념

항공기의 가장 큰 특성은 유동성과 속도다. 배는 정지하고 싶을 때 바다 위에 서 있을 수 있지만 항공기는 정지라는 기능이 없다. 3차원적 공간적 상태를 끊임없이 유지하지 않을 수 없는 것이다. 그 만큼 끊임없이 움직이고 속도 역시 다른 어느 교통수단보다 빠르다. 따라서 항공교통관제사는 이러한 항공기의 고유특성을 살려 정확하고 신속한 항공교통서비스를 즉각 제공해야 한다. 그리고 무엇보다 항공기간의 충돌을 사전에 방지하고 원활하고 안전한 항공교통업무를 제공하는 것이 최우선 원칙이다.

항공기 사고는 육상교통의 자동차 사고와 같이 그 횟수가 빈번하진 않지만, 한번 발생하게 되면 탑승자의 거의 100%가 사망에 이르는 등 매우 끔찍한 결과를 초래하게 된다. 따라서 한 치의 오차나 실수는 곧 사고와 직결된다는 자세로 항공교통서비스를 제공해 완벽을 기한다. 대개 이러한 완벽한 항공교통서비스를 제공하기 위해서 항공교통관제사는 근무가 시작되는 시간보다 30분 전 출근해 각종 항공정보를 충분히 숙지하고 근무시간 종료 후 30분까지 업무 인수인계가 완전히 이루어짐을 확인하고서야 긴장을 푼다.

또한 항공기는 끊임없이 기술 발전으로 인하여 항공교통관제사는 각각의 항공기의 특성을 계속적으로 학습하여, 특성에 맞게 항공교통서비스를 제공한다. 이 직업은 끊임없는 학습과 자기 자신에 대한 주의를 기울이지 않고는 절대 수행할 수 없다. 따라서 항공교통의 제일 선두자로서의 사명감을 가지고 있지 않고서는 할 수 없는 직업이다.

항공교통서비스는 인간의 입을 이용한 목소리 업무이고, 항공교통관제사에게 있어서 목은 매우 중요한 소리 매개체이다. 일반직 사무원들에게 일을 할 수 있는 도구가 컴퓨터를 이용한 각종문서 작성이라면, 항공교통관제사에게는 목을 통한 소리가 그런 역할을 하는 것이다. 따라서 항공교통관제사는 대개 그 자신만의 목소리을 최상의 상태를 유지할 수 있게 하기 위해 신체관리에 많은 신경을 쓰고 있다.

대개 한 시간에서 한 시간 반 정도 근무할 때 쉬지 않고 연속적으로 말을 하고 나면 갈증을 심하게 느낀다. 그래서 대부분의 관제사들이 항상 물 컵을 가지고 다니면서 갈증을 해소한다. 사람에 따라서 주로 마시는 음료가 다른데, 그 음료의 종류는 천차만별이다. 나 역시 나만의 음료가 있는데 그것은 보성에서 직접 구매한 녹차를 우려내 차갑지도 뜨겁지도 않은 미지근한 온도에서 마시는 것이다.


## ❧ 나의 여가시간

1년 365일 24시간 공항은 끊임없이 항공기는 착륙과 이륙을 되풀이 한다. 따라서 공항에서 근무하는 사람에게는 주말도 공휴일도 명절도 존재하지 않는다. 항공교통관제사 역시 예외는 아니다. 불규칙한 근무시간으로 인하여 주말과 국경일에 쉬지 못하고 근무하는 경우가 종종 발생하다보니 가족과 함께 할 시간이 적다. 그것이 가장 큰 단점이지만 평일에 여유 있게 휴식을 즐길 수 있어 한편으로는 더 여유가 있다고 생각할 수도 있다.

언젠가 야간근무를 하고 다음날 아침 집에서 휴식을 취하다보니 이웃 사람들이 이상한 눈초리로 쳐다본 적이 있다. 남들은 다들 출근하느라 정신없는 아침을 보내는데 내가 여유 있게 집에 있다 보니 백수가 아닌가, 혹은 자영업 하는 사람인가 하고 묻는 경우가 있다. 그럴 때 마다 일일이 설명하기 힘들어 그냥 '공무원'이라고 대답하면 "혹시 국가정보기관이냐"고 묻기도 한다.

쉬는 날이 불규칙하고 근무형태가 주·야간을 반복하다 보면 인간의 기본적 생태 리듬이 깨지기 쉽다. 그래서 대부분은 항공교통관제사들은 개인적으로 하루 30분~1시간 정도 운동을 하며 자신의 체력관리를 하려고 노력들을 한다. 그리고 중장년의 항공교통관제사는 근무지 근처에 작은 텃밭을 이용하여 채소나 과일 등을 경작하기도 한다. 나 역시 이 방법을 선택하는데 밭에서 일할 때는 모든 일을 잊고 스트레스를 해소시켜서 좋은 것 같다. 또한 미혼의 젊은 항공교통관제사들의 경우는 각자의 취미성향이 비슷한 사람끼리 모여서 동호회(스키, 골프, 여행 등)를 만들어 열심히 활동하기도 한다.

# 환경컨설턴트_구자건

## 그린스타일, 그린라이프의 선두주자

### 직업개요 | 환경컨설턴트

환경컨설턴트는 기업이나 공공조직이 안고 있는 환경관리상의 문제점을 진단하고 그에 맞는 해결책을 제시하는 전문가다. 환경컨설턴트의 활동영역은 환경경영 현황 진단 및 교육을 비롯해 대형개발사업에 대한 환경영향평가, 폐기물 처리시설 환경상 영향조사, 환경산업 진출 타당성 조사, 외국인 투자자를 위한 환경실사, 환경정보 및 환경콘텐츠의 제공, 기업CEO의 의사결정을 위한 정책보고서 작성 등 다양하다.

현재 환경컨설턴트가 되기 위한 자격제도는 마련돼 있지 않지만, 환경관련 전공을 이수하거나 환경 관련 자격증을 취득하는 것이 유리하다. 환경에 관련된 법이나 규제 등을 미리 알고 있는 것도 좋다. 전문지식과 실무경험을 두루 갖추는 것이 환경컨설턴트가 되기 위한 필수 요건이다.

환경컨설턴트는 기업인들이 보다 효율적인 경영을 할 수 있도록 쾌적한 환경을 만드는 역할을 담당하고 있다. 지구온난화 진전, 온실가스 감축 국제협약 논의 등으로 인해 환경에 대한 인식이 높아지고 있으나 환경컨설팅에 대한 사회적 인식은 아직까지 높지 않다. 일반인들은 환경컨설팅에 대한 인지도가 낮고, 기업들은 환경이 '돈 들어가는 일'이라고 생각해 적극적인 투자를 꺼리는 경우가 많다.

미국이나 유럽은 환경컨설턴트가 전문직종으로 자리잡은 지 이미 오래다. 세계 환경컨설팅 시장의 약 65퍼센트를 차지하는 아서더리틀(ADL), 이알엠(ERM) 같은 환경컨설팅 회사들이 중요한 위치를 차지하고 있다. 우리나라는 2006년 환경컨설팅에 대한 법이 생기고 등록제가 시작됐다. 국내에서는 일반 컨설팅 회사나 외국계 대형 회계법인이 부수적으로 환경컨설팅을 하는 편인데 환경경영체제 인증 지도나 탄소배출권 거래, 청정개발체제(CDM: Clean Development Mechanism))에 대한 컨설팅이 주류를 이루고 있다.

환경컨설팅은 전망이 매우 밝은 분야다. 환경 관련 기관·업계의 조사에 따르면 2005년 7,100억 달러 규모였던 세계환경산업 시장은 2010년경에는 1조 1,000억 달러로 성장할 것으로 전망된다. 특히 환경컨설팅 분야가 크게 성장할 것으로 분석하고 있다. 국내 환경컨설팅 시장 역시 2005년 1,760억 원 수준이었는데 2010년에는 5,270억 원대로 성장할 것으로 전망되고 있다.

이에 따라 우리나라에서도 환경컨설턴트의 중요성을 인식해 관련법 개정을 서두르는 등 국내의 법제적 정비가 이루어지고 있다. 2006년 환경부는 '환경서비스업 활성화 방안'을 발표하며 환경 컨설팅업을 대표적인 21세기 지식기반 사업으로 육성 발전시키겠다고 발표했다. 미래학자들 사이에서 21세기에 가장 유망한 산업 중 하나로 환경산업이 점쳐지는 가운데, 2008년 3월 취업포털 인쿠르트에서 발표한 올해 유망 직업 순위에서 환경컨설턴트가 3위로 선정되기도 했다.

## 구자건 환경컨설턴트는요?

연세대학교 환경공학부 부교수로 재직 중인 구자건 환경컨설턴트는 1959년에 출생하여 1977년 연세대학교 토목공학과를 입학하여 1984년에 졸업하고 동 대학원에서 환경보건학과 환경공학을 전공했다. 1995년 국내 최초로 환경컨설팅 사무실을 개소해 환경컨설턴트로서 활동을 시작했고 2005년 대통령 자문 지속가능발전위원회 전문위원으로 활동했다. 현재는 한국환경영향평가학회 부회장 및 환경부, 국토해양부, 강원도, 한국토지주택공사, 수도권매립지관리공사, 그린캠퍼스협의회, 몽골바양노르솜호수살리기시민연대 등에서 자문 및 전문위원으로서 환경에 많은 도움을 주고 있다. 대표저서로는『생태계 위기와 한국의 환경문제(1992)』,『우리가 정말 알아야할 환경상식 백가지(1995)』,『환경갈등과 사회영향평가 방법(2007)』 등이 있다.

## 🔍 환경컨설턴트는 어떤 일을 하는가?

'컨설팅'(consulting)이란 '조언'이나 '자문'을 의미하는 말이고, '컨설턴트'(consultant)는 '자문이나 조언을 해주는 전문가'를 말한다. '컨설턴트'는 일반적으로 경영학석사(MBA) 취득 후 기업의 경영·인사·마케팅 등을 진단하는 '경영컨설턴트'의 의미로 쓰이지만, 최근에는 정보기술(IT), 환경, 부동산, 회계, 세무 등 다양한 분야에서 쓰인다. '환경컨설턴트(environmental consultant)'란 기업이나 조직이 안고 있는 환경문제에 대한 전문적인 해법을 제시해주는 사람이다.

환경컨설턴트가 하는 일을 구체적으로 정리하면 아래와 같다.

- 친환경경영시스템, 환경규제대응을 위한 환경 및 에너지 경영전략 수립
- 기업의 환경을 고려한 경영체제를 평가하여 인증하여 주는 환경경영체제 (ISO 14001) 인증 지도 및 심사
- 리조트, 휴양시설, 산업단지, 도시개발, 아파트, 도로개발, 해양개발 등의 대형 개발사업에 대한 환경영향평가
- 매립장, 소각시설 등 폐기물 처리시설의 환경상영향조사
- 기후변화 저감계획 수립, 환경오염 오염방지 기술, 환경오염 측정 기술 등 환경질 측정 및 평가
- 기업체 '지속가능성보고서' 작성 및 제3자 검증
- 광역 및 기초 지방자치단체의 환경보전계획 및 온실가스 저감 대책 수립
- 환경산업 진출 타당성 조사
- 외국인 투자자를 위한 환경실사

## 환경컨설턴트가 되기까지

고등학교 시절 나는 기계나 컴퓨터를 공부하는 기계·전자 분야보다는 공간을 다루는 토목·건축·도시계획 같은 전공에 관심이 있었다. 어느 날 토목공학을 전공한 교생선생님으로부터 처음 토목공학에 대해 들었고, 그것이 내가 대학에서 토목공학을 전공하게 된 결정적인 계기가 됐다.

나는 대학생활 동안 자유로운 학풍을 만끽하며 문학·철학·신학을 전공한 친구들과 어울렸다. 3·4학년 때는 전공 필수 과

목을 제외하고는 철학·국문학·정치외교학과 과목들을 두루 수강했다.

나는 전공 분야 중에서 환경공학에 관심이 많았다. 그래서 졸업 논문으로 환경 분야를 선택해 '물리적 방법에 의한 하수처리 연구'를 썼고, 졸업하기 전 '수질환경기사' 자격증을 취득했다. 졸업 후 환경 분야로 진출하고 싶었으나 입사 예정이던 종합 엔지니어링사의 환경부서 발령이 계속 지연되면서 진로에 대한 불안감을 감출 수 없었다. 결국 다른 회사에 입사 지원을 했고, 몇 차례의 면접 끝에 한 대형 건설사에 입사했다.

그러나 전공 공부가 미흡했던지 사회에 첫발을 내딛은 나는 호된 신고식을 치루는 수밖에 없었다. 입사 후 2년 동안은 일 배우는데 정신이 없었다. 영산강 종합개발사업, 미공군 비행장 시설공사 등 여러 현장에 투입되면서 나는 다른 생각을 할 틈 없이 현장의 토목공사 업무를 익히는데 바빴다.

여러 현장에서 일하면서 나는 다시 한 번 환경문제의 중요성을 절감하게 됐다. 한 예로, 군산 미군 비행장 공사현장에 배치되었을 때 꽤 큰 충격을 받았다. 일제시대 때 건설된 상수관 교체공사였는데, 놀랍게도 상수관 재료가 석면이었던 것이다. 그러나 80년대 후반이었던 당시, 국내 건설업계는 '석면'의 위험성에 무지했고, 석면 상수관의 절단과 날림먼지 비산에 대해 별다른 조치 없이 공사했고 폐기된 상수관의 관리도 철저하지 못했다. 이 장면을 본 미군 측은 위험물질에 대한 관리가 부실하다며 좀더 충실한 안전 대책을 요구했다.

이 일을 계기로 나는 환경 분야에서 일해야겠다는 결심을 더욱 굳히게 됐다. 건설회사에서 일한 지 2년쯤 지났을 무렵, 책과 뉴스를 통해 접한 환경 분야 교수님을 찾아뵙기로 했다. 환경문제에 관심이 있는데 앞으로 어떤 길을 걸어야하는지 조언을 듣기 위해서였다. 의과대학 예방의학교실의 환경보건학 주임 교수였던 그 분의 답변은 이러했다. "지금도 늦지 않았으니 공부를 다시 시작하라."

이후 나는 보건대학원에서 '환경보건학' 석사 학위 과정을 밟았다. 약간의 퇴직금만 손에 쥔 상태였다. 아버님을 일찍 여읜 데다 공무원 생활을 하던 형님마저 일찍 세상을 떠났기 때문에 경제적 후원자를 기대하기 어려웠지만 환경문제에 대한 관심과 탐구열은 사그라지지 않았다. 나는 석사 학위 과정을 밟으며 연세대 환경공해연구소에서 연구조교로 근무했다. 집이 대중교통으로 2시간 가량 걸리는 먼 거리에 있었지만 가장 먼저 출근하고, 가장 늦게 퇴근하는 날이 많았다.

석사학위 과정에 있던 연구조교이었지만 지도교수의 신뢰 덕분에 나는 대형 프로젝트를 기획, 관리할 기회를 여러 번 얻었다. 그러나 이 시기에는 '실천하지 않는 학문'이란 공허하다는 생각이 커서 아예 환경운동가로 '실천하는 삶'을 살겠다는 생각을 하기도 했다. '북한산 털보'로 잘 알려진 차준엽 선생과 힘을 합쳐 산악인, 교육자, 문인, 예술가들로 이루어진 환경단체 <자연의 친구들>을 조직해 사무국장으로 활동하기 시작한 것도 바로 이 때였다. '북한산 은행나무 살리기', '그린벨트 해제 반대 운동' 등을 이끌며 국내에서 처음으로 '환경칼럼니스트'란 직함으로 언론 매체와 잡지에 칼럼을 연재하기 시작했다.

연구소 자료실에 산더미처럼 쌓여있는 연구 자료를 볼 때마다 언젠가는 모두 내 것으로 만들겠다고 다짐했고, 자료실에 홀로 남아 자료와 씨름할 때는 희열감을 느꼈다.
석사 학위를 취득하면 환경문제와 관련된 책
을 써야겠다는 생각에 틈틈이 자료를 모았다.
그렇게 모은 자료를 바탕으로 1년 동안의 집필
과정을 거쳐 『우리가 정말 알아야 할 환경상식
백가지』라는 책을 출간했다. 책은 좋은 반응
을 얻었고, 1995년도 서울지역 출판노조가 선
정한 '올해의 좋은 책'으로 선정됐다. 이를 통해 자신감을 얻은
나는 새로운 분야를 개척하고 싶은 욕심이 들었다.

박사 과정을 밟으라는 지도교수의 권유를 뿌리치고, 연구소
를 나와 1995년 3월 서울 광화문에 〈서울환경컨설팅〉이란 환경
컨설팅 사무실을 개소했다. 국내 최초로 '환경컨설턴트'로서의
발걸음을 내딛은 것이다.


## ✎ 일을 하면서 느끼는 어려움

환경컨설팅을 시작했지만 환경컨설팅에 대한 개념이 정착되지
않은 상황에서 일을 한다는 건 쉽지 않았다. 명함을 건넬 때마
다 "환경컨설팅이 뭐하는 직업이냐"고 묻기 일쑤였다. 그래서
나는 1995년 인터넷 홈페이지를 개설해 환경전문매체에 기사와
해외 환경뉴스를 연재하는 등 다양한 홍보 활동을 하며 환경컨
설팅을 알리고자 노력했다.

하지만 '지식서비스'에 대한 개념이 정립되지 않았기에 사
람들은 환경컨설팅에 대한 금액을 지불하지 않으려는 경향

이 강했다. 자문비 청구를 난감해하거나, 상담 도중 엉거주춤 일어나 나가려는 기업인들도 많았다. 지금처럼 '지속가능보고서(Sustainability Report)'나 '전과정평가(LCA: Life Cycle Assessment)', 탄산가스 감축량의 국제적 인증을 위한 '청정개발체제'(CDM) 등과 같은 환경컨설팅 영역이 없던 시기였기 때문에 더욱 그러했다. 변호사나 변리사에 상응하는 지식서비스 보수를 받기가 어려웠고, 날로 나의 고민은 커졌다.

다행스럽게도 1997년 외환 위기가 닥치던 시기에는 일반 기업과 달리 환경사업 부문 구조 조정이 필요한 대기업이나, 기업 인수·합병을 진행 중이던 외국 기업으로부터 컨설팅 의뢰가 이어졌다. 소수의 전문 인력으로 제한된 기한 내 보고서를 제출해야 하는 업무의 특성상 일은 바빴지만 늘 새롭고 흥미로운 일을 할 수 있어 만족스러웠다.

그러나 이러한 상황이 계속될 것인지에 대해서는 확신이 서지 않았다. 나는 컨설팅 업무를 환경분야 학술 연구와 연계해보는 것이 어떨까 하고 생각했다. 컨설팅 업무는 환경분야 교수진과 팀을 이뤄 작업하는 경우가 많고, 일반적으로 정부나 공공기관은 개별 컨설팅사에게 용역을 의뢰하기보다 학교와 연계된 연구진에 의뢰했기 때문이다. 나는 늦긴 했지만 박사 학위를 새로이 시작했다. 박사 학위 과정을 이수하며 대학교 연구소와 공동 연구를 수행하고, 현장에서 경험한 지식과 정보를 학술연구 공간에서 토의하고 더 나아가 학생들에게 전달할 수 있는 기회를 얻을 수 있었다.

## ✎ 일의 보람과 즐거움

나는 환경컨설턴트로 일하면서 전체를 포괄적으로 보고 문제
와 해결책을 찾는데 익숙해졌다. 주위로부터 복잡한 문제를 다
루는 능력이 탁월하다는 평가를 받는데, 회의를 효율적으로 진
행하는 나만의 노하우도 생겼다. 나는 지자체나 기업이 안고 있
는 복잡한 문제를 명료화하고, 그 조직원들에게서 해결책을 발
견했다는 표정을 읽을 때 보람을 느낀다. 환경컨설팅은 내 개인
의 소득일 뿐 아니라 사회적으로도 공헌하는 가치 있는 일이라
고 생각한다.

꽤 오래 전 일이지만, 컨설팅 사무소를 개소한지 얼마 지나
지 않을 무렵인 1996년, 난지도를 대체할 새로운 매립지로 김포
가 지정됐고, 매립지 조성을 시작할 시기에 맞춰 환경영향평가
를 실시했다. 매립지 조성이 지역 주민들에게 얼마나 환경적으
로 악영향을 미칠 것인가, 피해를 최소화하기 위한 방안은 무엇
인가를 조사하기 위한 것이었는데 나는 매립지가 주변 지역에
미치는 영향과 대안을 검토한 후 "야간 소음과 먼지 문제를 해
결하기 위해 쓰레기 매립 시간을 정확하게 통제하자"는 방안을

환경컨설턴트는 사전 영향 평가를 통해 사후에 발생할 수 있는 환경문제를 미연에 방지하는 역할을 하기도 하고, 정확한 정보와 분석에 기초하여 쓸모없는 환경비용이 지출되는 것을 막기도 한다.

제안했다. 이 제안은 받아들여졌고, 2004년 수행된 1차 매립지 환경상태에 대한 조사에서 우려한 만큼의 피해가 나타나지 않고 있다는 결과가 나왔다.

환경컨설턴트는 사전 영향 평가를 통해 사후에 발생할 수 있는 환경문제를 미연에 방지하는 역할을 하기도 하고, 정확한 정보와 분석에 기초하여 쓸모없는 환경비용이 지출되는 것을 막기도 한다. 오래 전 국내의 한 글로벌 기업은 시민단체들의 경영권 문제, 환경문제에 대한 압박으로 인해 전국 각지의 자사 공장에 대해 환경감사를 할 계획을 수립한 적이 있다. 그러나 나의 평가 결과로는 그 기업은 환경감사를 실시할 필요가 없었고, 기업은 나의 권고를 받아들여 불필요했던 환경감사를 진행하지 않았다. 그 결과 감사에 들어가는 큰 비용을 절감할 수 있었다.

이처럼 내가 직접 평가하고 제안한 정책이 결과로 나타났을 때, 그리고 그 결과가 환경평가나 환경관련 정보를 중요하지 않게 여기는 기업과 공공기관의 의식을 바꾸어 나갈 때 환경컨설턴트로서 일하는 보람을 느낀다.

1995년 환경컨설팅 사업을 시작하며 세무서에 사업자등록 신고를 했을 때 '환경컨설팅'이라는 업태가 없다고 담당자가 난감한 표정을 지었던 게 생각난다. 물론 다른 것을 사용해 문제는 해결되었지만 환경컨설팅에 대한 인지도가 얼마나 낮았는지를 보여주는 예이다. 불과 십여년 전의 일이다. 지금은 다르다. 환경컨설팅은 독립된 전문 영역으로 발전했다. 환경공학 전공 학생들이 선호하는 직종 중 하나이고, 기업체의 특강, 전문 기술 인력의 직무능력 향상 교육 등에 자주 초빙되고 있다. 환경컨설팅에 대한 인식이 높아졌다는 증거다.

환경컨설팅을 하면서 조직에 얽매이지 않고 바쁘더라도 주관적으로 개인 일정을 관리할 수 있다는 것에 만족감을 느낀다. 일도 중요하지만 가족과 시간을 보내는 것도 소중하기 때문이다. 또 컨설팅 업무를 끝낸 저녁, 고속도로를 피해 주변 경관이 뛰어난 국도를 운전하며 귀가할 때 행복감을 느끼곤 한다.

> 환경컨설팅은 독립된 전문 영역으로 발전했다. 환경공학 전공 학생들이 선호하는 직종 중 하나이고, 기업체의 특강, 전문 기술 인력의 직무능력 향상 교육 등에 자주 초빙되고 있다.

## 환경컨설턴트가 되고 싶어 하는 학생들에게…

환경컨설턴트가 되기 위한 특별한 자격시험이나 요건은 없다. 그러나 한국환경컨설팅협회에서 운영하는 환경컨설팅 인력 양성과정을 이수하면 환경컨설턴트의 업무 영역을 이해하는데 도움이 된다. 환경컨설턴트로서 갖추어야 할 자질은 첫째, 학제적 문제 접근능력(하나가 아닌 여러 학문분야의 지식과 접근법을 이용하여 문제에 접근하는 능력). 둘째, 구조화된 사고력(문제의 범위를 설정하고, 문제에 영향을 미치는 여러 요인과 그 결과를 구조화하여 분석하는 능력)이다. 이러한 능력은 갑자기 생기는 것이 아니고 꾸준한 교육과 훈련을 통해 길러진다. 컨설턴트가 접하는 문제는 정형화된 것이 없고, 해결 방법도 매번 다르기 때문에 문제를 다양한 시각에서 보고 해결할 수 있는 능력을 갖춰야 한다.

대기오염이 수질오염을 불러오는 것처럼 각 환경 영역은 서로 연결되어 있기 때문에 각 영역에 대한 포괄적 이해와 더불어 급변하는 환경 관련 법규나 국제 규제에 대한 지식, 경제적 마인드가 동시에 필요하다. 경영학, 계획학, 법학, 행정학 등 사회과학적 지식과 환경공학, 토목공학, 화학공학 등 여러 분야에 걸친 지식과 그것을 구조화해 문제 해결에 활용할 수 있는 능력도 갖춰야 한다.

또한 이런 포괄적인 이해와 더불어 기후변화, 오염 방지 기술 등 특정 환경영역에 대한 전문 지식을 쌓는 것도 중요한데, 막연히 '환경'으로 접근할 것이 아니라, '온실가스 저감 기술', '폐기물 자원화 전략' 등과 같이 구체적이고, 자신이 능력을 발휘할 수 있는 분야를 선정해 집중적으로 학습하는 것이 필요하다.

마지막으로 풍부한 지식과 더불어 다양한 현장경험이 있어야 훌륭한 환경컨설턴트로서 거듭날 수 있다. 문제해결 능력은 다양한 경험을 통해 길러질 수 있기 때문인데, 인턴십 등의 다양한 기회를 이용하여 가능한 한 실무 경험을 하는 것이 도움이 된다. 또한 환경에 대한 관심과 애정을 잊지 말아야 할 것이다.

## 🔍 이런 사람들에게 이 직업을 추천한다!

환경 분야가 광범위한 만큼 다양한 전공 분야에서 환경컨설턴트가 배출되고 있는데, 공학적인 측면에서 가장 일반적인 전공은 토목환경공학이다. 이 외에 화학, 생물학, 화학공학, 기계공학, 조경학 등의 전공도 도움이 된다. 컨설팅이 기본적으로 평가 및 해결책을 제시하는 것이기 때문에 사회에 대한 일반적인 이해와 법, 행정 영역에 대한 지식이 필요하다. 따라서 법학, 행정학, 경영학 등의 전공도 유용하다.

위에서 언급한 분야의 전공자들 중에서 환경·에너지 문제에 관심이 있는 학생들에게 이 직업을 추천하고 싶다. 다만 컨설턴트는 전문지식을 갖춰야 하므로 대학원에서 석사 이상의 학위를 갖추길 권장한다.


## 🔍 환경컨설턴트로서의 나의 신념

환경컨설턴트로서 '신뢰'와 '성실성'은 필수적인 덕목이다. 컨설팅 업무를 진행하기 위해서는 의뢰한 조직의 비밀스러운 부분까지 다 알아야 해결책을 찾을 수 있는 경우가 많기 때문이다. 이를 위해 컨설팅 의뢰기관의 경우 '보안각서'를 요구하는 경우가 많지만 지금껏 '신뢰' 때문에 문제가 된 적은 전혀 없었다.

컨설팅의 결과물은 물건이나 제품이 아닌 결과 보고서와 발표자료다. 따라서 의뢰자가 "본전도 못 건졌다"는 생각을 하게 된다면 이는 실패한 프로젝트나 다름없다. 컨설팅 업무 수행시 성실성을 발휘해 의뢰자로부터 고맙다는 말을 들을 정도로 해야 한다는 것이 나의 프로젝트 수행 원칙이고, 이를 지키려 노력해왔다.

## ✎ 나의 여가 시간

나는 비교적 늦게까지 일을 하는 편이다. 다이어리를 통해 일정 관리를 한다. 전자수첩이나 PDA도 있지만 그 동안의 경험에 의하면 다이어리만큼 효율적인 수단이 없는 것 같다. 약속별로 중요성을 감안해 몇 종의 색깔로 표시해 우선순위대로 처리한다. 일을 할 땐 노트북컴퓨터 좌측에 월간 계획표를 펼쳐놓고, 아이디어가 떠오르면 그때그때 좌측 공란에 메모한다. 대중교통으로 시내를 돌아다닐 땐 모바일 PC를 가지고 다닌다.

동료 교수나 여느 동기처럼 골프를 즐기지 않는 나는 파워워킹과 아령을 즐겨한다. 만보기를 차고 하루에 1만보 정도 걷기 위해 동선을 조절하는 편이다. 멀지 않은 거리는 빠른 걸음으로 걷는다.

나는 환경컨설턴트이자 연세대학교 원주캠퍼스 환경공학부 부교수로 재직 중인데, 환경컨설팅을 하면서 대학 강의를 병행해온 결과 5년 사이에 환경컨설턴트라는 직함 외에 연구교수, 겸임교수, 부교수라는 직함을 얻게 됐다.

요즘도 이따금 직장생활 초년병 시절의 그 막막했던 기억을 떠올리곤 한다. 지금 내가 작게나마 성취한 결과는 그 동안 몇 차례의 시행착오 극복과 나름대로 노력을 해온 결과라고 생각한다. 지금 환경컨설턴트의 활동 여건은 과거보다 훨씬 나아졌다. 장래 자신의 목표를 정하고 꾸준히 노력하는 청소년들은 틀림없이 이를 성취할 수 있을 것이다.

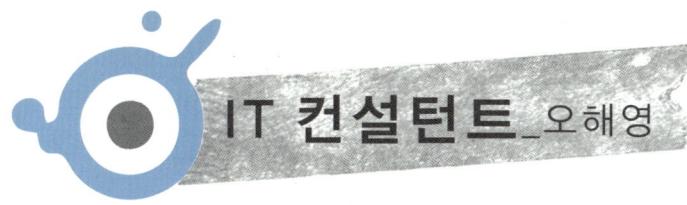

# IT 컨설턴트_오해영

## 빠르고 정확한
## 정보의 핵심리더

### 직업개요 | IT 컨설턴트

IT 컨설팅이란 기업의 인적, 물적 자원 및 경영에 관련된 자료를 분석 및 수집하고, 새로운 기술과 현재 기업의 상황을 고려해 적합한 시스템을 구축하거나 자문하는 일이다. 또 새롭게 구축된 정보시스템을 통해 기업 경영상의 개선, 시스템의 효율성 등에 대한 사후 모니터를 실시하며 시스템의 유지 및 보수에 관한 조언을 한다.

절반이 넘는 IT 컨설턴트가 정보통신학과, 컴퓨터공학과, 전자공학과, 전산학과, 정보처리학과, 정보통신공학과, 정보통신과 등 컴퓨터 및 전산관련 학과 출신이고, 나머지도 경영학과, 회계학과 등 경영, 경제, 수학 관련 전공자다.

IT 컨설턴트는 문제점을 진단하고 해결책을 제시해야 하기 때문에 전공지식도 중요하지만 그와 더불어 기업 활동과 정보 시스템의 전반에 대해 이해하고 있어야 한다. 또한 이들과 관련된 경험도 풍부하게 갖추고 있어야 한다. 그래서 IT 컨설턴트의 경우 신입 채용의 형식으로 취업하는 경우는 드물고 보통은 몇 년간 기업에서 정보시스템의 구조, 데이터베이스, 네트워크, 정보보안, 경영, 하드웨어의 특징, 소프트웨어 개발과 응용, 정보공학방법론, 서버 구축과 보수 유지론, 시스템개발 방법론, 비즈니스 프로세스 리엔지니어링(BPR: Business Process Re-engineering) 등의 지식과 시스템 문제 해결방법, 변화 대처 방법, 솔루션 최적화 방안, DB 최적화 방안, 컨설팅 기법 등의 다양한 현장 경험을 쌓고 IT 컨설턴트로 전환하게 된다.

한편, 관련 자격증으로는 한국산업인력공단에서 시행하는 '정보관리기술사', '정보처리기사', '정보처리산업기사', '전자계산조직응용기술사', '전자계산기조직응용기사', '전자계신기조직응용산업기사', '정보기술산업기사' 등이 관련되어 있다. 이런 자격증들은 기본적으로 취득해야 할 것들로 취업에 직접적인 영향은 줄 수 없다. 단 미국의 소프트웨어 제조회사인 오라클이나 독일의 기업용 소프트웨어 제작 전문업체인 SAP와 같은 외국 기업의 컨설턴트 자격증의 경우에는 도움이 된다.

IT 컨설턴트는 경영과 IT에 대한 종합적이고도 깊은 지식을 필요로 하기 때문에 고학력자를 우대한다. 경력은 거의 필수적이라고 할 수 있다. 그러나 고학력과 전문적 지식, 그리고 경력을 요구하는 만큼 대우는 매우 좋다. 2008년 노동부 자료를 보면 종사자 평균 연봉이 약 3,390만원 정도인데, 이것은 다른 IT 직종의 임금과 비교하여 보았을 때 월등하게 높은 수치이다. 또한 경험이 많을수록 유리한 직종이기 때문에 다른 IT 분야보다 연령대가 높다. 즉, 높은 연봉을 받으며 비교적 늦은 나이까지 일 할 수 있는 직업이라는 장점이 있다.

IT 컨설턴트에 대한 전망은 비교적 밝은 편이다. 한국고용정보원이 제공한 2007 직업별 장래성 수치 — 미래 직업 시장에서의 전망, 재직자의 일자리 증가 응답 비율 — 를 보면 57퍼센트의 재직자가 앞으로 일자리가 증가할 것으로 응답한 것으로 나타났다.

(주)유니베라 CIO로 활동하고 있는 오해영 컨설턴트는 1953년 출생으로 1976년 서울대학교 독문학과를 졸업하고 신용보증기금을 거쳐 한국과학기술원(KAIST) 시스템공학연구소, 한국생산성 본부 등에 몸담았고, 2008년까지 컨설팅 전문회사 제임스마틴 코리아 대표컨설턴트로 일했다. 한국에 컴퓨터가 들어온 직후부터 IT에 눈을 떴고, 홀로 고군분투해 IT 컨설턴트라는 새로운 분야에서 초창기에 활동을 하였다.

## ✎ IT 컨설턴트는 어떤 일을 하는가?

흔히 요즘 사회를 '정보화 사회'라고 한다. 과거 어느 때 보다 일상생활에서 '정보'가 중요한 역할을 하는 사회이며 '정보'가 신속히 전달되는 사회이고 그로 인해 국가나 기업, 개인 모두가 편해지고 도움이 되는 사회를 말한다. 내가 어릴 때 만 해도 멀리 떨어져 있는 사람에게 돈을 부치려면 은행이나 우체국에 가야만 할 수 있었다. 하지만 요즘은 문자메시지를 주고받는 것은 말할 것도 없고 지하철을 타고 가면서도 은행으로 송금할 수 있고 주변의 맛있는 음식점을 찾을 수 있으며 심지어 주식거래도 할 수 있다. 이처럼 개인과 기업, 정부 등 모든 주체들 간에 시간과 장소를 가리지 않고 정보를 주고받을 수 있는 사회가 바로 정보화 사회이다.

IT는 Information Technology의 영어 앞 글자를 따서 부르

IT는 Information Technology의 영어 앞 글자를 따서 부르는 용어로 우리말로는 '정보기술'이라고 하는데, 정보를 관리하는 기술을 광범위하게 총칭한다. 정보를 관리한다는 의미는 정보를 수집하고, 보관하고, 전달하고, 활용하여 필요한 의사결정을 하거나 대응을 하도록 하는 정보와 관련한 모든 활동들을 말한다.

는 용어로 우리말로는 '정보기술'이라고 하는데, 정보를 관리하는 기술을 광범위하게 총칭한다. 정보를 관리한다는 의미는 정보를 수집하고, 보관하고, 전달하고, 활용하여 필요한 의사결정을 하거나 대응을 하도록 하는 정보와 관련한 모든 활동들을 말한다. 예금을 하거나 돈을 찾는 고객들을 위해 은행이 제공하는 서비스와 같이 기업들이 수행하는 모든 업무들은 정보관리를 통해 이뤄진다.

예를 들어, 어느 손님이 은행에 예금을 하러 왔을 때 그 손님에 대한 정보(이름, 주소, 생년월일, 직장 등)를 수집하기 위해 손님에게 서류를 작성해서 제출하도록 하는 것이 정보관리의 첫 번째 활동이다. 차후 그 손님이 은행을 방문해 예금을 하거나 출금할 때 기존에 수집된 정보를 활용함과 동시에 예금한 내용과 출금한 내용을 보관하고 활용해 그 손님이 현재 은행에 얼마의 돈을 예금 중인지, 은행 입장에서 보아 얼마나 도움이 되는 손님인지 판단하고, 그 판단결과에 따라 차별화된 서비스를 제공하는 정보로 활용한다. 은행을 거래하는 손님이 몇 백 명, 또는 몇 천 명이라면 굳이 고도의 기술을 활용하지 않아도 정보관리를 할 수 있겠지만, 지금은 은행의 고객들만 해도 수백만, 수 천만 명이고, 거주하는 지역도 전 세계에 걸쳐있다.

정보관리는 상당한 수준의 기술을 필요로 하는데, 대표적인 기술이 바로 컴퓨터와 정보통신 기술이다. 따라서 IT라고 하면 일반적으로 컴퓨터와 통신이 결합된 기술을 지칭하게 된다.

정보화 사회로 불리는 요즘은 정보의 비중과 역할이 점점 더 커진다. 특히 국가를 책임지고 운영하는 정부기관, 산업 활동을 통해 국가와 국민에게 기여하는 기업들의 경우 정보를 어떻게 관리하는가에 따라 조직의 성패가 갈라지기도 한다. 주요 고객에 대한 정보를 충분히 수집하고 분석하여 고객의 입맛에 맞는 서비스를 하는 기업과 그렇지 않은 기업이 있다고 가정할 때 1년 후, 5년 후에 어느 기업이 살아남을 것인지는 불을 보듯 뻔한 일일 것이다. 다시 말해 IT 컨설턴트는 기업이나 정부기관에 정보관리에 대한 자문을 해 주는 사람이다.

IT 컨설턴트가 하는 일을 아래와 같이 세 가지 분류로 나눠 생각할 수 있다.

## • 정보관리를 위한 방향 제시

어느 조직의 정보관리를 어떻게 할 것인지 그 방향을 알려주는 일이다. 다른 일과 마찬가지로 IT에 의한 정보관리도 첫 단추를 어떻게 꿰느냐에 따라 그 효과가 천차만별이기 때문에 올바른 방향을 잡기 위해서는 많은 경험을 갖고 있는 컨설턴트의 지원이 절대적으로 필요하다. 특히 최근의 IT 기술은 발전 속도가 매우 빠르고 신기술이 끊임없이 나타나기 때문에 처음에 방향을 제대로 잡지 못할 경우 악영향을 끼칠 수 있다.

내가 컨설팅을 했던 한 기관은 정부 정책에 따라 국민에게 서비스를 하는 것이 주업이었는데, 정부의 정책이 바뀌면서 서비스할 국민이 대폭 늘어나면서 전체적으로 정보관리 방향을 새로 설정할 필요를 느끼게 됐다. 대형 컴퓨터 한 대를 도입해 서비스를 할 것인지 아니면 중형 컴퓨터 여러 대를 도입하여 각 지역별로 서비스를 할 것인지 고민하게 됐고, 이 문제에 자문을 맡은 나는 기관의 업무 성격이나 각 지역에서 발생하는 정보량, 정보에 대한 보안 등 여러 가지 요소를 감안하여 종합적으로 평가했다. 그 결과 본부에 대형 컴퓨터를 도입하여 서비스하는 것이 더 효율적이라는 결론을 내렸고, 그 기관은 나의 권고를 받아들여 업무를 추진했다.

● 단편적인 문제 해결

컨설팅은 정보기술을 활용하는 과정에서 발생하는 문제들을 해결해주는 일이다. IT를 활용하여 정보관리를 하는 동안 여러 가지 문제에 봉착하기 마련이다. 예를 들어, 아주 비싼 돈을 들여 성능 좋은 컴퓨터를 사 놓았는데 컴퓨터가 제 성능을 발휘하지 못하는 경우도 있다. 인터넷 사이트에서 회원들의 가입 정보를 받아 회원관리를 하는데 회원정보에 대한 보안이 제대로 되지 않아 정보가 외부로 유출되어 사회적으로 큰 물의를 일으키기도 한다.

고객들의 거래기록을 종합적으로 관리하여 자주 거래하는 고객에게 특별 서비스를 제공하거나 경품 행사에 초대하고 싶은데 필요한 고객정보를 체계적으로 관리하지 못해 이에 대한 해결을 필요로 하는 경우도 있다. 또 새로 도입한 기술이 익숙하지 않아 이를 잘 쓸 수 있도록 도움을 받고자할 때도 있다. 이처럼 IT 각 부분에 대한 문제 해결을 위해 전문적인 지원을 하는 일들이 문제해결 위주의 자문이라고 할 수 있다.

## • 멘토링 서비스

가정교사처럼 옆에 붙어서 함께 문제도 해결하고 어려움을 헤쳐 가는 일을 멘토링 서비스라고 하는데, 이 역시 IT 컨설턴트의 업무영역에 속한다. 최근 여러 기업들이 IT에 매년 수십 억, 수백 억, 큰 기업들은 수천 억 원씩 투자하는 경우도 있는데, 그러한 투자는 대개 Project(사업)란 이름으로 포장돼 집행된다. 정보화 사업을 제대로 진행할 수 있는 경험이 없거나, 관리 능력이 부족한 기업들은 이를 지원해 줄 IT 컨설턴트를 채용하여 멘토링 서비스를 받기 원하는 경우가 있다. 기업의 CEO가 IT 관련 투자에 대한 의사결정을 할 때 조언하는 서비스도 이 부류에 속하는 업무다.

문제의 종류와 접근 방식에 따라 위와 같이 세 가지로 분류를 했지만, 컨설턴트로써의 경험이 늘어남에 따라 컨설팅이 가능한 영역도 확대된다. 단편적인문제 해결 중심의 컨설팅으로부터 출발한 후, 방향 제시 자문, 그리고 궁극적으로는 멘토링 서비스 위주의 컨설팅으로 영역을 확장해 가는 것이 일반적으로 IT 컨설턴트가 성장해 가는 길이라고 볼 수 있다.

각 문제에 따라 IT 컨설팅은 전략(Master planning), 비즈니스 프로세싱(Processing), 조직화(Organization), 정보기술(IT) 등 4단계로 진행된다. 우선 컨설턴트들은 고객회사의 현재 상황, 경영상의 문제점, 고객이 원하는 개선 방향 등을 이해하고 해결안을 낼 수 있도록 전반적인 계획을 수립한다. 달성할 목표와 개선할 점을 명확하게 제시함으로써 컨설팅의 기본방향을 정하는 것이다. 이후 프로세싱과 조직화 과정을 통해 고객 회사의 정보시스템 현황 및 이용실태를 조사하고, 개선할 문제가 있는지 확인한다. 가장 마지막 단계인 정보기술은 그 동안 조사하고 분석한 결과를 바탕으로 결과물을 만들어 내는 과정이다. 실제로 하드웨어나 소프트웨어를 개발하고, 작업의 결과물을 고객에게 보여준다.

IT 컨설턴트가 처음 생겨난 것은 1990년대 중반. 당시에는 IT 컨설턴트에 대한 개념이 거의 없었지만 지금은 정보시스템이 굉장히 복잡해졌고 이에 따라 IT 컨설턴트의 업무도 세분화되고 있다. 예를 들어 네트워크 컨설턴트, 데이터베이스 컨설턴트, 정보보안 컨설터터, 웹 컨설턴트, 응용시스템 컨설턴트, 고객관계관리(CRM: Customer Relationship Management) 컨설턴트, 전사적 자원관리(ERP: Enterprise Resource Planning) 컨설턴트, 지식관리시스템(KMS: Knowledge Management System) 컨설턴트로 분류할 수 있다.

## ● IT 컨설턴트가 되기 위한 준비

위에서도 언급했지만 IT 컨설턴트는 대졸 및 대학원졸 이상의 학력자가 전체의 80% 이상을 차지한다. 대부분 컴퓨터나 전산 관련 학과를 전공했거나 경영이나 경제, 회계, 수학과 출신이다. 업무를 수행하기 위해서는 전문적이고 원론적인 지식을 보유해야 하기 때문. 따라서 IT 컨설턴트가 되는 데는 전산이나 경영과 관련된 전공자가 유리하다.

IT 컨설턴트가 하는 일은 혼자서 간단한 어떤 프로그램을 개발하는 것이 아니라 기업 활동과 연관된 정보의 흐름을 파악한 후 문제점을 진단하고, 그에 걸맞은 대책을 제안하는 것이기 때문에 자신의 전공분야에 대해서만 잘 알면 되는 개발자나 프로그래머와 달리 시스템 전반에 걸쳐 폭넓고 깊게 이해하고 있어야 한다.

즉, 정보 시스템의 구조, 데이터베이스, 네트워크, 정보보안, 경영, 소프트웨어 및 하드웨어, 시스템 개발, 비즈니스 프로세스 등에 대한 지식을 갖춰야 하고, 이런 시스템들을 다뤄 본 경험도 있어야 한다. 문제를 파악하고 솔루션을 찾는 능력, 컨설팅 능력도 필요하다. 따라서 전문학원을 다닌 후 취업을 할 수 있는 개발자, 웹마스터, 디자이너 등과 달리 IT 컨설턴트는 초보자가 하기 어렵고 따라서 신입의 형태로 취업하는 경우도 드물다.

대부분이 대학에서 관련 전공을 공부한 후 현장에서 몇 년의 경험을 쌓고 IT 컨설턴트로 전환하는데 IT 컨설턴트가 되기 전의 경력은 5년 정도다. 가끔 대기업이나 외국계 기업의 경우 신입부터 IT 컨설턴트를 채용하는 경유가 있는데 그렇게 채용 되는 인원의 대부분은 각종 캠프나 컨퍼런스 세미나 참석, 인턴사원의 경력을 통해 기업에서 요구하는 경력을 갖춘 경우가 대부분이다.

IT 컨설턴트는 단순히 가장 좋은 프로그램, 성능 좋은 하드웨어와 소프트웨어를 고객에게 제시하는 일이 아니고 그 기업에게 가장 적합한, 즉 가장 효과적인 맞춤형 정보시스템을 제시해야 한다. 따라서 컴퓨터와 정보시스템에 대한 이해와 더불어 업계와 해당 기업에 대해 정확히 파악 할 수 있는 능력이 필요하다.

IT 컨설턴트는 변호사나 세무사와는 달리 그 능력을 확인할 수 있는 공인된 자격증이 없다. 의뢰한 일에 대한 최종결과를 제시할 때 비로소 그 컨설턴트의 유능함을 판단할 수 있기 때문에 기업 입장에서는 공연히 컨설팅 비용만 버리고 헛된 결과를 받고 마는 경우가 있을 수 있다. 현재 우리나라에서 그나마 객관적인 능력을 확인할 수 있는 IT 컨설턴트 자격증으로는 '정보관리기술사'가 있다. 내가 정보관리기술사를 취득했던 15년 전만 해도 자격이 까다롭고 시험도 어려워 몇 명 되지 않았던 정보관리 기술사가 요즘에는 약 천 명에 육박할 정도로 많아졌다.

IT 컨설턴트에 있어서 가장 많이 하는 오해는 IT 컨설턴트에게는 IT 지식이 가장 중요하다고 생각하는 것이다. 하지만 IT 컨설턴트는 단순히 가장 좋은 프로그램, 성능 좋은 하드웨어와 소프트웨어를 고객에게 제시하는 일이 아니고 그 기업에게 가장 적합한, 즉 가장 효과적인 맞춤형 정보시스템을 제시해야 한다. 따라서 컴퓨터와 정보시스템에 대한 이해와 더불어 업계와 해당 기업에 대해 정확히 파악 할 수 있는 능력이 필요하다. 또한 시스템의 효용성과 경제성을 분석해야 한다. 때문에 IT 컨설턴트에게는 기업 경영에 대한 이해가 필수적이다. 우수한 컨설턴트가 되고 싶다면 기업 경영과 정보시스템 양측의 지식을 갖춰야한다.

## IT 컨설턴트 되기까지

우리나라에 컴퓨터가 들어온 지 10여년 정도 지났을 무렵 나는 처음 사회생활을 시작했다. 무역회사에서 수출입업무를 하는 것이었고 얼마 후 금융기관으로 자리를 옮겼다. 그 곳에서 우연히 Gorden B. Davis가 지은 MIS(Management Information System)라는 책을 접했다. 기업을 파악하는 관점은 여러 가지가 있을 수 있다. 사람들의 모임

인 조직 관점에서 볼 수도 있고 자금(돈)의 흐름 관점에서 볼 수도 있다. 내가 본 그 책은 기업을 정보의 흐름이란 관점에서 파악하여 시스템으로 관리하자는 취지의 책이었다. 즉, 어느 기업이든 업무를 수행하면서 발생하는 정보가 있게 마련인데, 그 정보를 파악하게 되면 기업에 대한 관리가 용이해지고 중요한 의사결정을 하는 데 도움이 될 수 있다는 내용이었다.

이 책이 제시하는 바에 깊은 매력을 느낀 나는 대학원에 입학하여 경영정보학이란 학문을 시작했다. 그러나 곧 실무적인 경험이 필요하다는 생각이 들어 시스템공학 연구소로 자리를 옮겨 본격적으로 컴퓨터 공부를 하기 시작했다. 컴퓨터 프로그램

> 일을 하면서 얻는 즐거움은 크다. 문제가 어려울수록, 고민이 클수록 문제를 해결한 후 느끼는 성취감과 기쁨은 말할 수 없을 정도다. 문제를 해결하는 동안의 긴장감과 강도 높은 두뇌 작업, 그리고 문제 해결 후의 쾌감은 IT 컨설턴트만이 가질 수 있는 장점이라고 생각한다.

을 작성하고 컴퓨터를 활용한 기업의 업무처리 시스템을 만드는 프로젝트를 진행하면서 점차 IT 컨설턴트로의 기본 소양을 익혀나갔다. 마침 그 무렵 컴퓨터 도입이 확산되면서 기업들은 컴퓨터를 단순히 계산을 빨리해 주는 도구로 만족하지 않고 컴퓨터를 이용해 뭔가 획기적인 일을 해보려고 시도했다.

IT 컨설팅은 원래 외국에서 시작된 일이다. 나는 외국계 IT 컨설팅 회사에 취직해 많은 기업에 컨설팅 서비스를 제공하다가 우리나라에서 가장 오래된 컨설팅 회사인 한국생산성 본부의 IT 사업부장을 거쳐 미국 기업과 공동으로 전문적인 IT 컨설팅 회사를 설립, 본격적인 IT 컨설턴트의 길을 걷게 됐다.

일을 하면서 얻는 즐거움은 크다. 문제가 어려울수록, 고민이 클수록 문제를 해결한 후 느끼는 성취감과 기쁨은 말할 수 없을 정도다. 문제를 해결하는 동안의 긴장감과 강도 높은 두뇌 작업, 그리고 문제 해결 후의 쾌감은 IT 컨설턴트만이 가질 수 있는 장점이라고 생각한다. 국내에서 몇 손가락 안에 드는 대기업의 제철 공장에 생산을 관리하는 시스템을 만드는 프로젝트에 컨설턴트로 참여해 수십 명의 시스템 개발 인력들과 밤새워 토의하면서 보다 나은 시스템을 만들기 위해 노력한 일, IMF 직후 은행들이 흡수합병 되면서 여러 은행이 무너졌음에도 내가 컨설팅한 은행들이 굳건히 고객의 사랑을 받는 것을 보면서 큰 보람을 느낀다.

조직적인 틀 속에 얽매이지 않으면서 자기 나름대로 시간 관리를 해 갈 수 있는 것 또한 IT 컨설턴트만이 누릴 수 있는 행복이다. 자신이 노력만 하면 전문가로 대우 받으면서 생활할 수 있는 자율성도 큰 즐거움이다. 물론 애써 노력한 결과를 발표했는데도 CEO에게 받아들여지지 않아 기각되었을 때의 허탈함도 있다.

## ● IT 컨설턴트가 되고자 하는 학생들에게…

자신의 실력을 발전시키는 것은 모든 직업인의 과제이겠지만, IT 분야는 그 발전 속도가 다른 분야보다 월등 앞서기 때문에 특히 그 필요성이 두드러진다. 끊임없는 공부와 신기술 습득, 최신 정보의 입수, 새로운 패러다임(시대의 흐름과 원리)의 숙지, 경험과 지식의 체계적인 정리를 통한 지식 자산화 등 자신만의 실력 향상을 위한 부단한 노력이 필요하다.

특히 개발자나 프로그래머, 기획, 영업 관련 일을 하거나 관련 지식을 배우면서도 IT 컨설팅에 필요한 시스템, 정보, 데이터 관련 공학을 배우고 영어와 IT 신기술의 흐름, 컨설팅 방법, 경영 지식을 함께 꾸준히 공부해야 한다. 이를 위해 관련 세미나에 참석해 해외 동향을 파악하고 여러 책을 읽으며 관련 직업 종사자의 도움을 받아 공부하는 것도 좋다.

컨설팅 분야가 세분화 되면서 전문지식이 중요해 지고 있지만, 가장 중요한 것은 정보 시스템 전반에 대한 기본적인 이해다. 자신의 전문분야만을 알고서는 우수한 컨설턴트로 성장하기 어렵다는 점을 알아야 한다.

## ● 이런 사람들에게 이 직업을 추천한다!

IT 컨설턴트는 비교적 최근에 생겨난 직업이다. 내가 이 직업에 종사한 지 20년이 채 되지 않았는데도 거의 초창기 선두주자의 대우를 받고 있다. 정부기관이나 일반 기업에서 컴퓨터를 활용한 역사는 대략 30년이 넘었으나 초창기에는 단순한 계산기 역할만 하던 컴퓨터는 조직의 전략적인 목적 달성수단으로만 인식되었으며, 기업이 컴퓨터의 위력을 제대로 알게 된 것은 불과 20년이 채 되지 않았다.

컴퓨터의 역할이 바뀌면서 이를 제대로 활용해 보려고 전문가들의 도움을 요청하게 된 것이 IT 컨설팅의 시초이니 그 역사는 일천하다고 할 수 있겠다. 모든 직업이 도입, 성장, 쇠퇴의 사이클을 갖는다고 보면 IT 컨설팅은 그 역사의 일천함으로 보아 앞으로 크게 성장할 분야라고 할 수 있을 것이다. 하지만 IT 컨설턴트는 누구나 할 수 있는 일이 아닌 까닭에 직종의 성장과 개인의 성장은 별개의 문제라 할 수 있다.

IT 컨설턴트가 되려면 어떤 능력과 자질을 갖추어야 할까? IT 컨설턴트는 대략 다음과 같은 능력과 자세를 갖추어야 한다.

## 1 ) 대인관계 능력

IT 컨설턴트는 방향을 설정하거나 문제를 해결하고 자문하는 직업이다. 남을 대하는 능력은 필수적이다. 유능한 의사와 무능한 의사의 구분은 실력에 있지 않고 환자들과의 대화 능력에 있다는 말이 있다. 환자의 이야기를 잘 들어 주면 환자가 자신의 병에 대해 소상히 밝혀 정확히 치료를 할 수 있고, 병을 고칠 확률도 높아짐에 따라 의사의 평판도 좋아지는 선순환 고리가 형성된다는 의미이다. IT 컨설턴트의 경우도 이와 마찬가지다. 어느 한 조직의 IT 에 관한 문제를 찾아내고 그에 대한 해결책을 제시하는 일만큼이나 문제를 정확히 찾아내기 위해 고객을 대하는 능력도 아주 중요하다. 일단 무엇이 문제인지를 알아야 그 문제를 해결하는 방안을 찾아낼 수 있기 때문이다. 사람을 대하는 능력 중에 특히 다음과 같은 능력을 갖추고 있어야 훌륭한 컨설턴트가 될 수 있다.

- **커뮤니케이션 능력 _** 상대방의 이야기를 이끌어 내는 능력과 자신의 의견을 상대방에게 피력하여 상대방을 자신의 의견에 동의하도록 만드는 설득력. 이러한 능력을 갖추기 위해서는 광범위한 지식으로 무장하여 상대방과의 대화에 임하는 것이 필요하다.

- **문제분석 능력 _** 상대방과 이야기하는 과정에서 무엇이 문제인지를 명확하게 정리하는 능력. 장시간 이야기를 마치고 일어서면서 정작 무슨 이야기를 했는지, 내가 해결할 문제가 무엇인지를 일목요연하게 정리할 수 없다면 그 대화에

들인 노력은 무의미하다. 정리된 문제를 해결하기 위한 분석 능력도 뛰어나야 한다. 대부분의 컨설턴트들은 문제 분석능력을 키우는 훈련을 특별히 받는데, 잘 알려진 마인드 맵(Mind Map)을 이용해 문제를 정의하고 자신의 생각을 정리해 가는 훈련을 하는 것은 이러한 논리적 사고력(logical thinking)을 키우는 데 큰 도움이 된다.

- **표현 능력 _** 자신이 알고 있는 것을 남에게 정확하게 전달하는 능력. 이를 위해서는 간단한 그림이나 도표를 활용하여 자신의 의사를 전달할 수 있도록 하는 훈련이 필요하다.

## 2) 전문적인 지식

IT 컨설팅은 기업이나 국가를 경영하는 과정에서 IT를 어떻게 활용하여 그 효과를 높일 것인지 그 해법을 찾는 것을 목표로 하는 직업이다. 따라서 IT 컨설턴트에게만 요구되는 특별한 전문 지식이 필요하다. IT 컨설턴트라면 다음과 같은 두 가지 부문의 지식은 상당한 수준으로 갖추고 있어야 한다.

- **경영에 관한 지식 _** 기업이나 국가의 경영 문제를 IT 관점에서 보고 지원하는 방법을 찾는 것이 IT 컨설팅이므로 마땅히 경영에 관한 지식을 갖춰야 한다. IT는 경영을 지원하는 강력한 수단이므로 경영에 대한 전문적인 지식이 특별히 중요하다고 할 수 있다. 조직 관리, 자금 관리, 인사 관리, 생산 관리, 영업 관리 등 분야별 지식과 기업의 경영 전략, 고객 관리, 공급자 관리, 프로세스 설계 등까지 기업운영전

반에 관한 모든 지식을 갖추어야 한다.

- **IT 지식**_IT 컨설턴트에게 있어 IT 전문지식은 기본적인 무기와 다름없다. 하지만 IT도 그 분야가 너무 광범위하고 끊임없이 발전하기 때문에 IT 전반에 관한 모든 지식을 총체적으로 꿰뚫어 알기는 어렵다. 큰 분야로는 하드웨어, 소프트웨어, 통신 등을 알아야 하고 정보화 프로젝트를 수행하고 진행해 가는 절차에 관한 관리 지식과 능력, 매일매일 쏟아져 나오는 수많은 IT 제품들에 대한 지식 등도 익혀둬야 한다.

## 3) 일에 임하는 자세

정보화 사회에서 기업이나 국가의 경영에 필요한 정보관리 문제를 해결하는 IT 컨설턴트는 사회적 추세에 맞는 아주 매력적인 직업이 될 수 있다. 훌륭한 IT 컨설턴트가 되기 위해서는 위에서 이야기 한 몇 가지 능력을 갖추는 것 이상으로 적절한 마음가짐과 태도를 갖추는 것이 중요하다

- **역지사지(易地思之) 자세**_남의 입장에 서서 자신의 처신을 생각하는 자세가 컨설팅에서는 무엇보다도 중요하다. 아무리 IT 기술이 발전하고 새로워진다고 하더라도 제 기능을 다하는 기술들을 공연히 새 기술로 바꾸려는 일은 없어야 한다. 오히려 오래된 기술이라도 새롭게 다듬고 갈아서 몇 배의 효과를 보는 해결 방법을 찾는 것이 중요하다. IT 투자는 적은 투자로 이뤄지는 것이 아니므로 컨설턴트는 '만일

이 회사가 내 회사라면…' 하는 자세로 컨설팅해야 한다.

- **인적 네트워크 관리 _** IT와 같이 그 분야도 넓고 발전도 빠를수록 여러 사람들의 협업은 필수적이다. 한 개인이 이런 모든 지식을 갖춘다는 것은 매우 어려운 일이므로 해당 분야의 전문가들과의 협력관계를 통해 복잡한 문제를 해결하는 경우가 많고, 최고의 컨설팅 서비스를 하기 위해서는 전문가들과의 확고한 네트워크를 구축하는 것이 절대적이다.